해상운송인의
화물손해 배상책임과
P&I 보험담보

해상운송인의 화물손해 배상책임과 P&I 보험담보

박 성 철 지음

한국학술정보(주)

目 次

第5章 海上運送人의 責任限界와 P&I保險의 擔保限界 / 207

第1章

序　論

第1節 研究의 目的

국제무역거래의 대부분을 구성하고 있는 물품의 수출과 수입은 서로 다른 국가에 거주하는 隔地者 간의 물품매매계약을 통하여 행하여짐에 따라 매매당사자 사이에는 공간적인 한계가 존재한다. 이러한 공간적인 한계를 극복하기 위하여 반드시 운송을 수반하게 되며, 물품매매계약상의 책임 있는 당사자는 운송인과 運送契約을 체결하여야 한다. 그런데 최근에 국제통상과 관련된 화물운송에 관한 각종 국제법에서 운송인의 책임이 상당히 강화되고 있으며, 강화된 책임의 처리문제는 운송인의 처지에서 매우 중요한 관심사항 중의 하나이다. 일반적으로 해상화물운송인이 運送契約상의 의무를 이행하는 과정에서 발생할 수 있는 위험을 커버(cover)하는 수단으로서는 선주 또는 선박운항자의 자격으로 가입하는 P&I보험[1]이 있다.

P&I보험은 책임보험으로서, 선박보험에서 擔保되지 않는 위험, 예를 들면 선박이 항만시설에 가한 손해, 船骸撤去費用, 유류오염청소비

---

1) 船主의 責任을 擔保하기 위한 相互保險組織이 P&I클럽이며, P&I클럽이 제공하는 保險을 P&I保險이라고 한다. 이러한 P&I보험은 오늘날 세계의 거의 모든 상선이 가입하고 있으며, 우리나라에는 아직 P&I클럽이 설립되어 있지 않기 때문에 외국의 P&I클럽을 이용하고 있다. 인근의 일본이나 중국은 자체 P&I클럽이 설립되어 있으며, 그들의 국내 P&I클럽의 육성을 위해 외국클럽의 이용을 금지하고 있다. P&I클럽의 조직과 운용에 대하여는 각주 2)를 참조.

용과 같은 제3자에 대한 賠償責任, 선원의 상해와 사망에 대한 賠償責任 등과 함께 화물에 대한 賠償責任을 擔保하는 특수한 保險이다. 이러한 P&I보험은 운송을 행하는 선주나 용선자가 相互保險組合을 결성하여 운영하는 非營利保險이며, 선박의 소유 내지 운용과 관련하여 발생하는 제3자에 대한 賠償責任을 擔保하는 責任保險이다. 이와 같이 相互保險組合으로 운영되는 P&I보험은 그 운용방법과 조직 등에 있어서 一般私營保險과는 많은 차이점이 있다.[2] P&I보험의 擔保危險은 保護危險(protection risk)과 補償危險(indemnity risk)으로 나눌 수 있다. 保護危險은 선주의 선박소유자로서 책임 및 선원에 대한 고용주로서의 책임부담의 위험을 의미한다. 그리고 補償危險은 선주가 운송인으로서 運送契約에 따른 화주에 대한 책임부담의 위험을 의미한다. 운송화물에 대한 운송인의 책임은 P&I클럽에서 擔保하고 있으나, P&I보험의 역사가 약 150여 년 정도로 선박보험이나 적하보험에 비해 日淺하기 때문에 그 담보내용이나 운용방식이 불명확한 점이 많이 있다. 특히, P&I보험에서 화물과 관련한 클레임은 전체 클레임의 30%[3]를

---

[2] 一般私營保險에 대한 P&I보험의 가장 큰 차이점은 첫째, P&I보험은 非營利組織이라는 점이며, 둘째, 클럽의 運營資金은 一般私營保險의 保險料적인 성격을 가지고 있는 分擔金(contributions or calls)으로 운영되며, 保險期間 개시 시에 납부하는 先給分擔金(advanced calls)과 클레임의 정산 후에 분담하는 追加分擔金(supplementary or additional calls)이 있다. 셋째, 運營組織은 클럽에 가입한 會員(또는 組合員)인 船主나 運送人 중에서 선임된 理事들로 구성된 理事會와 전 會員이 참석하는 總會가 있다. 一般私營保險의 約款에 해당하는 클럽의 定款이나 規則에서 會員의 가입절차와 자격 그리고 擔保內容을 규정하고 있다. 기타 船舶保險, 積荷保險 및 責任保險과의 비교는 제2장에서 설명한다.

[3] UNCTAD Secretariat Report, *The Economic and Commercial Implications of the Entry into Force of the Hamburg Rules and the Multimodal Transport Convention*, United Nations, 1991, p.40.

차지하고 있는 중요한 부분 중의 하나이다.

責任保險에 대한 적법성이나 도덕성에 대한 論難[4]에도 불구하고, 최근 유류에 의한 대형 유류오염사고, 해난발생률의 증가, 운송인책임의 강화 등으로 인하여 P&I보험의 경제적 기능은 더욱 중요하게 여겨지고 있다. 더욱이 최근 함부르크 규칙이 발효되어 운송인의 규칙이 한층 강화됨으로써 운송화물에 대한 운송인의 책임의 담보범위도 변화하고 있다.

우리나라의 현행商法은 함부르크 규칙상의 운송인의 책임내용을 수용하고 있지 않지만,[5] 함부르크 규칙이 발효함에 따라 언젠가는 이 규칙의 영향을 직접 또는 간접적으로 받을 수밖에 없다. 1924년 헤이그 규칙을 채택하고 있는 미국도 내외적으로 해상운송법의 개정압력을 받고 있고, 해운기업과 보험자 그리고 수출업자들 사이에 이해관계가 상충되어 조정과정을 거치고 있는데, 조만간에 태도 결정이 있을 것으로 예상한다. 따라서 운송인의 책임내용에 따라 운송인과 화주는 각각 적절한 대응책을 강구하여야 한다. 운송화물에 대한 책임을 어떻

---

4) 不注意한 행위는 처벌되어야 하며 補償이 되어서는 안 된다고 하는 주장이 있다. Burrows v. Rhodes 사건에서 케네디(Kennedy) 판사는 "어떤 행위가 명백하게 不法이거나 行爲者가 不法이라는 것을 알고 있을 때 그 行爲者는 그와 같은 결과로 발생된 책임에 대하여 分擔이나 補償을 요구하는 訴를 제기할 수 없다고 생각된다. 따라서 그러한 행위에 대하여 補償할 것을 기재한 것은 無效이다"라고 주장했다.: C. Hill & et al., An Introduction to P&I, Lloyd's of London Press, 1996, p.62.

5) 1991년 상법개정 시 1968년의 비스비 규칙을 건너뛰어 초기의 헤이그 규칙체계로부터 곧바로 함부르크 규칙체계로 이행하지 않으면 안 되겠는가 하는 문제에 직면했으나 당시 아직 발효하지 않은 함부르크 규칙을 앞장서서 받아들일 필요가 없다는 것이 작업반의 전체적인 분위기이었다.: 李均成, 改正海上運送法의 槪要 및 問題點, 屯南 梁映煥博士 華甲紀念,「貿易商務의 諸 問題」, 三英社, 1994, p.210.

게 擔保할 것인가의 문제는 화주 및 積荷保險者의 이해관계에도 커다란 영향을 미치기 때문에, 그 책임범위를 명확히 하는 것이 國際貿易賣買의 이행과정에서 발생하는 운송화물에 관련한 분쟁을 방지할 수 있는 지름길이다.

해상운송인의 책임과 P&I보험의 법률관계는 각각 별개로 구성되는 것이지만, 운송화물의 손해가 발생한 때에 화주에 대한 損害賠償이라는 측면에서 조명해 보면, 중첩·경합이 있을 수 있고, 一方에 관한 법제의 변동이 있으면 他方에 파급효과가 나타날 수도 있다. 즉 운송인책임법제의 변동은 P&I보험의 擔保範圍에 변화를 가져오게 된다.

그런데 會員의 모든 法的 責任과 제3자에 대한 損害賠償責任을 원칙적으로는 모두 P&I보험에서 擔保하여야 하지만, P&I클럽의 擔保範圍에도 클럽의 定款이나 規則 등에 의하여 많은 제약이 따르고 있다. 따라서 이와 같은 해상운송인의 貨物損害賠償責任과 P&I보험을 비교 분석할 필요가 있다. 아직까지 국내에는 해상운송인의 화물손해배상책임과 그러한 책임을 담보하고 있는 P&I보험을 연계시켜 체계적으로 연구한 논문이나 저서가 없다.

따라서 이 연구는 해상운송인의 貨物損害賠償責任을 규정하고 있는 국제규칙과 이러한 책임을 擔保하고 있는 P&I클럽의 定款 및 規則의 비교·검토를 통하여 화물손해의 이해관계자가 적절히 대응할 수 있는 기준을 제시하고 개선책을 모색하고자 하는 것을 그 목적으로 삼는다.

第2節 硏究의 範圍 및 方法

무역에서 운송의 주된 연구 분야는 貿易業者인 화주와 운송인 사이에 체결되는 運送契約을 중심으로 한 당사자의 계약상의 권리의무, 그 중에서도 운송물의 손해에 관한 운송인의 배상책임에 관한 문제이다. 그런데 해상운송인의 損害賠償責任은 시대상황의 변화와 더불어 새로운 국제조약이 채택됨에 따라 많은 변화를 가져오고 있다. 따라서 이 연구에서는 먼저 이러한 운송인의 책임에 대하여 로마법 이래의 법제에 관한 간략한 역사적인 고찰을 거쳐, 헤이그/헤이그-비스비 규칙 그리고 최근에 발효한 국제조약인 함부르크 규칙을 중심으로 검토하고, 우리나라 商法상의 운송인의 책임에 관하여 살펴본다. 또한 이러한 운송인의 책임이 기존의 헤이그 규칙체계 아래에서 擔保하고 있는 P&I보험의 담보내용과 어떠한 相異點이 있는가를 살펴보고, 그 문제점과 그것을 해결하기 위한 대안을 제시한다. 다시 말하면, 즉 운송화물에 대한 P&I보험의 담보내용이 강화되고 있는 운송인의 責任의 內容을 수용할 수 있는가를 P&I클럽의 규칙과 운송 관련의 국제조약상의 책임을 비교·검토하여 봄으로써 그 문제점을 도출하고 대안 및 論者의 의견을 제시하는 것이다.

이를 위하여 본 硏究에서는 해상운송인의 운송화물에 대한 損害賠償責任과 그러한 책임의 P&I클럽의 담보 여부의 문제를 중심으로 검토하기로 한다. 따라서 P&I클럽의 담보내용 중에서 주로 補償危險에 관한 문제를 중심으로 고찰하고자 한다.

이 연구는 第1章의 序論에서 연구의 목적과 범위 및 연구방법을 밝히고, 이어서 第2章에서는, 국제규칙상의 해상운송인의 책임을 로마법

이후의 운송인 책임법제의 변천과정을 개괄적으로 살펴보고, 헤이그/헤이그-비스비 규칙, 함부르크 규칙 등에 의한 운송인의 責任을 중심으로 검토한다. 또한 우리나라 商法상 운송인의 책임을 비교·고찰한다.

해상사업의 성격상 운송인에게 모든 책임을 지우는 것은 해상사업의 존속 자체를 위협할 수 있으므로, 운송인의 책임을 해상사업관계의 당사자가 분담하는 제도가 발생하게 되었다. 이러한 운송인의 책임분담 차원에서 P&I보험을 조명해 보고, 운송인의 책임강화와 더불어 등장하게 되는 P&I클럽의 생성기원과 유래에 대해서 간단히 살펴본다.

第3章에서는, 해상운송인의 화물에 대한 損害賠償責任의 主體와 P&I보험 간의 관계, 즉 운송화물에 대한 損害賠償責任의 여러 主體에 대한 P&I보험의 처지를 검토하고 責任主體인 운송인의 파산에 따른 화주의 대응전략으로서 直接請求權의 문제를 집중적으로 고찰한다.

第4章에서는, 이러한 운송화물에 대한 운송인의 책임을 甲板積貨物에 대한 책임을 비롯하여 주요한 쟁점이 되고 있는 원인별로 나누어 고찰하고, 이를 P&I클럽의 規則 및 制度와의 비교검토를 통하여 담보상의 문제점을 검토한다. 또한 衝突損害와 共同海損에 대한 운송인으로서의 이해관계와 P&I보험을 비교·검토한다.

第5章에서는, 해상운송인의 貨物損害賠償責任의 범위로서 個別的 責任制限의 內容과 總體的 責任制限의 內容, 해상운송인의 책임을 확보하기 위한 시간적·공간적 한계를 살펴본다. 그리고 이러한 운송인의 책임범위와 P&I보험과의 관계에서 P&I보험의 한계를 검토한다.

第6章 結論 부분에서는, 이상의 본론에서 검토된 문제점들을 재정리하고 개선대책에 대하여 論者의 견해를 제시한다.

이 연구는 현재 입수 가능한 국내외의 문헌과 연구논문을 참조하여 P&I클럽 규칙과 해상운송인의 책임법제와의 비교법적인 고찰을 행한다. 그리고 그동안 내려진 각종 判例를 검토하여 實務適用의 가능성을 한층 더 높일 수 있도록 할 것이며, 최근의 자료입수를 위하여 인터넷도 활용한다.

第2章

海上運送人의 責任法制의
確立과 P&I클럽의 生成

第1節 海上運送人의 責任制度의 變遷 槪要

1. 로마법상의 運送人의 責任

운송기술의 발전과정으로 보아 국제운송의 시작은 해상운송으로부터 시작되었고, 이러한 국제해상운송에 있어서 화물운송인의 책임체계가 국제적으로 합의된 최초의 조약은 1924년의 통일선하증권조약[1]이다. 그러나 그 훨씬 이전의 로마법이나 영국의 慣習法 아래에서도 이미 해상운송인의 책임에 대한 체계가 확립되어 있었던 것으로 알려져 있다.

로마법시대의 해상운송인 내지 선박소유자의 책임은 아주 엄격한 것으로 운송계약상 운송인이 인수한 화물을 수령한 상태대로 수하인에게 인도하도록 되어 있었다. 이러한 엄격책임의 法理는 로마법상의 레셉툼책임[2]의 법리로부터 찾을 수 있다. 레셉툼책임(receptumhaftung)이라

---

1) 정확한 명칭은 '船荷證券에 관한 法의 약간의 規則의 통일을 위한 國際條約(International Convention for the Unification of Certain Rules of Law Relating to Bills of Lading)으로 일명 '헤이그 規則'이라고 한다.

2) 이것은 울피아누스의 告示 註解 제14권에 法務官이 "船主, 旅店 또는 驛舍의 주인이 타인의 물건을 안전하게 보관할 것을 引受하고 이를 반환하지 않는 경우에는 본직은 이들 인수인을 상대방으로 하는 訴權을 부여한다"고 하여 絶對的 返還義務를 지운 데서 유래하고 있다.: 李均成, 國際海上 運送法 研究, 三英社, 1984, p.3

함은 선주 등의 해상운송인 또는 旅店의 주인이나 驛舍의 주인이 송하인이나 旅客으로부터 수령한 운송물 또는 휴대물에 대하여 수령이라는 사실을 근거로 하여 이들 물건을 안전하게 반환하여야 하는 의무에서 나온 책임이며, 그 물건이 멸실·훼손될 때에는 이들 운송인 등이 故意·過失이 없었음을 立證하여도 배상책임을 면할 수 없다는 이른바 절대적 반환의무를 말하는 것이다.

초기의 이러한 레셉툼책임은 운송화물의 멸실이나 훼손이 事變으로 인한 것인가 또는 不可抗力으로 인한 것인가를 묻지 않고 모든 책임을 선주 또는 운송인에게 부담시키는 보험 담보적 책임이었다. 따라서 이러한 레셉툼책임 아래에서는 별도의 적하보험이 필요하지 않았다. 당시 로마의 일반 책임법은 過失이 없으면 책임이 없다는 過失責任主義[3)]에 기초를 두고 있었으나, 해상 운송인에게는 이러한 엄격하고 과중한 책임을 부과하고 있었다. 이것은 당시의 문란한 해상운송질서를 확립하고 약자의 처지에 있는 화주를 보호하기 위한 하나의 방편이 되었다.

그러나 이러한 레셉툼책임은 너무나 엄격하여 나중에는 不可抗力의 경우 또는 화물 자체의 고유의 하자 및 송하인 자신의 過失로 인한 운송물의 손해의 경우에는 운송인을 免責되도록 하는 예외를 인정하기에 이르렀다. 따라서 로마법상의 레셉툼책임은 운송인에게 최소한의 면책의 예외, ① 不可抗力이나 ② 화물의 고유의 하자 및 ③ 송하인 자신의 過失을 제외하고, 운송인이 화물의 멸실이나 손상에 대해서 절대적인 책임을 부담하였다.

---

3) 이러한 過失責任主義는 사회가 복잡해지고 기업조직이 발달함에 따라 秩序維持가 곤란해졌기 때문에 無過失責任主義로 변화하게 된다.: 大濱信泉, 英國船主責任制度論, 早稻田法學 第4卷, 早稻田大學法學會, 1925年, p.3.

이러한 레셉툼책임의 法理는 당시의 로마 사회의 시대상황을 반영하였던 것으로, 그 이후 교통·통신 등 사회 상태나 치안질서는 현저하게 개선되게 되었고, 각종의 위험에 대한 담보제도가 정비되어 감에 따라서 점점 현실성이 없게 되었다. 또한 경제적으로 운임은 운송인의 책임의 경중에 영향을 받는데, 운송인의 책임을 너무 무겁게 하여 고가운임을 유지하는 것은 무역업자인 화주에게도 유리하지 못하다는 점 때문에 점차 그 실효성을 잃어 갔다고 할 수 있다.4)

이러한 로마법 당시의 운송인의 책임은 그 후 게르만의 침입에 의하여 로마제국이 붕괴과정을 거치면서 약간의 변화를 가져왔다. 로마제국의 붕괴과정에서 지중해 연안에 발달했던 로마시대의 商路는 해적과 도적 등으로 통일적인 질서유지가 곤란한 상태가 되었고, 로마시대의 資本主義的 隊商業은 전부 붕괴되었다. 당시의 이러한 慣習을 수집 정리한 이른바 사이비 로드海法(Nomos Rhodion Nautikos)5)에 의하면, 운송인인 선주는 선원의 不法行爲에 대해서도 공동책임을 지는 경우 무한책임을 지고 있었으며, 운송물에 대해 레셉툼책임을 원칙으로 하면서도 反證宣誓(reinigungseid)6)에 의해 免責을 인정한 것으로 되어 있다. 그러나 海損에 대하여는 로마법과는 달리 널리 海損債務는 船價의 2/3를 한도로 하는 물적 유한책임을 지고 있었다.7) 이와 같이 海法에서 명문으로 免責 또는 물적 유한책임을 인정한 것으로 보아 로마시대의 엄격책임을 내용으로 하고 있던 레셉툼책임은 점차 완화되는 과정을 거치고 있었다는 것을 알 수 있다.

---

4) 林東喆, 海商法·國際運送法硏究, 眞成社, 1990, p.33.
5) 사이비 로드해법이 편성된 것은 8세기경이다.: 小町谷操三, 海商法硏究, 第三券, 有斐閣, 1931, p.56.
6) 船主가 不可抗力 등을 立證해 보이는 것을 말한다.
7) 小町谷操三, 전게서, p.53.

2. 英·美 慣習法[8]에 의한 運送人의 責任

(1) 專門運送人(Common Carrier)의 責任

英·美 慣習法상의 화물운송인의 책임은 법원의 판례로부터 생성되어 정리된 것이다. 당시 慣習法상의 선주인 운송인의 책임은 그가 전문운송인(common carrier)이냐 사적운송인(private carrier)이냐에 따라 다르다. 선주인 운송인은 그 선박을 일반화물선(general ship)으로 제공하는 경우에 전문운송인으로 취급된다.[9] 즉 전문운송인은 공중에 대하여 명시적·묵시적으로 그 운송의 인수에 응할 뜻을 표시한 자로서, 운송수단에 空績이 있는 限, 적법한 조건을 갖추어 운송에 관한 請約을 한 者에 대하여는 그 請約을 수락할 의무가 있는 운송인을 말한다. 한편, 사적운송인은 공중을 상대로 그와 같은 意思表示를 하지 않고 개별적인 特約에 의해서만 운송을 인수하고 그 결과 계약의 체결이 강제되지 않는 운송인을 말한다.[10] 따라서 전문운송인은 정기적인 영업으로서의 물품운송의 거래에 종사하고, 또한 화주들의 물품운송계약의 請約에 대하여 보수를 받고 운송계약의 承諾을 하는 者로서, 성문법의 제한이 없는 限, 자기 자신의 계약조건을 제시할 수 있으며, 이러한 계약조건에 합치하고 선박의 공간이 여유가 있는 한, 누구의 請約에 대하여도 운송의 인수를 거절할 수 없는 운송인이다. 이러한 운송계약의 請約을 거절할 수 있는 권리를 유보하고 있는 운송인은

---

8) 慣習法(common law)은 英·美의 國內制定法 성립 이전의 運送人의 物品損害賠償責任에 관한 英·美의 判例法(case law)을 지칭한다.

9) E. R. Hardy Ivamy, *Payne and Ivamy's Carriage of Goods by Sea*, London Butterworths, 1985, p.164.

10) 李均成, 海上運送法, 「韓美商事法比較研究」, 韓國商事法學會, 1982, p.247.

이미 전문운송인(common carrier)이 아닌 것이다.

慣習法上 해상운송인은, 전문운송인으로서의 책임, 즉 운송인은 운송물을 안전하게 운송하여 이를 인도하여야 할 의무를 지고, 그동안에 운송물에 대하여 생긴 일체의 손해를 배상할 책임, 말하자면 보험자와 마찬가지의 절대책임(absolute liability)을 지고 있었다.

그러나 한편으로, 해상운송인은 금액주의 등에 의한 책임제한의 제도를 통하여 보호를 받았으며, 또한 계약자유의 원칙(principle of freedom of contract)이 널리 인정되어 운송인은 선하증권에 免責約款을 삽입하여 그 책임을 면할 수 있었다.[11] 즉 이러한 전문운송인은 ① 천재지변, ② 공적행위, ③ 물품의 고유의 하자, ④ 화주의 부주의, ⑤ 共同海損犧牲을 제외하고는 절대적인 책임을 지고 있었다.[12] 전문운송인에 대한 이러한 절대적인 책임은 로마법 아래의 운송인의 레셉툼책임과 마찬가지로 운송인들의 운송질서의 문란과도 관련이 있는 것으로 보인다. 즉 운송인의 사용인 또는 운송인의 사용인과 도적들의 공모에 의한 화물의 도난위험이 상존하고 있었기 때문에, 이로부터 화주를 보호하기 위하여 운송인에게 절대적인 책임을 부과하고 있었던 것이다.

그러나 전문운송인이 아닌 경우에는, 보수를 받는 受託者로서 상당주의의무만을 다하면 책임을 면할 수 있었다.[13]

한편, 傭船者에 대한 선주의 책임은 선박이 傭船契約 아래 있지 않을 경우의 화주에 대한 책임과는 다르다. 傭船契約의 경우에는, 선박이 일반화물선(general ship)이 아니기 때문에 선주의 책임은 전문운

---

11) 李均成, 전게서, pp.3-4.
12) E. R. Hardy Ivamy, *op.cit.*, p.165.
13) Per Cockburn C., in Nugent V. Smith(1876) 45 LJQB at 700 seq.

송인의 책임과는 다르다고 보는 것이다. 그러나 이러한 처지는 공통적으로 받아들여지는 것은 아니며, 일부 반대주장을 하는 學者도 있다.[14] 즉 特別契約[15]이나 제정법의 경우를 제외하고 물품이 傭船者에 의하여 선적되든 또는 일반화물선에 선적되든 관계없이 모든 선주는 전문운송인으로서의 책임을 진다는 것이다. 그러나 이러한 문제에 대한 구속력 있는 판례법이 확립되어 있지 않으며, 실무에서는 대개 물품의 운송은 선하증권이나 기타 운송서류에 기재된 條件에 따라 이루어지기 때문에 이러한 경우 慣習法(common law)의 지위는 더 이상 학문적 관심사가 될 수 없는 것으로 본다.[16]

그러나 선박이 오직 한 화주만을 위하여 전적으로 이용되는 경우에는 선주인 운송인에게 마찬가지로 엄격한 원칙이 적용되어 그 절대적인 책임이 인정되고 있었다.[17]

(2) 專門運送人(Common Carrier)의 絶對責任의 緩和

운송인의 절대책임은 역사적인 産物로서 시대적인 상황을 반영하고 있는 것이다. 그러나 시대의 변화와 더불어, 그것은 하나의 봉건적 관념의 유물로 여겨지고 운송인에게도 너무 가혹한 것이었기 때문에 오

---

14) E. R. Hardy Ivamy, *op.cit.*, pp.165-166 참조.
15) 영미법하에서 계약을 特別契約(special contract)과 單純契約(simple contract)으로 나누고 있으며, 特別契約은 捺印契約 같은 것을 말하는 것으로 무역에서의 계약은 보통 單純契約을 의미한다. 特別契約과 單純契約의 큰 차이점은 契約違反에 대한 訴訟의 제소기한이 單純契約은 6년이며, 特別契約은 12년이다.
16) E. R. Hardy Ivamy, *op.cit.*, p.166.(船荷證券이나 기타 運送書類에 기재된 명시적인 조건이 慣習法의 내용을 수정하거나 배제하고 있기 때문이다.)
17) Liver Alkali Co. v. Johnson(1874) L. R. 7 Ex. 267; L. R. 9. Ex. 338.

히려 불공평하고 불합리하게 되었다. 뿐만 아니라 이는 건전한 해상운송의 발전의 장애요인으로 인식되어 법원도 약간의 완화정책을 취하게 되었으며, 또 운송인은 절대책임을 회피하기 위하여 선하증권 등에 免責約款을 삽입하게 되었다. 이 중에서 免責約款의 사용에 따라 법원은 약자인 화주를 보호하기 위하여 免責約款의 규제의 필요성을 인식하게 되었고, 또한 免責約款의 규제를 위하여 여러 가지 규제이론이 등장하게 되었던 것이다.

이와 같이 당시 운송인의 책임은 절대책임의 원칙 아래 이 절대책임을 회피하기 위한 운송인의 노력과 이를 규제하기 위한 법원의 노력이 一進一退를 거듭하였다. 그러나 종래의 관습법상의 운송인의 면책사유는 그대로 유지되었다. 慣習法상의 免責事由를 살펴보면 다음과 같다.

1) 天災地變(Acts of God)

천재지변(act of god)의 의미에 관하여 많은 논의와 의견의 차이가 있다. 그러나 이 천재지변은 두 가지 기본적인 특징이 있다.[18] 첫째, 그것은 인간의 행위와는 아무런 관계없이 발생하는 것으로 인간은 수동적일 수밖에 없다는 것이다. 영국의 한 판례, Forward v. Pittard 사건[19]을 보면 의미를 확연히 알 수 있을 것이다. 이 사건은 운송인이 물품이 적재된 곳에서 멀리 떨어진 데서 화재가 번져 물품을 손상한 사건이다. 이 사건에서, 맨스필드(Mansfield) 경은 "무엇이 천재지변인가? 나는 인간의 행위에 반하는 어떤 것을 의미한다고 생각한다. 神의 허락과 神의 지식에 의해서 발생하는 모든 것은 천재지변이다. 이 경우에는

---

18) Raoul Colinvaux, op.cit., para.9.
19) (1785) 1 T. R. 27.

그러하지 않은 것 같으며, 화재는 인간 또는 다른 어떤 것에 의하여 발생한 것이다. 그것은 번개(lightning)가 발생하지 않았다고 명시적으로 언급하고 있기 때문에 확실히 인간의 행위에 의하여 발생한 것이다"라고 하고, 따라서 이것은 비록 비정상적인 방법이 서로 작용하여 항해를 위험하게 만드는 자연적인 원인[20]에 의하거나 또는 모든 가능한 조치가 취해진 경우에도 선박의 항행에 있어서 취해진 어떠한 행위에 의하여 초래된 사건으로서 免責의 범위에 포함되지 않는다고 하고 있다.

둘째, 운송인이 이용할 수 있을 것으로 합리적으로 기대되는 모든 수단을 사용해서도 회피하거나 방어할 수 없는 사건이다. 즉 운송인의 통제범위를 넘어서 발생하는 사건을 말한다. 사고의 원인이 인간과 아무런 관련이 없는 경우에 이상적(extraordinary)이거나 예상할 수 없는 것일 필요는 없다. 폭풍우나 바다의 난폭(violence of the sea) 및 번개는 해상항행에서 일반적인 것이지만, 그 결과로 입는 손해는 전문 운송인의 免責의 범위에 포함된다고 할 것이다. 그러나 반드시 난폭성이 필요한 것은 아니다. 결정적인 상황 아래에서 바람의 갑작스러운 그침도 천재지변이 될 수 있는 것이다.[21]

慣習法상의 免責事由로서의 천재지변은 1671년의 Morse v. Slue 사건[22]에서 회피할 수 없는 손해, 즉 해적행위(pirates), 폭풍우(storm) 등으로 인한 손해에 대해서는 운송인은 배상책임을 지지 않는다고 판시한 데서 그 기원을 찾을 수 있다. 그 이후 1703년에 Coggas v. Bernard 사

---

20) 이러한 경우는 船舶이 안개로 인해서 모래톱에 올라앉은 現狀(Liver Alkali Co. v. Johnson(1874) L. R. 7 Ex 267: L .R. 9 Ex.338)이나 또는 水路의 변화로 인한 事故(Trent Navigation Co. v. Wood(1785) 3 Esp.127.)의 경우다.
21) Colt v. M'Mechen(1810) 사건에서 C. J. Kent는 바람의 갑작스런 그침도 天災地變이라고 판시했다.
22) 1 Vent.190; 83 E. R.453.

건[23])에서, 홀트(Holt) 判事는 구체적으로 천재(acts of god)·공적행위 (acts of the enemies of the king)를 慣習法상의 免責事由라고 천명했으며, 이러한 천재지변과 다음의 공적의 행위는 운송계약상의 묵시적인 免責事由(implied exception)로서 가장 오래된 형태의 免責事由이다.[24]) 그러나 법원에서 이러한 묵시적인 免責事由인 천재지변(acts of god)의 의미를 엄격하게 해석하게 됨에 따라 운송인은 선하증권에 명시적인 免責約款을 삽입하게 되었다. 1648년의 Pickering v. Barkly 사건[25])과 1667년의 Barton v. Waliford 사건[26])에서, 해상위험에 의한 손해에 대해서 운송인이 배상책임을 부담하지 않기 위하여 'Dangers of the Seas Excepted'라고 하는 免責約款이 사용되었다. 이것이 가장 오래된 免責約款으로 알려져 있다.[27])

2) 公敵의 行爲(Act of the King's Enemies)

공적의 행위는 전쟁을 수행하고 있는 경우 적대국의 국민에 의하여 행해지는 행위로서, 육상의 도적은 포함되지 않지만, 해적(pirates)이나 公海上의 도적은 포함된다. 선주인 운송인은 그러한 공적의 행위를 회피하기 위한 주의를 기울일 의무가 있으며, 그러한 주의의무를 다한 선주인 운송인은 그들의 행위로 인한 손해에 대해서는 免責된다. 그러나 선박이 외국 國籍을 가진 경우 이러한 免責의 적용은 불확실하며, 어디까지나 운송인이 속한 국가의 敵對國의 국민들의 행위에만 적용된다고 보아야 할 것이다.

---

23) 92 E. R.107; Ld. Raym. 909.
24) 淸河雅孝, 海上物品運送法の基礎理論, 中央經濟社, 1991, p.16.
25) Styles 132; 82 Eng. Rep.587.
26) Comb. 56; 90 Eng. Rep.34.
27) 淸河雅孝, 前揭書, p.17.

3) 物品의 固有의 瑕疵(Inherent Vice)

운송화물 자체의 품질상의 결함으로부터 초래되는 화물의 멸실이나 손상에 대해서는 운송인은 免責된다. 예컨대 과일이나 가죽과 같이 변질되기 쉬운 물품이 부패하거나 오염되는 경우에 배상책임이 없는 것이다. 또한 휠이 달려 있는 엔진을 샤프트(shaft)로 고정하여 운송하는 도중에 샤프트가 부패되어 파손되면서 넘어져 엔진이 손상을 입은 경우 전문운송인은 免責되며,[28] 운송 도중에 발생할 수 있는 통상의 증발이나 액체의 漏損도 免責의 범위에 포함된다. 그러나 어떤 계약위반에 의하여 운송물의 손상을 악화시키는 경우에는 免責되지 않는다.[29]

4) 貨主의 不注意(Negligence of the Owner of the Goods)

널리 자신의 의무를 이행함에 있어서 부주의로 인하여 발생된 손해는 다른 사람에게 補償을 請求할 수 없다는 것이 判例[30]에 의하여 확립되어 있다. 그 예로서, 포장의 불충분(insufficiency)으로 인한 화물의 손상이나 하자(defects)로 인한 손상에 대하여서는 운송인은 免責된다. 또한 물품이 비정상적으로 선적되거나 부적합하게 선적된 경우에도 마찬가지다. 물품이 운송인에게 인도될 때 포장이 불충분한 상태로 인도되어 운송 도중에 손상을 입은 경우 운송인이 수령 시에 그러한 내용을 알았다면, 운송인은 禁反言(estoppel)의 원칙에 의하여 손상이 불충분한 포장에 기인하였다고 하는 주장을 할 수 없다. 무고장 선하증권(clean B/L)을 발급한 경우 이에 반하는 주장을 할 수 없다. L.N.W. Ry v. Hudson[31] 사건에서 아트킨손(Artkinson) 경은 "포장

---

28) Lister v. Lancs. & Yorks. Ry.(1903) 1. K. B. 878.
29) Internationale Guano v. Stephenson(1856) 5.Duer 538.
30) Barbour v. S. E. Ry.(1876) 34 L. T. 67.

의 불충분은 확실하지만 운송인이 반대 없이 물품을 수령하였기 때문에 불완전한 포장으로부터 생기는 손상에 대하여 免責되지 않는다"고 판시하였다. 운송인은 포장이 불충분할지라도 여전히 운송화물에 대한 주의를 기울일 의무가 있으며, 포장이 다소 하자가 있거나 또는 운송 중에 하자가 생기는 경우 그 하자에 대하여 주의를 다하여 필요한 조치를 취하여야 하며, 그러한 조치를 취하지 않는 경우에는 운송인은 그로 인한 손상에 대한 책임을 진다.[32]

5) 共同海損犧牲(General Average Sacrifice)

항해 도중에 선박과 화물의 공동안전을 위하여 의도적으로 적절하게 취한 행위는 물품이 파손 또는 손상된 경우에는 선주인 운송인은 배상책임이 없다. 이때 희생된 화물의 화주는 다른 救助된 재산의 소유자에게 분담금을 請求할 권리가 주어지며, 선주인 운송인에 대하여 손해배상을 請求할 수 없다. 예컨대 선박 내의 화재의 진압을 위해서 海水를 船艙에 투입함으로써 발생하는 손해라든가 또는 선박이 폭풍우를 만나거나 坐礁되었을 경우 선박을 가볍게 하기 위하여 화물을 밖으로 내던지는 投荷(jettison)와 같은 것이 대표적인 예이다. Dixon v. Royal Exchange Shipping Co. 사건[33]에서, 케이브(J. Cave) 判事는 선장에 의하여 행해진 投荷는 선주의 대리인으로서가 아니라 화주의 대리인으로서 행한 것이라고 주장하였다. 그러나 이것은 너무 확대해석한 것으로, 어디까지나 선장은 선주의 대리인으로서 안전한 운송을 이행하여야 할 의무가 있다. 이러한 의무의 이행과정에서 특별한 조치가 필요한 상황이 발생하면 投

---

31) (1920) A. C. 324, 340.
32) Richardson v. N. E. R y(1872) L. R. 7 C. p.75.
33) The Times, December 20, 1884.

荷할 수 있는 권한이 주어지는 것이다. 따라서 충분한 이유 없이 또는 부주의나 부적절한 방법에 의한 投荷에 대해서는 선주가 책임을 면할 수 없다. 그러나 선장 이외의 다른 사람에 의하여 물품이 投荷된 경우에는 선주인 운송인은 免責될 수 있다.[34] 그리고 선주인 운송인 자신이 책임을 져야 하는 위험으로 인하여 投荷가 필요하였던 경우에는 선주인 운송인은 免責될 수 없다.

(3) 專門運送人(Common Carrier)의 免責의 適用排除

위에서와 같이, 운송인에게는 관습법상 원칙적으로 그 면책이 인정되고 있지만, 다음과 같은 경우에는 면책이 배제된다.

1) 運送人의 不注意(Negligence)

운송인이 免責되는 원인으로부터 발생한 손해의 경우에도 운송인으로서 그러한 손해를 회피하거나 그러한 결과를 방지하기 위하여 또는 예상되는 효과를 억제하기 위하여 모든 가능한 조치를 취하는 데 게을리 할 때에는 免責될 수 없다. 따라서 凍結된 보일러 파이프가 파손되어 흘러나온 물에 의하여 화물이 손상을 입은 경우 운송인의 보일러 관리의 부주의가 인정되며 천재지변의 免責의 이익을 누릴 수 없었다.

2) 離路(Deviation)

선박이 적절한 航路를 이탈한 상태에서 免責의 원인이 발생하더라도 免責을 누릴 수 없다. 예컨대 선박이 離路의 도중에 공적의 행위에

---

34) Price v. Noble(1811) 4 Taunt.123.

의하여 멸실된 경우 그 멸실이 離路가 없었더라도 발생하였을 것이라는 것을 증명하지 않는 限, 운송인은 免責될 수 없다.[35] 뿐만 아니라 운송인은 그러한 離路 때문에 화물의 고유의 하자로 인한 손상을 악화시킨 경우에도 免責될 수 없다.

3) 船舶의 不堪航(Unseaworthiness)

운송인은 선박이 발항 당시에 堪航能力을 갖추지 못한 경우에는, 비록 慣習法 아래서 免責원인으로 인하여 발생된 운송물의 멸실이나 손상에 대하여서도 책임을 져야 한다. 또한 그 멸실이 不堪航이 없었더라면 발생하지 않았을 경우에도 운송인의 책임이 인정된다.

3. 美國의 하터法상의 運送人의 責任

(1) 運送人의 絶對責任의 回避

운송인의 절대책임은 역사적인 産物로서 시대적인 상황을 반영하고

---

35) Morrison v. Shaw, Savill(1916) 2 K. B. 783; 이 사건과 관련하여 L. J. Swinfen Eady는 "運送人은 離路가 있었든지 또는 아니든지 간에 滅失이 발생했을 것이라는 것을 증명하는 것이 아주 불가능하다"고 주장했다. 여기서 암시하는 것은 船主는 離路 후에는 慣習法上의 免責의 이익을 주장할 수 없다. 그러나 運送人이 그 滅失이 어떠한 경우에도 발생했을 것이라는 것을 증명할 수 있다면 책임지지 않을 수 있다는 것이다. 하지만 M. R. Wright 경도 만약에 離路가 없었더라도 그러한 사고가 발생했을 것이라는 것을 증명하는 것은 불가능하다고 말하고 있다: M. Dockray, *Cases and Materials on the Carriage of Goods by Sea*, Professional Books, 1987, p.159.

있는 것이다. 그러나 시대의 변화와 더불어 하나의 봉건적 관념의 遺物로 여겨지고 운송인에게도 너무 가혹한 것이었기 때문에 오히려 불공평하고 불합리하게 되었다. 앞에서 살펴본 바와 같이 로마법상의 레셉툼책임이나 英·美 慣習法 아래서의 운송인의 책임은 몇 가지 免責조항을 제외하고는 매우 엄격한 것이었다. 이러한 엄격한 책임은 운송인으로서는 너무 가혹한 부담이 되지 않을 수 없었다.

따라서 운송인은 계약자유의 원칙에 의하여 선하증권에 무거운 책임을 경감하기 위하여 免責約款을 삽입하였다.[36] 免責約款(exception clause)은 현재 또는 장래에 책임을 부담하게 될 者가 법률상의 책임규정보다 한층 유리한 법률상의 대우를 받도록 설정한 계약조항 곧 約款을 말한다. 이러한 免責約款은 멀리 로마법 시대에도 존재하고 있었다. 중세에 들어와서는 당시의 海事 법원에 의하여 원칙적으로 로마법에서와 마찬가지로 그 유효성이 인정되었다.

이러한 免責約款은 초기에는 "the dangers of the sea excepted"와 같은 단순한 문구로 되어 있었으나,[37] 1795년 영국의 Smith v. Shepherd 사건의 판결에서 침몰물로부터 표류한 帆舟에 과실 없이 충돌하여 침몰한 선박의 소유자에 대하여 이러한 사고는 'the dangers of the sea'에 해당하지 않는다는 이유로 운송물의 손해에 대하여 운송인에게 배상책임을 지운 이래로 점차 免責約款의 발전을 보게 되었다.[38]

---

36) 초기의 船荷證券에는 역시 運送人의 엄격한 絶對責任을 반영하여 免責約款이 전혀 삽입되어 있지 않았다. 1531년부터 1541년 사이에 마르셔덴(Marsden)에서 인쇄된 船荷證券과 傭船契約書는 免責約款을 포함하고 있지 않았다.

37) A. A. Mocatta & M. J. Mustill and S. C. Boyd, *Scrutton on Charterparties and Bills of Lading*, 19th ed., London Sweet & Maxwell, 1984, p.210.

38) 李均成, 國際海上運送法研究, 三英社, 1976, p.4.

이러한 법원의 免責約款에 대한 엄격한 해석은 운송인으로 하여금 새로운 免責約款을 계속하여 삽입하도록 하는 동기가 되었으며, 화주의 처지에서도 운송인의 책임을 엄격하게 하여 고액의 운임을 지급하는 것보다는 免責을 인정하여 저가의 운임을 지급하는 것이 오히려 비용을 절감할 수 있다는 차원에서 免責約款의 삽입을 허용하였다. 따라서 운송인에게 불리한 새로운 判例가 나올 때마다 이러한 책임으로부터 벗어나기 위하여 운송인들은 수많은 免責約款을 삽입하였다. 그 결과 19세기 말경에는 免責約款의 발전이 절정에 달하였으며, 그 당시 영국에서는 "운송인은 운임을 수령하는 것밖에는 아무 의무도 없는 것처럼 보인다"(There seems to be no other obligation on the shipowner than to receive the freight)[39]고 하는 비판을 받기도 하였다.

(2) 免責約款의 規制

운송인의 책임법은, 아주 엄격한 절대책임을 회피하고자 하는 운송인의 免責約款의 삽입 노력과 이를 제한 또는 방어하고자 하는 利害關係者, 즉 화주와 보험자의 노력이 서로 一進一退를 거듭하면서 발전하여 왔다. 免責約款을 제한하기 위한 최초의 국제적인 모임은 국제법학회(ILA: International Law Association)의 1882년 리버풀(Liverpool)회의이었는데, 여기서 이른바 리버풀선하증권이 채택되었다. 이에 의하면, 여기서는 운송인의 물품의 선적 및 인도 등에 대한 免責約款을 인정하지 않기로 하고, 航海상의 過失만 인정하기로 하였다. 곧이어 1885년에 국제법학회의 함부르크회의에서 航海過失은 免責으로 하되, 그 밖의 운송인 측의 過失에 대하여는 판단의 錯誤(error in judgement)인 경우에만 免責을 인정하

---

39) A. A Mocatta et al, *op.cit.*, p.210.

는 함부르크선하증권이 다시 채택되었으나, 국제적인 확산은 이루어지지 않았다.

1886년에는 함부르크선하증권을 기초로 하여 해상운송인의 불리한 점을 약간 수정하여 함부르크·브레멘선하증권이 성립되었다. 그러나 다시 1887년 국제법학회 제13회 런던 회의에서는 운송인의 영향이 크게 작용하여 운송인에게 보다 유리한 리버풀선하증권이 채택되었고, 1893년 제16회 국제법학회 런던회의에서는 리버풀선하증권보다 운송인에게 더욱 유리한 런던회의 규칙이 채택되었다.

한편, 1888년의 국제상법회의의 브뤼셀회의에서는 ① 선박 堪航性의 완전한 상태를 방해하는 성질의 행위 또는 過失, ② 물품의 적재·보존·관리 및 인도에 관한 過失, ③ 선장, 선원 및 운송인의 사용인의 重過失에 대한 免責約款을 금지하고, 운송인 및 선장이 자기의 過失 있는 행위의 결과에 대하여 免責되는 것을 금지하도록 결의하고 각국에 그 채택을 권고하였다.

그러나 유럽의 이러한 움직임과는 달리, 미국은 화주국의 처지에서 화주의 이익을 최대한 보장하기 위하여 公序原則[40]의 보편적 적용을 통하여 계약자유의 원칙에 제한을 가하고, 離路法理의 확대적용[41] 등을 통하여 운송인의 免責에 최대한의 제한을 가하고 있었다. 1888

---

40) 公序原則이란 公共秩序의 原則이라 할 수 있으며, 公共의 利益(public interest)이나 公共의 道德(public morals)에 반하지 않아야 한다는 것이다.
41) 英國에서는 離路의 개념이 地理的 離路(geographical deviation)에만 적용되지만 美國에서는 離路의 개념을 확대적용하여 非地理的離路에까지 포함하고 있다. 즉 超過運送(overcarriage), 도착항의 변경(the change of destination), 航海의 變更(the change of voyage), 불합리한 遲延 (unreasonable delay)과 같은 地理的 離路뿐만 아니라 무단의 甲板積(deck stowage), 換積(transhipment), 代船(the change of ship) 등의 非地理的 離路도 포함한다.

년 뉴욕에서 리버풀로 향한 몬타나(Montana)호가 리버풀의 웨일즈 (Wales) 해안 어귀에서 선장의 過失에 의해 坐礁되어 화물이 全損을 입은 사고가 발생하였다. 보험업자는 화주에게 화물손해에 대하여 補償한 후 운송인에 대하여 求償請求 곧 구상권을 행사하였다. 운송인은 선하증권에 선원의 過失을 제외한다는 免責조항이 삽입되어 있다는 이유로 그 손해의 배상을 거절했으나, 소송에서 패하였다. 종래의 미국연방법원은 이와는 다른 견해를 표시하고 있었으나, 1890년 판결에서 인력이 미치지 않는 항해상의 위험에 의하여 손해가 발생한 경우에는 운송인은 免責되지만, 선장이나 선원의 과실 및 태만에 의하여 생긴 손해에 대하여 운송인이 免責되는 것은 公序(public policy)의 원칙에 위배되어 公益(public interest)을 해칠 우려가 있다고 하여 화주를 옹호하는 입장을 취하였다.

그 이후에 미국의 운송인은 자기의 이익을 옹호할 필요에서 免責約款을 유효성을 인정하고 주는, 즉 운송인의 처지를 옹호하는 법률을 準據法으로 지정하여 계약을 체결함으로써 목적을 달성하려고 하였으나, 이것도 미국연방법원은 무효로 선언하였다. 그러나 영국 및 기타의 국가의 운송인은 어떠한 免責조항을 삽입하여도 旗國法約款(ship's nation clause) 곧 이른바 몬타나약관(montana clause)에 의하여 보호되었으나, 미국의 운송인만 미국법원에 구속되어 免責의 이익을 누릴 수 없었다. 따라서 선장의 過失責任에 대한 利害關係를 조정하기 위해 1893년 2월에 미국 하원의 하터 의원이 하나의 법안을 제출하였다. 이것이 일부 수정된 후 통과되어 『선박의 항해, 선하증권 및 재산의 운송에 관련한 약간의 책임 및 권리에 관한 법률』(An Act relating to navigation of vessels, bill of lading, and certain obligation, duties and rights in connection with the carriage of property)이 제정되었는데, 이것이 이른바 하터법(Harter Act, 1893)[42]인 것이다.

(3) 하터法상의 運送人의 責任

하터법은 운송인의 過失을 航海상의 過失[43]과 商業상의 過失[44]로 명확히 나눈 최초의 입법으로 유명하다.[45] 그 내용의 골자는, 운송인[46]은 선박의 堪航능력 유지를 위하여 상당한 주의의무를 다할 것을 전제로 하여 선원의 航海過失에 대하여는 免責되지만, 商業상의 過失에 대하여는 免責되지 않는다는 것이다. 이 법은 미국에 입항 또는 출항하는 모든 선박에 적용되어 화주국의 처지에서 운송인의 과중한 책임을 일부 완화하여 선주국의 利害關係와 조화를 이루고 있다.

이와 같이 미국에서 免責約款을 제한하는 국내법이 성립하자, 미국과 같이 선주국의 처지가 아니고 화주국의 처지에 있던 영국의 주요 식민지 제국은 하터법에 따라 免責約款을 제한하는 입법을 차례로 추진하여 나

---

42) 이 법은 총 8개 조문으로 되어 있으며, 제1조에 商業過失에 대한 면책특약을 금지하고 있으며, 제2조에서는 선박의 堪航性을 갖추기 위해서 상당한 注意를 다할 것을 규정하고 있으며, 제3조에서는 운송인(선주)이 상당한 注意를 다했는데도 불구하고 발생하는 航海過失에 대해서는 운송인은 면책된다고 규정하고 있다. 이 외에도 제4조에서는 선하증권의 발행, 제5조에서는 罰則 및 留置權, 제6조는 화재법 및 책임제한법의 수정, 제7조는 생·동물에 관한 규정, 제8조는 본 법의 유효일자에 대해서 규정하고 있다.
43) 航海過失이란 항해 또는 선박 자체의 취급에 있어서의 선장이나 선원의 過失을 말한다.
44) 물품의 선적·적부·운송·보관 또는 揚荷과정에서 선장이나 선원이 일으키는 過失을 말한다.
45) 李均成, 전게서, p.7.
46) 하터법에서는 운송인이라는 용어를 사용하지 않고 선주(shipowner)라는 용어를 사용하고 있어나 본 硏究에서는 논제전개의 목적상 운송인으로 칭하고, 운송인은 선주, 용선자(나용선자 포함)를 포함하는 것으로 한다.

갔다. 1903년의 뉴질랜드 운송 및 선원법(Shipping and Seamen Act), 1904년의 오스트레일리아 해상물품운송법(Sea-Carriage of Goods Act), 1910년의 캐나다 수상물품운송법(Water Carriage of Goods Act)이 그 例이다.

하터법은 영미법계의 법역을 벗어나 해상운송법의 국제적인 통일운동에도 영향을 미쳐 1924년의 통일선하증권조약도 기본적으로는 하터법의 책임주의를 채택하였다.

第2節 海上運送人의 貨物損害의 賠償責任

1. 헤이그 規則

(1) 헤이그 規則의 成立

산호초처럼 삽입된 선하증권상의 免責約款을 제한하기 위한 국제적인 움직임이 미국의 하터법의 제정 이후에 계속되었다. 免責約款을 제한하기 위하여서는 미국처럼 국내법에 의해 강행적인 금지입법을 함으로써 목적을 달성할 수도 있겠지만, 무역운송은 국제적으로 행하여지기 때문에 일국의 단독적인 입법으로는 그 문제를 완전히 해결할 수는 없는 일이다. 따라서 1921년 개최된 국제법학회(International Law Association)의 런던회의에서는 선주국과 화주국의 의견을 수렴

하고 미국의 하터법 및 영국 속령의 既存의 해상운송법을 참조하여 작성된 草案을 본 회의에서 심의하여 하나의 초안을 마련하였다. 이것이 1921년의 헤이그 규칙이다.

그러나 이 헤이그 규칙은 국제조약의 형식을 취하지 못하고, 오직 당사국의 임의채용만을 권장할 수 있는 사적규칙에 불과한 것이었다. 따라서 이것을 다시 1922년 국제해법회(CMI; Comite Maritime International)에서 약간의 수정을 가하여 동년 10월 브뤼셀에서 개최된 해사법외교회의에 상정했다. 이 草案을 1923년 해사법외교회의에서 심의하여 확정한 條約案을 1924년 8월 25일 26개국의 대표가 서명함으로써 국제조약 곧 유명한 속칭 '헤이그 규칙'(Hague Rules)으로 성립되었다.[47]

(2) 헤이그 規則상의 運送人의 貨物損害賠償責任

헤이그 규칙은 한마디로 말하면, 운송인의 의무와 책임의 최소한과 권리와 免責의 최대한을 규정하고 있다.[48] 또한 헤이그 규칙은 締約國에서 작성된 선하증권에 한하여 적용되며(제10조), 적용대상이 되는 물품은 산動物 및 선하증권에 甲板積으로 표시되고 실제로 甲板積으로 운송되는 화물을 제외한 모든 물품에 적용된다. 운송인의 책임구간은 물품을 선박에 적재한 때로부터 이를 선박에서 揚荷한 때까지의

---

47) 이 條約은 16개 조로 구성되어 있으며, 1931년 6월에 정식으로 발효했다. 정식명칭은 '船荷證券에 관한 法의 약간의 규칙의 통일을 위한 國際條約'(International Convention for the Unification of Certain Rules of Law relating to Bills of Lading)이며 보통 '헤이그 규칙' 하면 이 조약을 지칭한다.
48) 藤代和雄, 貿易運送の實務, 同文館, 1985, p.57.

이른바 'from tackle to tackle'의 원칙이 적용된다. 또한 운송인의 화물손해배상 책임한도는 운송물의 매 포장당 또는 단위당 100파운드로 정하고 있다(제4조 제5항).

헤이그 규칙상의 운송인의 운송물에 관한 손해배상책임의 원칙은 過失責任主義에 입각하고 있다. 운송인은 자기의 관리 아래에 들어온 운송물의 안전을 위하여 기울여야 할 주의를 게을리 함으로 인하여 생긴 운송화물에 관한 멸실 및 손상에 대한 배상책임을 진다. 이러한 운송인의 주의의무로는 선박의 堪航能力에 관한 것과 운송물에 관한 것이 있다. 선박의 發航 당시에 堪航能力注意義務를 운송인에게 부과하고(제3조 제1항), 이러한 의무를 違反하여 발생한 운송화물의 멸실 및 손상에 대하여 운송인에게 책임을 부과하고 있다(제4조 제1항). 또한 운송인은 운송물의 선적에서 揚陸에 이르기까지 운송물에 대한 주의의무를 부담하며(제3조 제2항) 이러한 의무의 違反으로 인하여 발생한 운송물의 멸실 및 손상에 대한 책임을 진다.

1) 船舶 堪航能力의 注意義務

선박의 堪航能力 또는 감항성이란 선박이 안전하게 항해를 감당할 수 있는 能力을 말하며, 운송인은 發航 당시에 선박이 항해 중에 예상되는 통상의 위험을 극복하고 운송화물을 목적지까지 안전하게 운반하는 데 적합한 상태를 유지하기 위하여 상당한 주의(due deligence)를 다하여야 한다.[49] 그 내용으로는 선박 자체가 堪航能力을 확보하여야 하는 것뿐 아니라, 적당한 선원의 승선, 의장과 보급품을 갖추는 것,[50] 선창이나 냉장실 및 냉기실이 화물을 수령·운송·보관하는 데

---

49) 전 航海를 통해서 船舶의 堪航能力을 유지하여야 하는 것은 요구하지 않는다.

적당하고 안전하게 할 것[51] 등을 요구한다.

또한 여기서 요구되는 운송인의 堪航능력의 확보에 관한 주의의무는 본 선적 개시부터 出航할 때까지의 시기에 걸쳐서 다하여야 하는 것으로, 만약 그 시기에 선장이 통상의 주의의무를 다한 경우에는 항해 도중에 기관 고장 등으로 인하여 운송을 완성할 수 없더라도 운송인은 그로 인한 운송물의 손해에 대하여 책임을 지지 않는다. 그러나 그러한 주의를 다하였다는 立證책임은 운송인이 부담하며, 이를 立證하지 못하면 책임을 면할 수 없다. 또한 운송인 자신뿐만 아니라 운송인의 사용인이나 대리인도 상당한 주의를 다하여야 하며,[52] 독립계약자로서의 선박 수선업자 등의 過失로 인한 不堪航의 경우에도 책임을 부담한다.

2) 運送貨物에 관한 注意義務

운송인은 운송화물의 선적, 취급, 적부, 운송 및 보관과 揚荷를 적절하고(properly) 신중하게(carefully) 하여야 한다(제3조 제2항). 이러한 주의의무를 게을리 하는 것을 商業상의 過失이라고 한다.

이러한 商業상의 過失로 인하여 운송화물의 멸실이나 손상에 대한 책임을 면제 또는 경감하는 特約은 무효이다(제3조 제8항). 이것은 당초 헤이그 규칙의 제정목적이 운송인들의 다양한 免責約款을 제한하기 위한 하나의 수단으로 등장하였다고 볼 수 있기 때문에, 헤이그 규칙에서 정하고 있는 免責조항 이외에 운송인의 免責特約을 금지하는 것과 궤를 같이하는 것이다.

---

50) 이것을 運航能力이라고도 한다.
51) 이것을 堪貨能力이라고 한다.
52) Riverstone Meat Co. v. Lancashire Shipping Co.(1961) A. C. 807.

(3) 헤이그 規則上의 免責

헤이그 규칙에서는, 한편으로 운송인의 책임과 의무를 규정하면서, 다른 한편으로는 운송인의 免責을 명시적으로 열거하여 운송인과 화주의 이해관계를 어느 정도 조정하고 있다. 헤이그 규칙 제4조 제2항에는 무려 17가지나 되는 免責사유 곧 이른바 면책카타로그(catalogue of exceptions) 또는 면책리스트(list of exceptions)가 규정되어 있다.53) 그중에서 특히 항해과실과 화재에 관한 과실은 과실책임주의에 대한 중대한 예외이다.

1) 航海過失에 의한 貨物損害免責

航海過失은 항해 또는 선박 자체의 취급에 관하여 선장 또는 선원의 過失을 말한다. 航海過失에 의하여 생긴 운송물의 멸실 또는 손상에 대하여는 운송인은 책임을 부담하지 않는다. 그 이유는 항해기술은 특수한 분야로서, 운송인으로서도 유자격자인 선장 등의 기량을 신뢰할 수밖에 없으며, 항해 개시 이후에 육상의 운송인으로서는 해상운송 중인 선박의 선원들을 지휘할 수 있는 처지에 있지 못할 뿐 아니라, 변화하는 해상의 기상 변화 등에 대응할 수도 없기 때문이다. 더욱이 선장 등의 過失로 사고가 발생한 경우에는 별도로 海難審判法에 따라 책임을 추궁할 수 있기 때문에 운송인에게 免責을 허용하더라도 선장이나 선원 등이 사고를 조장할 염려가 없기 때문이기도 하다.

그러나 선장이나 선원의 항해 또는 선박의 취급과 관련된 특수한 행위가 직접 또는 간접으로 운송물의 멸실이나 손상과 관련이 없는 경우에는 免責될 수 없다. Gosse Millerd Ltd. v. Canadian Government Merchant

---

53) 이를 면책카타로그라고 부른다.

Marine Ltd. 사건54)을 보면, 항해 도중에 수선을 위해서 도크에 들어가 수선 도중에 艙口(hatch)를 출입하기에 용이하도록 열어 두었다가 비가 와서 내부의 운송물이 들어온 빗물에 손상을 입었다. 이 사건에서 법원은 창구의 관리는 航海상의 過失과는 관계없으며, 운송물을 주의 깊고 신중하게 운반할 주의의무를 위반한 것으로 운송인이 책임이 있다고 판시하였다. 또한 선내하역인부들에 의한 발화에 의한 멸실55)이나 기항 항에서 스톱밸브(stome valve)뚜껑의 도난으로 인한 운송화물의 손상,56) 화물을 부선(Barge)에서 미끄러지지 않도록 고정하지 않고 부선에 밧줄을 잘못 매어 발생한 손실,57) 폭풍우의 중심으로부터 항해노선을 변경하지 못함으로써 발생하는 손실58) 등은 운송인이 免責받을 수 없다.

2) 火災에 의한 貨物損害免責

운송인은 선박에서 발생한 화재에 의하여 발생된 운송물의 멸실이

---

54) (1929) AC 223, (1928) All ER Rep.97, Hl.
55) Houranni v. Harrison(1927) 32 Com Cas 305, CA.
56) Leesh River Tea v. British India Steam Navigation(1967) 2 Q. B. 250, C. A. 사건으로, 그 내용은 다음과 같다: Chyebassa호는 차(chests of tea)를 싣고 캘커타에서 런던으로 향했다. 船舶은 수단항에서 차를 揚荷하고 목화씨를 실었다. 이때 선내 작업을 그 지역의 인부들이 했다. 선내 인부 중 누군가가 선박의 스톰밸브(stome valve)의 황동으로 된 뚜껑을 훔쳤으며, 그 결과 船舶이 출항 시 海水가 船艙으로 들어와 運送貨物에 손상을 입혔다. 이 사건에서 運送人은 航海上의 過失이라고 주장했으나 J. McNair는 그 주장을 일축했다.
57) Falconbridge Nickel Mines Ltd., Janin Construction Ltd and Hewitt Equipment Ltd. v. Chimo Shipping ltd., Clarke SS Co. Ltd. and Munro Jorgensson Shipping Ltd.(1973) 2 Lloyd's Rep.193, Supreme Court of Canada.
58) The Washington(1976) Lloyd's Rep.453, Fedral Court of Canada, Trial Devision.

나 손상에 대하여는 免責이다(제4조 제2항 b호). 선박에서의 화재를 원칙적으로 운송인의 免責事由로 하고 있는 이유는, 선박상의 화재는 적재화물 전체의 멸실을 초래하는 등 막대한 손해를 초래하는 경우가 많고, 화재의 원인이 선박 측에 있었는가 또는 화물 측에 있었는가 하는 원인규명이 사실상 곤란하기 때문에, 거액의 손해를 운송인에게 부담시키는 것은 가혹하며, 해운기업의 건전한 발전을 저해하는 것이기 때문에 운송인의 免責을 규정한 것이다.[59] 다만 운송인 자신에게 화재에 대한 故意나 過失이 있었던 경우는 免責될 수 없다. 이 경우 無過失의 立證책임은 免責이익을 누리고자 하는 운송인에게 있다.

3) 기타의 免責리스트

헤이그 규칙 제4조 제2항에서는 航海過失과 화재 이외에도 해상에 있어서의 固有의 위험(c호), 천재(d호), 전쟁(e호), 공적의 행위(f호), 공권력의 작용(g호), 검역(h호), 송하인 측의 作爲나 不作爲(i호), 파업과 직장폐쇄(j호), 폭동 및 내란(k호), 해상에서의 생명이나 재산의 구조(l호), 화물 고유의 하자(m호), 화물포장의 불충분(n호), 화인의 불충분(o호), 고유의 하자(p호), 기타 同種의 사유(q호) 등 15개 항목을 규정하고 있다.

이와 같은 사유에 의한 화물의 손해에 대하여 운송인은 당연히 免責되는 것이 아니다. 다만 운송인으로서는 이러한 사유가 발생하였다는 것을 주장함과 함께 그러한 사유가 있으면 화물에 생긴 손해가 통상 회피할 수 없는 정도의 것이라는 것을 주장할 수 있으면 충분하며, 엄격한 立證책임을 부담하지는 않는다.[60] 따라서 구체적인 손해가 구체적

---

59) 또한 火災는 積荷保險에서 擔保되는 대표적인 危險이기도 하기 때문이다.
60) 藤代和雄, 前揭書, p.60.

인 사실에 의하여 통상 발생할 것이라고 인정하는 정도로 그 사실을 구체적으로 증명하면 된다. 한편, 화주로서는 그 구체적인 손해에 대하여 운송인이 주장하는 것과 같이 통상 발생하는 것이 아니라 운송인 또는 그 사용인에게 過失이 있으며, 그 過失과 화물손해 사이에 相當因果關係가 있다는 것을 立證하면, 운송인은 免責될 수 없다. 이는 立證책임을 화주에게 전가시키고 있는 것으로 운송인에게 유리한 규정으로 평가할 수 있다. 그러나 과실책임주의에 입각한 商業過失과 대응되는 航海過失이나 특수한 화재 등을 기타의 免責事由와 일괄하여 규정하였다고 하여, 입법 기술적으로는 좋지 않은 방법이라는 비판을 받고 있다.[61]

2. 헤이그 - 비스비 規則

(1) 헤이그 - 비스비 規則의 成立

1924년에 성립하여 1931년에 발효한 헤이그 규칙은 국제운송에 관한 국제조약으로서 여러 국가가 가입하여 그 기능을 유감없이 발휘하여 왔으나, 제2차대전 이후에 무역과 해운의 실정에 맞지 않는 점이 생기게 되었다. 특히, 운송인의 책임한도액은 그동안의 통화가치의 하락으로 인하여 상대적으로 낮게 되었으며, 예상하지 못했던 컨테이너의 출현으로 포장단위의 해석상의 문제점이 발생하였다. 그 밖에도 입법 기술적으로도 결함이 있다는 비판도 있었다.

이러한 문제점을 개선하기 위하여 스톡홀름에서 개최된 국제해법회

---

61) 藤代和雄, 前揭書, p.60.

(CMI) 제26차 총회에서 개정안이 채택되고 1967년과 1968년에 브뤼셀에서 개최된 해사법외교회의에서 24개국의 찬성에 의하여 헤이그 규칙의 개정의정서 곧 이른바 비스비 규칙(Visby Rules)이 성립되어 1977년 6월에 발효하였다. 이 의정서의 정식명칭은 'Protocol to amend the International Convention for the Unification of Certain Rules of Law relating to Bills of Lading'이며, 비스비 규칙에 의해 개정된 헤이그 규칙 전체는 헤이그-비스비 규칙(Hague-Visby Rules)으로 불린다.

(2) 헤이그-비스비 規則상의 貨物損害賠償責任

헤이그-비스비 규칙은 헤이그 규칙을 근간으로 하고 비스비 규칙에 의하여 加減削除式으로 성립된 조약이다. 따라서 헤이그 규칙에서 변화된 운송인의 책임내용을 중심으로 살펴본다.

1) 運送人의 責任制限額의 上向調整

헤이그 규칙에서 매 포장에 대해 100파운드를 운송인의 책임한도액으로 하고 있었으나, 전후 통화가치의 하락으로 조정할 필요가 있었다.[62] 따라서 매 포장에 대한 한도의 인상과 함께, 통화단위도 종래부터 航空운송관계의 국제조약에서 사용되어 온 통화단위인 포앙카레프랑(Poincare Franc)으로 전환하면서, 매 포장에 대한 10000포앙카레

---

62) 영국에서는 전후 금가치의 등귀에 의해 당시의 100파운드는 300파운드에 해당한다는 주장도 있었고, 타협적으로 金約款協定(Gold Clause Agreement, 1950)이 체결되어 여기에 참가한 선박회사나 화주 및 보험회사 간에는 화물클레임에 대해서는 200파운드를 적용하기로 되어 있었다.

프랑과 매kg에 대한 30포앙카레 프랑의 합계액 중 높은 것을 그 한도 액으로 변경하여 중량기준을 추가하였다.[63]

2) 賠償責任算定基準의 明確化

일반적으로 화물손해의 발생에 그 배상책임의 대상인 손해의 산정기 준으로 商業送狀상의 가액이 기준이 되지만 비스비 규칙에서는 물품이 선박으로부터 揚陸된 또는 그렇게 揚陸되어야 할 장소 및 시기의 물품 의 가액을 기준으로 한다고 규정하고 있다. 그러나 이 규정은 손해사정 을 번잡하게 하고 추가비용을 초래할 수 있기 때문에 실정에 맞지 않는 것으로 보인다. 이러한 규정을 채용하였는가 하는 이유는 명확하지 않 으며, 후일의 1978년의 함부르크 규칙에서는 이러한 규정이 사라졌다.

3) 컨테이너 條項의 新設

헤이그 규칙에서는 Shipper's Pack인 운송물의 경우에 운송인에 대 하여 인도한 컨테이너 자체가 책임한도액의 산출기준인 한 포장에 해 당하는지 아닌지에 대한 論難이 있을 수 있었다.[64] 따라서 비스비 규 칙에서는 "컨테이너, 파레트 또는 이와 유사한 운송용구가 물품을 통 합하기 위하여 사용된 경우에는 선하증권에 그러한 운송용구에 채워 넣었다고 수량 표시가 있는 포장이나 단위의 수가 이들 포장 또는 단 위에 관한 限 本 項의 적용상의 포장 또는 단위의 數로 본다"고 규정 하고 있다. 이 조항의 신설로 인하여 더 이상 컨테이너와 관련한 포장 단위에 관한 논의는 사라졌다.

---

63) 이 기준은 다시 1979년에 각각 667SDR과 2SDR로 변경되었다.
64) 반대로 Carrier's Pack인 경우에는 運送人이 그 내용을 알고 있으므로 문 제가 되지 않았다.

4) 責任制限排除事由

운송인의 책임제한의 주장은 그 화물손해에 운송인의 故意나 重過失이 있는 경우에는 인정되지 않는다는 것이 헤이그 규칙 아래서의 판례의 태도였다. 이와 관련하여 重過失인지 단순한 過失인지를 둘러싸고 화주와 운송인 간에 다투는 수가 많았기 때문에, 重過失이라고 하는 애매한 개념을 그대로 두고는 상황에 따라 그리고 법원에 따라 다른 결과가 나올 수 있었다. 따라서 당사자로서는 불안정한 상태에 놓이게 되어 헤이그 규칙의 개정이 필요하다는 지적이 일찍부터 있었다.

비스비 규칙 제4조 제5항 e호에서 "운송인 또는 선박은 그 손해가 손해를 발생시킬 의도로서[65] 또는 無謀하게(recklessly), 또한 그 손해가 일어나리라는 것을 알면서 행한, 운송인의 作爲 또는 不作爲로 인하여 발생하였다는 것이 立證된 경우에는 이 조항에서 규정하는 책임제한의 혜택을 누릴 수 없다"고 규정하고 있다. 이 조항에 의하여 책임제한의 이익을 상실하는 것은 오로지 운송인 자신의 행위에 국한되는 경우이고, 선장·선원 등의 사용인이나 대리인 등 이행보조자의 행위에 대하여는 문제가 되지 않으며, 이들의 행위에 故意가 있었다고 해도 운송인은 책임제한을 주장할 수 있다.

여기서 규정하고 있는 책임제한 배제사유의 규정은 '認識 있는 過失'을 정하고 있을 뿐 아니라, 더욱이 故意에 가까운 '未畢的 故意'[66]를 의미하는 것으로 해석하는 경향이 있다. 어쨌든 이 규정에 의해 애매한 單純過失이냐 重過失이냐 하는 분쟁은 회피할 수 있게 되었으며,

---

65) 이른바 '認識 있는 過失'을 의미한다.
66) 結果의 발생 자체는 不確實하나 만일의 경우에 결과가 발생할지도 모른다고 인정하면서도 그런 결과의 발생을 부득이하다고 容認하고 있는 心理狀態.

또한 認識 있는 過失이냐 未畢的 故意이냐 하는 단계에서는 운송인은
다른 사정이 없는 한, 당연히 소송을 포기할 것이다.

5) 運送人의 使用人 및 代理人의 責任과 責任制限

헤이그 규칙 아래에서는 운송인의 사용인이나 대리인에게는 운송인
의 면책 또는 책임제한의 규정의 적용이 인정되지 않았다. 그래서 선주
는 선하증권에 히말라야 約款(Himalaya Clause)[67]을 삽입함으로써 이
에 대처하여 왔다. 비스비 규칙에서는 운송인의 사용인이나 대리인에
대하여 소송이 제기된 경우에 이들은 운송인에 대하여 규칙이 정한 抗
辯事由나 책임제한액을 원용할 수 있는 권리를 가진다고 규정하고 있
다(제4조 제2항).

화주와 운송인 사이의 이해관계를 조정하기 위한 헤이그-비스비
규칙에서는, 免責조항에 대한 立證책임이 화주에게로 전환되고 매 포
장에 대한 책임한도액이 정해져 있어 화물에 대한 클레임으로 화주가
운송인에 대하여 소송을 제기하여도 운송인은 이러한 권리를 원용하
여 대항하게 된다. 이를 회피하기 위하여 화주는 직접 화물의 손해를
일으킨 자나 선원 또는 船籍港 이외에서 항해를 위하여 필요한 일체
의 재판상 또는 재판 외의 행위를 행함에 있어서 운송인의 대리인으

---

67) Alder v. Dickson, The Himalaya(1955)1 Q. B. 158. 사건에서 히말라야
를 여행하는 여객이 부상을 입었을 때, 운송인의 免責條項은 선장의 不
注意에 대하여 訴訟을 제기하는 것을 금지하지 않는다고 한 판결이 있
고 난 이후에 운송인들에 의해 선하증권상에 삽입된 約款으로서, 운송
인은 화주와 運送契約을 체결하면서 운송인의 사용인과 대리인 및 독
립적인 계약자를 포함하여 운송인의 責任制限額 및 運送契約으로부터
생기는 기타 방어 수단에 의해 보호된다고 하는 내용이다. (C. M.
Schmitthoff, *The Export Trade*, 9th ed., London Stevens & Sons,
1990, p.605. 참조.)

로서의 자격을 겸하고 있는 선장에 대하여 소송을 제기하는 폐단이 생기게 되었다. 선장이나 선원은 운송계약의 당사자가 아니기 때문에 그 過失에 의해 타인의 재산에 손해를 입힌 경우에는 당연히 운송계약상의 조건을 원용할 수 없다. 따라서 화주가 不法行爲를 立證하게 되면 손해액의 전액을 배상하여야 하고, 결국 운송인이 그 손해를 부담하게 된다. 이렇게 되어서는 조약에서 정하고 있는 운송인의 책임제한액의 의미가 없어지므로 이러한 조항을 신설한 것이다.

이와 같이 운송인에게 화주에 대하여 債務不履行責任이 발생하게 되고, 운송인의 이행보조자인 선장이나 선원 등은 화주에게는 화물을 훼손·손상시킨 데 대한 不法行爲責任이 발생한다. 이러한 해상운송인 자신의 債務不履行責任과 不法行爲責任의 경합, 즉 이른바 同 主體 간의 請求權競合의 문제의 연장선에서 해상운송인의 이행보조자가 不法行爲責任을 추궁당하는 경우 그 책임의 범위 또는 내용과 운송인 자신의 책임과의 관계가 문제가 된다. 이는 운송인 자신의 책임과 그 이행보조자의 不法行爲責任의 경합, 즉 이른바 異 主體 간의 請求權競合의 문제가 발생한다.[68] 히말라야약관은 이 문제에 종지부를 찍은 것이라 할 수 있다.

6) 不法行爲責任

운송인의 채무불이행책임과 불법행위책임 간의 관계를 둘러싼 종래의 이른바 請求權競合說[69]과 法條競合說[70]로 인하여 운송인에 대한

---

68) 李均成, 海商法의 개정과 海上運送人의 損害賠償責任, 海仁 裵炳泰博士 華甲紀念, 『韓國海法會誌』, 제14권 11호, 1992.12, p.37.
69) 계약상의 債務不履行責任과 不法行爲責任은 그 요건과 효과가 다르기 때문에 별개의 권리로 인정하여 피해자인 채권자 등의 선택에 따라서 청구권의 행사를 할 수 있다는 주장.

배상책임의 내용이 달라지는 불편을 해소하기 위하여 헤이그-비스비 규칙에서는 별도의 조항을 추가하고 있다. 즉 제4조 제2항에서, "이 條約에 규정되어 있는 抗辯事由 및 책임한도는 그 소송이 계약에 의거하든 不法行爲에 의거하든 불문하고 운송계약에 포함되는 물품의 멸실 또는 손상에 관한 운송인에 대한 일체의 소송에 적용된다"고 규정하고 있다. 이 규정의 목적은 화주가 계약상의 債務不履行을 근거로 하여 請求를 하든 不法行爲責任을 근거로 하여 請求하든 동일한 法的 效果를 부여하기 위한 것이다.

3. 함부르크 規則

(1) 함부르크 規則의 成立

헤이그 규칙이나 헤이그-비스비 규칙은 선주를 위주로 되어 있기 때문에 화주들에게 불리하다는 개발도상국의 주장이 UN무역개발회의(UNCTAD: United Nations Commission on Trade and Development)에 강하게 대두되었다. 이에 따라 UN국제거래법위원회(UNCITRAL: United Nations on International Trade Law)에서 1972년에 개정작업을 시작하여 조약초안을 1976년에 UN총회에 상정하였다. 1978년 함부르크에서 개최된 UN전권회의(외교회의)에서 UN해상물건운송조약(United

---

70) 하나의 행위가 양 법규의 내용에 저촉하는 외관을 갖지만 이는 일반법과 특별법의 관계로서 특별법인 계약법이 불법행위법의 규정을 배제하고 우선적으로 적용되어야 하므로 송하인 등은 운송인의 계약상의 債務不履行責任만 물을 수 있다는 주장.

Nations Conventions on the Carriage of Goods by Sea) 곧 함부르크 규칙(Hamburg Rules)이 채택되었다. 이 함부르크 규칙은 1992년 11월 1일에 발효하였다.

(2) 함부르크 規則상의 貨物損害賠償責任

함부르크 규칙상의 운송인의 배상책임의 원칙은 종래의 항해과실과 화재의 면책을 폐지하고 過失責任主義를 견지하고 있다. 이 규칙은 해상운송인의 손해배상책임과 擧證책임에 관한 원칙을 보다 단순·명료하게 하고, 특히 그 기본원칙(basic principle)으로서 운송인은 자기 또는 그 사용인이나 대리인이 운송물의 손해의 원인이 된 사고 또는 그 결과를 회피하기 위하여 합리적으로 요구되는 모든 조치를 취하였다는 것을 증명하지 못하면 운송물의 멸실·훼손 또는 인도지연으로 인한 손실에 대하여 책임을 져야 한다고 규정하고 있다(동 규칙 제5조 제1항). 따라서 화물에 대한 책임의 상당 부분이 화주에게서 운송인으로 전가된 것으로 평가되며, 이로 인하여 운송인들의 책임보험인 P&I 보험에도 영향을 미칠 것이다. 다음에는, 변화된 운송인의 책임의 구체적인 내용에 관하여, 그 책임의 가중 면에 초점을 맞추어 살펴보기로 한다.

1) 航海過失免責의 廢止로 인한 責任의 強化

헤이그 규칙과 헤이그-비스비 규칙에서 운송인의 航海過失의 免責을 폐지한 것은 함부르크 규칙의 특징의 하나이다. 운송인과 화주 간에 책임의 분담비율을 크게 변화시키는 한 요인이 된다. 이제 航海過失은 운송인의 사용인 내지 대리인으로서의 선장 등이 운송물의 손해의 원인이 된 사고 또는 그 결과를 회피하기 위하여 합리적으로 요구되는 조치를 취하지 못한 것, 즉 損害事故防除措置義務의 위반으로서 해상운송인의 책임의 원인이 된 것이다.[71]

이에 대하여, 선주 측은 이 航海過失의 免責폐지에 대하여 반대하였다. 선주 측이 이것을 반대한 이유는 자명하다. 그러나 화주의 처지에서도 반드시 유리한 것만은 아닐 것이라는 것이다. 즉 운송인의 증가된 책임을 擔保하기 위해서는 P&I보험료가 인상될 것이고, 상대적으로 적하보험자는 운송인을 상대로 求償請求權을 보다 많이 행사할 수 있기 때문에 적하보험료의 인하가 있어야 하겠지만, 이는 소송의 증가 등으로 인하여 간접비용의 증가를 초래하여 P&I보험료의 인상폭만큼 적하보험료가 인하될 수 없을 것이라는 현실적인 문제를 고려하여야 한다.

2) 火災免責의 廢止로 인한 責任의 强化

헤이그-비스비 규칙에서는, 화재는 운송인 자신의 故意 또는 過失로 인한 경우를 제외하고는 당연한 免責사유이었으나, 이러한 免責규정을 삭제하였다. 그러나 화재에 대한 운송인 측의 과실에 관하여 화주에게로 立證責任을 전환시키고 있다. 그러나 立證責任을 부담하는 화주는 화재의 원인이 운송인의 故意 또는 過失에 기인한다는 것을 擧證하기가 현실적으로 용이하지 않다. 따라서 실질적으로는 운송인의 免責내용에는 변함이 없다.

---

71) 李均成, "함부르크 규칙에서의 航海過失免責主義 廢止가 赤化保險關係에 미치는 影響", 無碍 徐燉珏博士 華甲紀念, 『保險法學과 保險學』, 1980, p.74.

3) 免責리스트의 削除로 인한 責任의 強化

既存의 헤이그 규칙이나 헤이그-비스비 규칙에서 운송인의 免責으로 열거되어 있던 免責조항을 삭제함으로써 운송인의 책임은 상대적으로 증가하게 되었다. 그러나 실제로는 위의 항해과실과 화재의 경우를 제외하고 免責리스트에 포함되어 있던 대부분의 내용은 자연적이고 인위적인 不可抗力이나 화주 측의 歸責事由에 관하여 운송인의 免責을 규정하고 있었기 때문에 본래 운송인이 책임져야 할 내용에 근본적인 변화를 가져오게 되었다고는 여겨지지 않는다.

4) 責任限度額의 上向調整으로 인한 責任의 強化

운송인의 책임한도액을 헤이그-비스비 규칙보다 약 25% 상향조정된 매 포장 또는 선적단위에 대한 835SDR 또는 매kg에 대한 2.5SDR의 합계액 중 높은 것으로 한다고 규정하고 있다(제6조).

5) 堪航性 注意義務의 內容의 變更에 따른 責任의 強化

함부르크 규칙에서는 선박 堪航性에 대한 조항이 삭제되었다. 이러한 규정이 없다는 것은 不堪航性에 의하여 화물손해가 발생한 경우에 過失責任主義의 일반원칙에 따라 운송인은 책임을 지게 된다는 것을 의미한다. 따라서 운송인의 堪航性에 대한 주의의무는 발항 전이나 항해 개시 시에 堪航性에 대한 상당한 주의를 기울이는 것만으로는 충분하지 않으며, 물품이 운송인의 관리 아래에 있는 동안에 항상 堪航性에 대한 주의의무를 다해야 하는 것으로 해석된다. 따라서 堪航性에 대한 주의의무는 훨씬 강화되었다.

6) 運送人責任區間의 延長에 따른 責任의 增加

헤이그 규칙과 헤이그-비스비 규칙에서는 조약상의 강행법적인 운송인의 責任區間이 선적 시점에서 양륙 시점까지, 즉 'from tackle to tackle'의 원칙이 적용되었으나, 함부르크 규칙에서는 운송물의 수령 시점에서 인도 시점까지의 'from receipt to delivery'로 변경되었다. 전통적인 責任區間인 'from tackle to tackle'의 원칙 아래서는 항상 선적 전 또는 揚荷 이후에 누가 어느 정도의 범위에서 책임을 지는가 하는 문제가 있었다. 특히, 이는 컨테이너운송의 경우에는 더욱 실정에 맞지 않다. 운송인의 관리 아래에 컨테이너가 있음에도 불구하고 선적 전이라고 하여 운송인의 책임을 배제하는 것은 불합리하다. 따라서 이러한 문제점을 해결하기 위하여 운송인의 책임구간을 선적항에서 수령 시부터 揚陸港에서 인도 시까지로 하여 실질적으로 운송인의 관리 아래에 있는 구간 내지 기간 동안 운송인이 책임을 지도록 책임구간을 확장함으로써 운송인의 책임내용이 증가하게 되었다.

7) 遲延損害에 대한 運送人의 責任

헤이그 규칙이나 헤이그-비스비 규칙에서는 지연손해에 대한 명문의 규정이 없었기 때문에, 지연으로 인한 화물의 변질과 같은 물리적인 손해는 화물의 취급에 관해 주의의무를 규정한 제3조 제2항에 의해 배상책임을 물을 수 있었으나, 시장가격의 하락과 같은 간접손해에 대하여는 명확한 해결기준을 제시하지 못하였다. 이를 명확히 하기 위하여 함부르크 규칙에서는 인도 기간의 만료일을 경과한 후 60일이 지나면 화주는 이를 운송화물의 不着 또는 전손으로 보아 화물대금 전액에 대하여 배상을 請求할 수 있도록 보완하고 있다. 인도의 지연은 물품이 해상운송계약에 정해진 揚荷港에서 명시적으로 합의된 기간 내에, 명시적인 합의가 없을 때는 주위의 사정을 고려하여 주의 깊은 운송인에게 요구되는 합리적인 기간 내에 인도되지 않았을 경우에 발생한다(제5조 제1항 2호).

8) 甲板積 貨物에 대한 運送人의 責任

헤이그 규칙은 운송계약에서 甲板積 운송이 명시되어 있고 실제로 甲板積 운송되는 경우에는 적용되지 않는다(제1조 c호). 그러나 선하증권에 甲板積 표시되어 있지 않았는데도 불구하고 甲板積으로 운송되는 경우에는, 契約違反을 구성하고, 운송인은 책임제한의 이익을 누릴 수 없는 해석이 나올 수 있다.

함부르크 규칙에서는 甲板積 화물도 다른 화물과 동일한 책임體制의 적용을 받는다. 즉 운송인은 운송계약서인 선하증권 등에 甲板積되거나 甲板積될 수 있다는 명시적인 합의를 함으로써 甲板積 운송할 수 있는 권리가 있다(제9조). 그러나 운송인은 送貨人과의 합의 또는 特定去來의 慣行에 따르거나 법령화된 규칙이나 규정에 의하여 요구된 경우를 제외하고, 甲板積으로 운송을 하게 되면 이로 인한 화물의 멸실이나 손상 또는 인도지연에 대한 손해배상책임은 물론, 조약상의 책임제한이익을 상실한다.

헤이그 규칙 체계 아래서는 甲板積 표시를 하여 甲板積으로 운송하는 경우에는 헤이그 규칙의 적용이 배제되어 운송인이 별도의 免責조항에 의하여 免責될 수 있었으나, 함부르크 규칙에서는 조약의 적용을 받아 책임을 진다.

(3) 함부르크 規則상의 運送人의 免責

함부르크 규칙에서는 별도의 免責조항은 없으며, 다만 過失責任主義의 일반원칙에 따라 無過失의 경우 免責을 누릴 수 있을 뿐이다. 그러나 인명을 구조하기 위한 조치나 해상에서 재산을 구조하기 위한 합리적인 조치로 인하여 발생된 멸실이나 손상 또는 인도지연에 대한 책임을 지지 아니한다. 또한 산 動物에 대하여 운송인은 그러한 종류의 운송에 따른 고유한 특별한 위험으로 인하여 발생한 멸실이나 손상 또는 인도의 지연에 대한 책임을 지지 않는다.

4. 우리나라 商法

(1) 海上運送人의 貨物損害賠償責任

해상운송인의 운송화물의 손해에 대한 배상책임은 송하인이나 수하인 또는 선하증권 소지인에 대하여 운송계약에 의한 民事責任이며, 헤이그 규칙 내지 헤이그-비스비 규칙의 경우와 마찬가지로 減輕된 過失責任主義의 원칙에 따른다. 이러한 운송화물의 손해에 대한 운송인의 책임발생의 원인은 원칙적으로 운송물 자체에 관한 운송인 자신 또는 그 이행보조자의 주의의무의 違反이 있어야 한다. 이와 같은 운송인이나 그 이행보조자의 주의의무 위반에 대하여 운송인에게 강행법적 배상책임이 인정된다.[72]

---

72) 상법 제788조 제1항, 제789조 제1항.

해상운송인은 운송수단인 선박의 堪航能力의 확보에 관한 過失 및
운송물의 취급에 관한 過失, 즉 商業상의 過失에 대하여 강행법적 배
상책임을 부담하지만, 선장이나 선원 등의 항행 또는 선박의 취급에
관한 過失, 즉 航海過失 및 화재에 관한 過失은 法定免責사유로 되어
있다. 이러한 航海過失과 화재에 관한 過失에 대한 免責은 過失責任主
義에 대한 예외이다. 이 밖에도, 해상운송인은 해상 기타 항행할 수
있는 수면에서의 위험 또는 不可抗力, 전쟁, 폭동 또는 내란 등과 관
련하여 보통 발생할 수 있는 것임을 증명하게 되면 운송인은 免責받
을 수 있다.[73] 운송인에게 無過失의 立證責任을 부과하고 있는 것은
송하인이나 수하인 또는 선하증권의 소지인은 過失을 증명할 수 있는
위치에 있지 못하기 때문이다.

(2) 責任의 範圍와 限界

해상운송인이 화물손해배상책임을 질 범위는 운송화물의 멸실, 훼
손 또는 연착 곧 지연으로 인하여 생긴 손해이며, 운송화물을 인도할
수 없는 경우에는 멸실이 된다. 일반적으로 債務不履行의 경우 배상의
대상인 손해는 債務者의 故意·過失 내지 歸責事由인 책임원인과 因
果關係가 있는 범위의 손해이다.

---

73) 상법 제789조 제2항. 위에서 열거된 것 이외에 海賊行爲 기타 이에 준하는
    행위, 재판상의 압류, 검역상의 제한, 기타 공권에 의한 제한, 송하인 또는
    운송물의 소유자나 그 사용인의 행위, 동맹파업 기타의 쟁의행위 또는 선
    박폐쇄, 해상에서의 인명이나 재산의 救助行爲 또는 이것으로 인한 離路
    기타 정당한 이유로 인한 離路, 운송물의 포장의 불충분 또는 기호표시의
    불완전, 운송물의 특수한 성질 또는 고유의 하자, 선박의 고유의 하자 등을
    규정하고 있다.

그런데 상법은 운송화물을 신속하게 운송하여야 하는 운송인의 처지와 법률관계의 획일적 처리의 필요에서 손해배상액의 산정에 관한 特則, 즉 배상액의 정형화에 관한 규정을 두고 있다. 즉 운송인의 故意 또는 중대한 過失이 없는 限, 전부멸실 또는 延着의 경우에는 운송물을 인도하여야 할 날의 도착지의 가격 그리고 일부멸실 또는 훼손의 경우에는 인도한 날의 到着地의 가격에 의하여 그 배상액을 결정하도록 하고 있다.[74] 그리고 해상운송인은 선주[75]로서 상법상의 총체적 책임제한을 주장할 수 있다.

이 밖에도, 해상운송인은 개별책임제한의 이익을 향수할 수 있는데, 그 책임제한은 매 짐짝 또는 선적단위에 대하여 500SDR[76]을 한도로 하고 있다. 이러한 해상운송인의 손해배상책임의 한도 내지 개별적 책임제한제도는 화주가 받게 되는 손해배상이 명목적인 소액이 되지 않도록 하고, 아울러 운송인이 난데없이 거액의 손해배상청구를 받음으로써 불의의 타격을 입는 일이 없도록 하기 위한 선주의 보호라는 측면의 兩面性을 가지고 있다. 뿐만 아니라 운송인의 책임제한은 책임보험의 이용에 의한 운송인의 賠償資力의 보충과 운송기업의 합리적인 경영을 가능하게 하고, 화주로서도 그 한도액을 초과하는 손실에 대하여 적하보험의 이용 등의 자위수단을 강구하는 데 필요한 판단의 자료가 될 수 있다.[77]

---

74) 상법 제812조.
75) 선박소유자, 선박공유자, 선박임차인, 정기용선자, 재운송인 등을 포함한다.
76) 美國은 500달러, 日本은 10만 엔으로 여기에 상응하는 수준인 500SDR로 정했다.
77) 李均成, 海商法의 改正과 海上運送人의 損害賠償責任, 海仁 裵炳泰 博士 華甲紀念, 『韓國海法誌』, 제14권, 제1호, 1992.12.

第3節 海上運送人의 責任分擔制度와 P&I保險

1. 海上運送人의 責任限界와 P&I保險의 必要性

(1) 海上運送人의 貨物損害賠償 責任限度의 變化

초기의 해상운송인은 자기소유의 선박에 자기의 화물을 운송하는 형태를 취하고 있었으나, 점점 교역량이 증가하고 선박이 대형화됨에 따라 전문운송인이 등장하게 되었다. 이러한 전문운송인은 앞에서 살펴본 바와 같이 로마법 이래로 엄격한 화물손해배상책임을 지고 있었다. 그러나 전문운송인은 점점 운송계약상의 우월한 지위를 이용하여 선하증권에 수많은 免責約款을 삽입하여 화물손해에 대하여 많은 免責을 누리고 있었다. 그 후 免責約款의 제한운동과 더불어 운송인의 책임은 점점 가중되어 오늘날에 이르고 있다.

특히, 최근의 함부르크 규칙의 발효와 함께 운송인의 화물손해배상책임이 매우 강화되었다. 헤이그 규칙상의 운송인의 화물손해배상책임의 한도는 매 포장에 대하여 100파운드이던 것이 헤이그─비스비 규칙에서는 매 포장에 대하여 667SDR과 매 킬로그램에 대하여 2.0SDR의 합계액 중 큰 금액으로 규정하고 있었으나, 함부르크 규칙에 와서는 25% 인상된 매 포장에 대하여 835SDR과 매 킬로그램에 대하여 2.5SDR의 합계액 중 큰 것으로 인상되고 있다. 그뿐만 아니라 해상운송인 기타 선주의 총체적 책임제한액을 규정하고 있는 국제조약에서도 책임한도액을 대폭적으로 상향조정하고 있다. 즉 우리나라 상법도 채용하고 있는 1976년 海

事債權責任制限條約에서는 종전의 1957년 海事債權責任制限條約상의 금액보다 전반적으로 140%를 인상시켜 놓고 있다.

따라서 종전에 해상운송인은 개별적 책임제한과 총체적 책임제한이라는 이중의 제한제도 아래 소액의 유한책임의 혜택을 향유하고 있었으나, 앞으로는 화물손해에 대한 거액의 배상책임을 부담하게 된 것이다.

(2) 貨物損害賠償責任과 P&I保險의 必要性

국제무역거래과정에서 발생하는 화물손해는 전통적으로 적하보험에서 담보하고 있다. 따라서 물품의 운송과정에 화물손해가 발생하는 경우에 화주는 1차적으로 적하보험자에게 보험금의 청구를 하게 되고, 화주에게 보상한 적하보험자는 화주의 운송인에 대한 청구권을 대위행사하게 된다. 해상운송인의 화물손해배상책임이 강화되면 운송인은 적하보험자에게 배상해야 하는 손해배상금이 증가하게 된다. 따라서 해상운송인은 이와 같이 강화된 책임을 적절히 담보하기 위해서 P&I 보험이 필요하게 된다. 물론 해상운송인의 이러한 책임을 P&I보험이 아닌 일반사영보험에서 담보받을 수 있겠지만 일반사영보험에서는 이러한 배상책임을 담보하는 데 소극적이다. 따라서 해상운송인은 운송과정에서 발생하는 화물손해배상책임을 선주상호보험조합에서 운영하는 P&I보험을 이용하게 된다. P&I보험의 생성 이전에는 화물손해가 발생하면 화주는 적하보험자로부터의 補償에만 관심을 가지고 있었고 운송인에 대한 청구권의 확보에는 신경을 쓰지 않았다. 적하보험에서도 마찬가지로 오늘날과 같은 代位權의 행사를 하는 慣習이 확립되어 있지 못하였다. 그런데 1870년 웨스턴호프호의 침몰사건을 계기로 운송인들은 화물손해배상책임에 대해서 새로운 시각으로 심각하게 접근하게 되었으며, 이것이 P&I클럽으로 하여금 운송인의 화물손해배상책임을 擔保하게 되는 계기가 되었다. 최근에 와서는 운송인의 개별적 책임한도뿐만 아니라 총체적 책임한도액까지 상향조정되어 화물손해배상책임이 점점 증가하고 있기 때문에 이러한 책임을 擔保하고 있는 P&I보험은 더욱더 중요성을 가지게 된 것이다. 운송인의 화물손해배상책임의 증가 그 자체만으로는 무역에서 아무런 긍정적인 효과를 기대할 수 없으며, 그러한 증가된 책임을 擔保하는 P&I보험이 적절히 기능을 발휘해 주어야 화물손해에 대한 擔保 위험의 공백이 발생하지 않을 것이다. 이제 해상운송인은 P&I보험에 의존하지 않고서는 감당하기 힘든 화물손해배상책임을 부담하게 되었다.

2. 運送人의 責任分擔制度의 生成背景과 形態

(1) 責任分擔制度의 生成背景

운송인의 책임이 로마시대의 절대책임으로부터 점차 완화되어 오다가, 다시 20세기에 접어들면서 강화되어 가는 단계에 접어들었다. 이러한 운송인의 책임체계의 변화와 운송기술의 변화를 비교해 보면, 운송기술의 발전적 변화는 운송인의 책임을 증가시키는 것으로 분석되었다.[78] 즉 운송기술이 높을수록 운송인의 책임수준이 높아져야 효율적이 된다는 것이다. 이것은 운송기술이 향상될수록 운송환경에 대한

---

78) 鄭洪周 外, 危險管理側面에서 본 海上保險契約, 韓國海運學會誌 제18호, 1994.8, pp.329-331.

운송인의 통제력이 제고되어 物理的 危態의 영역이 축소된다고 보기 때문이다. 그러나 운송인의 책임은 앞에서 살펴보았듯이 역사적으로는 시대상황에 따라 변화하고 있다. 그러한 변화의 내용을 전체적으로 살펴볼 필요가 있다.

운송인에게 절대책임을 지우고서는 건전한 해운업의 발전을 기대할 수 없기 때문에, 해상사업관계의 당사자가 운송 도중에 발생하는 손해를 분담하는 제도 및 선주의 책임을 제한하는 제도가 발전하게 되었다. 손해분담제도의 기원은 오레론(Oleron)海法[79]에서 찾을 수 있다.[80] 오레론海法의 규정[81]에 따르면, 정박 중의 선박이나 항해 중의 선박이 손해를 입은 경우 그 손해는 항해선박의 선장 또는 선원이 부담하고, 선박의 충돌이 고의 또는 과실로 인한 것이 아닌 경우 선박이 입은 손해는 선주 간에 분담하고, 화물에 입은 손해는 화주 간에 분담하는 것으로 되어 있었다.

이러한 손해분담제도는 그 후 共同海損制度로 발전하게 되고, 나아가 운송인의 책임의 일부가 선박보험자와 적하보험자에게 전가되게 되었다. 여러 가지 사회제도의 발달과 더불어 운송인의 책임이 더욱 강화되자 운송인은 선하증권상의 免責約款으로 책임을 벗어나려고 하였다. 그러나 그 이후 免責約款에 대한 제한이 가하여지자 선박보험자가 擔保를 기피하는 손해 및 책임에 대하여 선주들은 P&I클럽을 형성하여 선주가 상호 간에 책임을 분담하게 된 것이다.

---

79) Oleron海法은 12세기 프랑스 대서양 연안의 Oleron섬에서 편찬된 海事判例集을 말한다.
80) 大濱信泉, 英國船主責任制度論, 早稻田法學 第4卷, 早稻田大學法學會, 1925, p.51.
81) 제15조.

(2) 責任分擔制度의 形態

1) 共同海損制度

共同海損制度는 운송인의 책임을 분담하는 제도로서 해상법상 가장 오래된 제도이다. 이러한 慣習은 B.C 916-700년경의 최대의 해상도시인 레반트(Levant)나 로드(Rhodes)에서 확립된 것으로 본다.[82) 共同海損制度는 해상보험과는 별도로 존재해 온 제도로서 선주인 운송인이 화주에게 부과하는 共同海損분담의 원리는 계약으로부터 생겨난 것이 아니라, 자연법의 단순한 귀결에 기원하고 있다.[83)

해상법에 그 기원을 두고 있는 共同海損制度는 共同海損損害를 해상보험자가 補償하는 손해라는 점에서 해상보험제도와 밀접한 관계를 가지고 있다. 共同海損에 대해서는 영국의 해상보험법을 비롯하여 각국의 보험법에서 보험자가 補償해 준다고 규정하고 있다.[84) 그래서 共同海損制度와 해상보험제도는 항해상의 利害關係者가 해상손해를 부담한다는 측면에서 유사한 기능을 가지고 있다.

共同海損은 항해단체를 위협하는 현실적인 공동위험을 피하기 위하여 수행된 非正規的(extraordinary)인 처분행위로 인하여 발생된 손해를 利害關係者가 공동으로 분담하는 제도이고, 해상보험은 擔保危險으로 인하여 피보험이익에 발생된 손해를 보험자가 補償하는 경제제도이다. 또한 해상보험제도 아래서는 보험자가 共同海損損害에 대하여 보험금을 지급하고, 피보험자가 共同海損단체의 구성원에 대하여 가지

---

82) 吳元奭, 海上保險論, 三英社, 1995, p.423.
83) L. J. Buglass, *Marine Insurance and General Average in the U.S.*, Cornell Maritime Press, Centreville Maryland, 1981, p.178.
84) 영국해상보험법 제66조, 우리나라 상법 제694조.

는 共同海損 분담청구권을 代位하게 된다.

　共同海損의 분담책임은 법률상의 책임으로서 해상운송계약에 의하여 생기는 것이다. 이것은 해상위험에서 직접 생기는 손해가 아닌 간접적으로 발생하는 책임손해로서 直接損害補償의 원칙에 위배된다. 그러나 이것은 일종의 책임이익으로서 해상보험계약에 책임보험의 성격을 도입한 것이다.[85]

2) 코멘다(Commenda)

　중세의 운송인의 책임분담내용을 이해하기 위해서는 당시의 해상기업의 조합관계를 파악해 보아야 한다. 당시의 조합관계 중에서 중요한 것은 코론나(Coronna)와 코멘다(Commenda)이었다.

　코론나에 관한 법률관계를 상세하게 전해 주고 있는 것은 아말피타나 해법(Tabula Amalfitana)이다.[86] 이 海법에 나타나 있는 코론나와 코멘다에 대해서 살펴보면 다음과 같다. 코론나[87]는 당시 이탈리아 南部沿岸의 해상기업이었던 선박소유자와 상인 및 선원에 의하여 운영되던 共同단체이다. 즉 1항해 또는 數항해를 목적으로 한 조합을 조직하고, 선박소유자는 선박을, 상인은 상품을 그리고 선원은 노무를 출자하였다. 뿐만 아니라 선주 및 상인도 원칙적으로 선박과 함께 항해에 참여하였다. 때로는 資本家는 金錢만 出資하여 이 조합에 참여하는 경우도 있었다.

---

85) 吳元奭, 海上保險論, 三英社, 1995, p.439.
86) 小町谷操三, 前揭書, p.61.
87) 코론나 이전에 이미 이러한 組合形態가 존재했는데 그것이 코이노니아(Koinonia)이다. 중세 로마가 붕괴되면서 로마시대의 大資本家는 점점 힘을 잃게 되어 독자적으로 海上企業의 危險을 담당할 수 없게 되자 한편으로 海上危險을 분담하고 한편으로는 이익의 분배에 참여하는 組合의 출현이 있었는데 이러한 최초의 형태가 코이노니아이다. 이것은 船主와 貨主 및 船員으로 구성된 組合形態이었다.

이 조합의 업무는 패트로너스(Patronus)[88]에 의하여 집행되고, 이들의 조합관계는 發航과 함께 개시되고 목적한 항해가 성취되면 조합관계가 종료되었다. 조합원들은 조합관계가 존속 중에는 조합을 위하여 행동할 의무를 부담하며, 항해 중에 생긴 이익은 그것이 코론나의 재산으로부터 발생한 것인가 아닌가를 묻지 아니하고 코론나의 수익으로 하였다. 마찬가지로 항해 중의 손실과 비용 등은 원칙적으로 코론나에 귀속시켰다.

한편, 조합원의 손익분배의 비율은 慣習法에 의해 규정되고 있으며, 항해 종료 시에 패트로너스가 여기에 기초하여 분배안을 작성하였다. 그 효력은 海事법원(Consul)의 인가에 의하여 확정하였다. 코론나의 재산은 조합원 각자의 재산과 별도로 관리되었으며, 패트로너스 이외의 조합원은 자기의 出資額을 한도로 코론나의 채무에 책임을 부담하였다. 즉 海産을 한도로 하는 유한책임을 부담하였던 것이다.

그리고 코멘다는 코론나의 조직으로부터 발전한 것으로, 역시 운송인의 책임분담의 일환으로서 11-12세기에 비잔틴과 바르셀로나에 걸쳐 地中海沿岸의 海洋都市에서 성행하였다. 코멘다는 코론나의 구성원 중에서 선원은 제외되었다. 즉 선원은 이제 해상기업의 수익의 분배에는 참가하지 않고 단지 운임의 일부를 노무에 대한 反對給付로서 받을 뿐이었다. 그 이후에 상인의 사업이 점차 확대되면서 상인이 상품을 직접 가지고 항해에 참여하는 것이 곤란하게 되자 육상에 머물려는 상인과 상품과 함께 항해에 참여하는 者 사이에 분업이 이루어지게 되었다. 코멘다계약은 이 시기에 생겨난 것으로, 육상에 머물려는 資本家와 항해에 종사하는 기업가의 조합관계가 그것이다. 資本家는 초기에는 상품을 出資했으나, 다음에는 선박 및 금전을 出資하게 되고, 사업가는 이러한 出資資産을 운용하는 것을 맡아 항해가 종료되는

---

88) 패트로너스(Patronus)는 코론나의 업무집행 담당관이었다.

시점에 이익의 분배에 참여하게 되었다.

코멘다는 초기에는 일시적인 조합이었으나, 점차 계속적인 성질을 가지는 것으로 발전하였고, 사업가도 초기에는 노무만을 出資하였으나, 때로는 약간의 재산출자도 하였다.

코멘다의 유래에서 볼 수 있듯이, 해상기업의 경영자는 원칙적으로 육상에 머물려는 出資者, 즉 委託者(commendator)이고, 캐피타너스 (capitaneus)로서 受託者를 지휘했으며, 受託者는 委託者의 지휘에 복종하고 제3자와의 거래를 수행하였다. 코멘다의 내부관계에서는 受託者가 선량한 관리자의 주의를 다하여 委託者의 지시에 따라 업무를 수행하는 한, 해상위험 및 손실 기타의 비용은 委託者가 부담하였다. 또한 코멘다의 외부관계에서는 受託者만 코멘다의 재산에 관한 직접적인 법률관계의 당사자가 되었다.

이와 같은 코론나나 코멘다 제도는 당시의 항해사업과 관련된 책임을 이해관계자들이 분담하기 위한 제도였다. 따라서 현대적인 의미로 전환한다면 당시의 委託者는 오늘날의 무역업자이고 受託者는 오늘날 운송인이라고 볼 수 있다.

3. P&I클럽의 生成과 P&I保險의 特性

(1) P&I클럽의 生成

P&I보험은 선주책임법제의 변천과 더불어 발전해 온 제도로서, 영국이 공식적인 發祥地로 알려져 있다. 그러나 P&I클럽의 생성동기에 대하여는 여러 가지 주장이 제기되고 있으나, 영국이 그 發祥地라는 데 대하

여는 異論의 여지가 없다. 그렇다면 생성 당시의 영국의 사회상과 그리고 선주책임법제의 변천과 더불어 발전하였다고 볼 수 있다. 따라서 영국의 선주책임법제의 변천을 중심으로 P&I클럽의 발전과정을 살펴보는 것이 타당하다.

1719년 영국에서는 泡沫會社禁止法(Bubble Act, 1719)이 제정된 후 2개의 보험회사(The Royal Exchange Assurance Corporation과 The London Assurance Corporation)와 로이즈보험업자만이 해상보험을 인수할 수 있도록 獨占權이 부여되었다. 그런데 이러한 보험자는 런던에 집중되어 있었기 때문에 런던 이외의 지방에 근거를 둔 선주는 보험가입에 불편을 느꼈을 뿐만 아니라 獨占權을 가진 보험자가 高率의 보험료를 부과하는 등 횡포를 함에 따라 선주들은 당시의 법률상으로 違法이라는 것을 알면서도 非營利主義로 선체상호보험조합(Mutual Hull Club)을 설립하여 선박보험을 인수하였다. 이러한 선체상호보험조합은 초기에는 適法性에 관한 문제가 있었으나, 18세기 말에 와서는 공식적인 인정을 받게 되고, 19세기 초에는 영국 전체에 20여 개 이상의 조합이 설립되는 등 발전을 거듭하여 왔다.[89] 그러나 1824년 해상보험법(Marine Insurance Act, 1824)의 시행으로 해상보험인수에 관한 獨占權이 폐지되고 많은 보험자가 해상보험시장에 등장하였다. 따라서 보험자 간에 경쟁이 격화되었으며, 우량선주들은 선체상호보험조합보다 훨씬 유리한 조건으로 일반해상보험시장에서의 附保가 가능하였다. 결국 우량선주들이 서서히 선체상호보험조합을 탈퇴하기 시작하자 선체상호보험조합은 더 이상 설 자리를 잃었다.

한편, 19세기 중엽에 접어들면서 선주의 책임을 강화하는 각종 법률이

---

89) 今泉敬忠, 英國における船主責任法制の變遷とP&I Clubの變化(Ⅰ), 損害保險研究, 第43卷2號, 1981, p.4.

제정되기에 이르렀다. 즉 1846년 영국의회에서 Campbell's Act(Fatal Accident Act)가 제정되어 타인의 不法行爲로 인하여 사망한 유족들에게 손해배상청구권을 인정하였으며, 1847년에는 Habours, Docks, Piers Clause Act가 제정되어 항만시설에 끼친 손해에 대하여 過失有無를 묻지 않고 선주의 배상책임을 인정하게 되었다. 또한 1854년에 통과된 상선법(Merchant Shipping Act)은 선주의 책임제한액을 船價와 운임에 의해 산출되도록 함으로써 중대한 사고가 발생했을 때 언제라도 선주는 선박을 포기함으로써 클레임을 처리할 수 있었으나,90) 사망이나 상해의 클레임에 대하여는 선박가액을 톤당 15파운드 미만으로 할 수 없도록 규정했다.91) 따라서 대부분의 선주들은 실제선박가액을 초과하는 잠재적 책임에 직면하게 되었으며, 더 이상 선박 자체만으로 위험에 대처할 수 없게 되었다.92)

또한 1836년의 De Vaux v. Salvador 사건93)에서 법원은 선박충돌의 경우 他船에 끼친 손해에 대한 배상책임은 선박보험자가 補償하지 않는다고 판시함으로써, 선주는 충돌 시에 발생하는 손해배상책임에 대해서 보험자로부터 회수할 길이 없게 되었다.94)

이와 같이 선주의 책임범위는 경제사회의 발전에 따라 확대되어 갔으나 해상보험(선박보험)에서는 이러한 제3자에 대한 배상책임이 擔

---

90) 1854년 英國商船法은 船價主義에 의하여 船主責任을 제한했으나 1862년 商船法 개정으로 金額主義로 전환되었다.
91) 당시의 英國船舶의 平均船價는 톤당 8파운드였던 것에 비하면 상당히 높은 책임을 부과하고 있음을 알 수 있다.
92) J. Kingsley, *Handbook on P&I* Insurance, 3rd ed., 1988, p.31.
93) E. R. Hardy Ivamy, *Marine Insurance*, 4th ed., 1985, p.144.
94) 이러한 손해배상책임에 대해서 1888년이 되어서 비로소 선박보험의 3/4 衝突損害賠償責任約款에 의해 擔保가 제공되었으나 1/4은 여전히 무보험상태가 되어 오늘날 P&I보험에서 擔保하고 있다.

保되지 않았다. 당시의 이러한 일련의 변화는 선주들에게 중대한 관심사로 등장하였다. 선체상호보험의 경영자들은 일반보험시장에서 인수하지 않는 선주책임을 새로운 하나의 사업 분야로 인식하고 그러한 책임을 인수하기로 경영방침을 정함으로써 1855년 오늘날 P&I보험의 기원이라고 할 수 있는 보호조합(Protection Club)[95]을 설립하게 되었다.

초기의 보호조합은 1854년 상선법에 의한 사망과 부상에 따른 클레임과 초과충돌손해책임, 즉 선박보험증권으로 擔保되는 금액을 초과하는 충돌책임을 주로 擔保하였다. 그러나 운송화물에 대한 손해배상책임을 클럽에서 擔保하게 된 것은 보호조합이 설립된 이후 훨씬 지나서 1870년 Westernhope호 사건[96] 이후의 일이며, 화물의 손실에 대한 책임을 擔保하는 補償클럽(Indemnity Club)이 처음으로 생기게 되었다.[97] 이러한

---

95) 정식명칭은 The Shipowners' Mutual Protection Society로 현재의 The Britannia Steamship Insurance Association LTD.의 전신이다.

96) 사건의 개요: Westernhope호가 런던에서 화물을 싣고 Capetown으로 향하였다. 그런데 선장은 직선항로를 이용하지 않고 Elizabeth항에 들려 추가로 화물을 싣고 Capetown으로 가는 중 실종되었다. 화주들은 잃어버린 화물가액을 보상받기 위해서 선주를 상대로 訴訟을 제기하였다. 동 사건에서 선주는 離路를 함으로써 면책되지 못하고 화물의 멸실에 대해 賠償責任을 져야 한다고 판결되었다. 따라서 선주는 保護組合에 구상 청구하였으나 당시의 保護組合은 화물책임을 담보하지 않고 있었기 때문에 거절되었다.

97) Westernhope호 事件이 계기가 되어 Indemnity Club이 설립되었다고 런던보험자협회의 전문연구회지(No.109)에서 발표된 이후 많은 저서에서 이것을 인용하고 있으나 동 事件은 어느 判例集에서도 찾아볼 수 없으며 (葛城照三, 今泉敬忠 譯, アーノルド海上保險, 제1권, 1965, p.191.) 동 사건이 발생하기 전인 1866년에 이미 Protection Club인 The Shipowners' Mutual Society에서 自船의 積荷의 損害에 대한 賠償金을 擔保한다고 규정하고 있었다.(The damages so protected against are (2) where any damage or loss is caused to any goods, merchandize, or other things

보상위험과 보호위험을 동시에 擔保로 제공하는 최초의 P&I Club이 1874년에 Newcastle 지방에 설립되었는데, 그것이 바로 The Steamship Owners' Mutual Protection and Indemnity Association이다. 그 이후 운송인의 免責約款을 제한하는 움직임이 일기 시작하여 미국의 1893년 하터법(Harter Act) 및 1924년 헤이그 규칙 등이 채택됨에 따라 보상위험을 擔保로 제공하는 P&I보험의 필요성이 증대되었다. 이리하여 오늘날에는 세계상선의 90퍼센트 이상이 P&I보험을 이용하고 있다.[98]

(2) P&I보험의 特性

세계 선박의 등록톤수의 약 90퍼센트 이상이 P&I보험을 이용하고 있다는 사실은, 역설적으로 말하면 旣存의 전통적 보험시장이 P&I보험의 擔保에 소극적이기 때문이라고 볼 수 있다. 旣存의 전통적 보험시장이 왜 이러한 P&I위험의 擔保에 소극적인가 하는 것은 P&I보험제도의 속성과도 밀접한 관련이 있는 것으로, 다음 몇 가지로 요약하여 볼 수 있다.[99]

첫째, 전통적인 해상보험시장은 정액보험제도로 운영되어 왔으며, 이러한 제도는 P&I보험의 특수성에 비추어 적합하지 않다. 정액보험료에 의해 위험을 인수하는 경우, 신중을 기하기 위하여 높은 보험료

---

whatsoever, on board any such ship.) 따라서 엄격하게 말하면 동 사건이 Indemnity Risks를 擔保하는 계기가 되었다는 것은 맞지 않다.(今泉敬忠, 前揭論文, p.33.) 다만 동 事件 이후에 Indemnity Risks에 대한 Protection Club의 관심이 고조되어 지금까지 Indemnity Risks를 擔保하지 않던 클럽들이 이것을 擔保하기 위하여 별도로 Indemnity Club을 설립하는 등 촉진제가 되었다고 본다.

98) J. Kingsley, op.cit., p.32.
99) C. Hill & et al, op.cit., pp.32-33.

를 책정하는 경향이 있을 수 있으며, 반대로 너무 낮게 보험료를 설정하게 되면 단 한 건의 대형클레임에 의하여 보험자는 심각한 위험에 직면하게 될 것이다. 전혀 예측할 수 없는 제3자에 대한 배상책임을 擔保하기 위하여서는 필요에 따라 추가보험료를 징수할 수 있는 특수한 요구를 전통적인 해상보험시장에서 수용하지 못하고 있다.

둘째, P&I 사건의 경우 소송으로 발전되는 경우가 많으며, 해결에 장기간이 소요된다는 점이다. 종래의 해상보험자는 이러한 번거로운 사건에 개입하기를 꺼리기 때문에 P&I보험에 매력을 느끼지 못하고 있다.

셋째, 전통적인 해상보험의 보험자는 손해가 났는지 이익이 났는지를 알기 위하여 가능한 限, 빨리 클레임의 정도를 파악할 수 있기를 바라는 반면에, P&I보험은 일단 클레임이 발생하면 협상에서 해결에 이르기까지 장기간이 소요된다는 점이 또한 旣存의 해상보험자들에게 매력적이지 못한 이유 중의 하나이다.

또 P&I보험의 특성을 선박보험과 비교하여 요약하면 다음과 같다.[100]

첫째, 선박보험은 선박 자체를 보험의 대상으로 하는 物件보험으로 보험금액이 사전에 결정되는 반면에, P&I보험은 선박의 운항에 따른 책임보험으로 선박의 대소 및 가격에 관계없이 발생하는 것이기 때문에 보험가액이라는 개념은 없으며, 擔保限度額을 설정하는 것이라든지 보험금액을 결정하지 않고 제한 없이 발생하는 손해 및 비용을 擔保한다.[101]

---

100) 藤澤順, 前揭書, p.124.
101) 1995년 2월 P&I클럽의 國際그룹 委員會의 再保險體系에 대한 검토회의에서 오버스필클레임(overspill claim)의 한도를 설정함으로써 실제적으로 無限擔保의 개념이 희석되게 되었다. 결정된 내용에 따르면 오버스필

둘째, P&I클럽은 영리를 목적으로 하지 않는 相互組織으로 되어 있어서 선박의 소유자 등은 조합원으로서 出資金과 보험료를 부담하고 피보험자의 처지에 서게 됨과 동시에 조합의 멤버로서 보험자가 된다.

셋째, P&I보험의 보험료는 분담금(contribution or call)으로 불리는 것으로 보험연도 초기에 선급분담금(advanced call)을 징수하고, 결산 후 부족한 경우 추가분담금(additional call)을 징수한다.

넷째, 선박보험의 개시일은 임의의 날짜이지만, P&I보험의 개시일은 일률적으로 2월 20일 정오부터 개시한다. 이는 P&I클럽이 창립될 당시의 대부분의 가입선박이 발트 해를 중심으로 활동하고 있었기 때문에 발트 해가 동결되어 있다가 녹기 시작하는 때가 2월 20일경으로, 이때부터 선박의 새로운 활동이 개시된 데서 유래한다.[102]

또한 P&I보험은 책임보험의 성격도 가지고 있다. 책임보험계약이란 피보험자가 제3자에 대하여 보험 기간 중에 생긴 사고로 인하여 손해배상책임을 부담하게 되는 경우에 그 손해를 보험자가 補償할 것을 목적으로 하는 손해보험계약을 말한다.[103] 책임보험은 직접 피보험자에게 생긴 손해를 補償하는 것이 아니라, 우연한 사고의 발생으로 인하여 제3자에게 손해배상책임을 부담하게 되는 경우 이 배상책임을 보험자가 담보하는 것이다. 책임보험은 원래 산업재해로 인한 과중한 民事責任을 부담하는 기업가를 보호함으로써 안정된 기업 활동을 보

클레임은 1976년 海事債權責任制限金額의 20%를 한도로 한다고 되어 있다. 이러한 결정내용은 1996년 2월부터 국제그룹 내의 각 P&I클럽의 규칙에 반영되었다.(Gard Club의 1996/7년의 Rule의 Appendix Ⅵ, 일본 P&I클럽의 규칙 제6조 참조) 그러나 이러한 결정사항은 다시 1997년 7월 국제그룹회의에서 42억 5천만 미달러로 하향조정하고, 1998년 2월부터 적용할 예정이다.

102) 藤澤順, 前揭書, p.125.
103) 우리나라 상법 제719조.

장하기 위하여 고안된 제도이다. 그러나 보험금의 지급이 결국 피해자에게 돌아가기 때문에 피해자를 보호하는 기능을 아울러 가지고 있다. 오늘날 이와 같은 책임보험은 사회보장적인 구제기능이 중요시되고 있으며, 피해자의 구제를 신속·확실하게 하는 기능이 더욱 강조되기도 한다. 그러나 이러한 책임보험은 不法行爲者인 加害者를 보호함으로써 제기되는 사회적 부작용 내지 역기능도 많이 있을 수 있다는 데 유의할 필요가 있다.

한편, P&I보험은 이러한 책임보험이면서도 몇 가지 구별되는 성격을 가지고 있다.

첫째, 오늘날 책임보험이 피해자의 구제에 중점을 두고 있는 것과는 달리, P&I보험은 피보험자인 가입선주를 보호하는 기능이 더욱 강하다.

둘째, P&I보험은 상호보험의 형태를 가지고 있다. 따라서 회원은 보험자의 구성원[104] 자격과 피보험자로서의 자격을 동시에 가지게 된다. 뿐만 아니라 P&I보험은 영리를 목적으로 하지 않는 非營利團體로서 운영된다.

셋째, 일반책임보험은 보험자가 직접 피해자에게 補償하여 줄 수 있지만 P&I보험은 회원이 먼저 피해자에게 손해배상을 하고, P&I클럽에서는 그다음에 회원에게 補償하는 방법을 취한다.

넷째, 보험료의 성격에서 많은 차이가 있다. 책임보험료는 보험자의 擔保 책임에 대한 約因으로 제공되는 것이지만, P&I클럽의 보험료(Call)는 다른 회원의 손해를 분담하는 데 대한 約因으로 제공되는 것이다.

---

104) 회원 중에서 P&I클럽의 이사를 선임하여 클럽의 업무를 관장한다.

4. P&I保險과 積荷保險과의 關係

P&I보험은 선주 또는 선박운항자로서 회원으로 가입한 운송인들의 화물손해배상책임을 擔保한다. 그런데 함부르크 규칙에서와 같이 운송인들의 화물손해배상책임이 증가하게 되면 결국 이러한 책임을 擔保하고 있는 P&I클럽은 보험료의 인상을 요구할 수밖에 없다. 이러한 보험료의 인상은 운임과 연결되어 운송인은 운임을 인상하려고 할 것이다.

한편, 적하보험자의 처지에서 보면, 화주와 적하보험자 사이의 보험계약상의 擔保範圍의 차이가 발생하지 않는다고 하더라도, 화주의 운송인에 대한 청구권의 확대에 따라 적하보험자의 운송인에 대한 求償請求權 곧 대위권이 확대된다. 원칙적으로 求償請求權의 확대를 통하여 수익을 취하는 적하보험자는 화주에 대해서 상응하는 보험료인하를 해주어야 하겠지만, 현실적으로 기대하기 어렵다.[105] 이렇게 된다면, 결과적으로 화주의 권익을 신장시키기 위하여 운송인의 책임을 증가시켰지만 화주는 이러한 이익을 실질적으로 가지지 못하며, 적하보험자만 혜택을 보게 될 것이다.

그런데 화물손해에 대한 擔保의 주체가 적하보험자에게서 P&I클럽으로 이전된다고 볼 때, 적하보험료의 인하와 P&I보험료의 증가로 인한 운임의 변화와의 관계는 화주에게 유리하게 작용할 수 있는 요인이 있다. 동일한 위험에 대해서 一般私營保險의 적하보험보다는 P&I클럽이 비용효율적으로 擔保할 수 있기 때문이다. 즉 P&I클럽이 추가

---

105) B. K. Willams, The Consequences of the Hamburg Rules on Insurance, The Hamburg rules on the Carriage of Goods by Sea, 1978, p.259.

적으로 화물손해배상책임을 擔保함으로써, 추가적으로 요구하게 되는 순 보험료가 적하보험자가 補償책임을 지지 않음으로써 인하할 수 있는 순 보험료보다 적게 산출된다고 볼 수 있기 때문이다. 그러나 새로운 책임에 대한 소송의 증가와 이에 따른 비용의 증가 등이 초래됨으로써 P&I클럽의 擔保비용이 증대되고 이를 운임의 형태로 화주에게 전가시키게 될 것이기 때문에 운송인의 책임의 증가가 반드시 화주에게 비용상으로 유리하게만 작용할 것이라는 보장은 반드시 기대하기 어렵다. 그래서 운송화물에 대한 운송인의 책임은 화물에 대한 주의를 기울일 수 있는 정도의 유인을 제공할 수 있으면 충분하다고도 할 수 있다.[106]

---

106) B. K. Williams, *The consequences of the Hamburg Rules on Insurance*, The Hamburg Rules on the Carriage of Goods by Sea, 1978, p.255.

第3章

貨物損害賠償責任의 主體와
P&I保險擔保

第1節 責任主體의 決定原則

1. 責任의 主體와 請求權者

P&I보험은 회원의 제3자에 대한 화물손해배상책임에 대하여 擔保를 제공한다. 즉 회원이 당해 화물손해배상책임의 主體로서 인정되는 경우에 한해서 擔保가 제공된다. 그런데 일단 운송화물에 손해가 발생하면 손해의 피해자로서는 그 손해에 대한 배상청구권의 성립 여부 또는 가해자의 배상자력의 유무는 차치하고라도 우선적으로 손해배상청구의 상대방을 간단·신속하게 확정할 수 있어야 한다. 이러한 요청은 국제해운기업의 복잡한 네트워크를 이용하는 국제무역거래에서 수출입 화물의 소유자, 특히 선하증권의 선의의 소지인과 같이 당초의 운송계약당사자가 아닌 운송화물 제3취득자에게는 가장 절실한 문제가 아닐 수 없다. 이와 같은 국제무역운송에서 화물손해가 발생하였을 때 그 손해에 대한 책임을 지는 者를 책임의 主體로 파악한다.

이러한 책임의 主體로서 당해 운송관계 형성의 법률적 기초인 운송계약의 당사자인 운송인을 우선 생각할 수 있다. 그런데 해상운송에서는 운송인의 운송계약상의 주된 급부가 선박이라는 기술적 용구를 수단으로 하는 특수한 급부이다. 그 결과 운송계약상 화주에 대한 상대방 당사자인 운송인이라면 선박의 소유나 운항의 여하를 묻지 않고 일률적으로 책임의 主體로 인정할 것인가의 문제가 발생한다.

이러한 책임의 主體에 대하여 헤이그 규칙 제1조[1]에서는 운송인은 화주와 운송계약을 체결하는 선주 또는 용선자를 포함한다고 규정하여 운송인 중심주의를 취하고 있으며, 함부르크 규칙에서도 계약운송인과 실제운송인의 개념을 도입하여 운송인 중심주의를 취하고 있다. 함부르크 규칙에서는 그가 선주이든지 용선자이든지를 구분하지 않고, 화주와 운송계약을 체결하는 者를 운송인으로 정의하고 있다.[2] 마찬가지로 우리나라 商法에서도 손해배상의 책임 主體에 대하여 종전의 선박소유자 중심주의를 지양하고 운송인 중심주의로 개편하였다. 그런데 이와 같이 책임의 主體를 운송인 중심주의로 개편하였다고 하여 선박소유자 등 실제로 운송행위의 실행을 담당한 운송인이 책임관계에서 완전히 벗어난다는 것을 뜻하는 것이 아님에 유의할 필요가 있다.[3] 즉 용선운송계약과 같은 경우에 재운송인인 용선자의 재운송관계에서의 主體性을 전제로 하여 선박소유자도 그 계약의 이행이 선장의 직무에 속하는 범위 안에서 재운송의 위탁자인 화주에 대하여 손해배상의 책임을 부담한다.[4] 따라서 운송인을 계약운송인(contracting carrier)[5]과 실제운송인(actual carrier)[6]으로 나누어 고찰해 보고 이러한 책임의 主體들이 P&I보험의

---

1) Hague Rules Art.1.(a) : Carrier includes the owner or the charterers who enters into a contract of carriage with a shipper.
2) Hamburg Rules Art.1.1.
3) 李均成, 改正 海上運送法의 槪要 및 問題點, 屯南 梁暎煥博士華甲紀念, 『貿易商務의 諸 問題』, 三英社, 1994, p.217.
4) 상법 제787조: 운송인은 자기 또는 선원 기타의 선박사용인이 발항 당시 선박의 堪航能力에 대한 주의의무를 해태한 경우에 책임을 진다고 규정하고 있다.
5) 運送契約 당사자로서 스스로 또는 자기명의로 송하인과 海上運送契約을 체결하는 사람이다.
6) 運送契約의 당사자는 아니지만 실제로 운송행위에 개입하는 자로서 통운

피보험자가 될 수 있는 자격조건에는 어떠한 제한이 따르는가를 살펴보기로 한다. 한편, 운송화물에 손해가 발생하면 그 손해배상을 청구할 수 있는 자는 당해 화물의 이해관계인으로서 운송계약상 특정된 수하인, 선하증권의 被背書人 또는 양수인, 적하의 양수인, 손해배상청구권의 양수인, 적하인도청구권에 대한 질권자, 압류자, 추심명령에 의한 권리취득자, 보험자 代位에 의한 적하보험자 등이다.

2. 선박 중심주의와 운송인 중심주의

운송계약상의 책임의 主體로서 선박의 소유사실을 중심으로 해서 선박의 소유자로서 선박의 단독소유자와 선박의 공유자로 정하고 예외적으로 나용선자를 책임의 主體로 인정하는 것은 선박 중심주의에 의한 책임 主體의 인식방법이다. 그러나 오늘날 국제무역운송의 현실을 비추어 보면 이러한 인식방법은 합리적이지 못하다. 즉 오늘날의 국제무역운송은 선박의 소유라는 사실과 관계없이 화주와 직접 운송계약을 체결하는 당사자의 책임하에 이루어지고 있다. 이와 같이 선박의 소유를 중심으로 하는 종래의 해상운송기업의 경영형태가 현재에는 선박의 소유에 집착하지 않고 다양하게 전개되고 있기 때문에 해상운송관계에 있어서 책임의 主體는 계약책임의 일반원칙에 따라서 운송관계 형성의

송의 경우와 같이 화주와 직접 運送契約을 체결하지는 않았지만 운송에 개입하는 運送人을 말한다.

Hamburg Rules Art.1.2: Actual Carrier means any person to whom the performances of the carriage of the goods, or of part of the carriage, has been entrusted by the carrier, and includes any other person to whom such performances has been entrusted.

기초 곧 法律要件인 해상운송계약의 당사자로서 당해 물품운송을 인수한 운송인, 즉 계약운송인을 중심으로 삼아야 한다.

헤이그 규칙 내지 헤이그-비스비 규칙은 운송관계 책임의 主體로서 화주, 즉 送荷人과의 운송계약의 당사자인 운송인의 개념을 도입하고 그 예로서 선박소유자와 용선자를 들고 있다.[7] 함부르크 규칙에서도 마찬가지로 계약 당사자로서 스스로 또는 자기 명의로 送荷人과 해상물품운송계약을 체결한 운송인이 운송관계 내지 책임의 원칙적인 主體가 되고 있다.[8]

이와 관련하여 우리나라 1991년 개정 商法은 헤이그 규칙과 함부르크 규칙의 규정을 반영하여 종전의 선박소유자 중심주의를 탈피하여 운송인 중심주의로 개편되었다. 즉 종전의 해상운송관계 또는 손해배상책임의 主體에 관한 조항의 선박소유자를 운송인으로 대체시켜 개정하고 있다.

第2節 責任主體로서의 運送人

1. 契約運送人과 實際運送人

화주와 운송계약을 체결하는 계약당사자로서의 운송인에 대하여 헤

---

7) 헤이그 규칙 제1조 a항.
8) 함부르크 규칙 제1조 제1항.

이그 규칙9)상에는 선주와 용선자를 규정하고 있다. 계약운송인에는 自船艤裝者로서의 선주 및 이에 準하는 他船艤裝者로서의 선박임차인인 나용선자 그리고 정기용선자 및 항해용선자도 포함된다. 또한 계약운송인은 실제로 운송의 실행행위를 담당하는가 어떤가를 묻지 않음으로 널리 운송주선인 등도 스스로 또는 자신의 명의로 계약 당사자로서 해상운송을 인수하고 나아가 송하인의 청구에 따라서 선하증권 기타 운송서류를 발행할 수 있는 限 계약운송인에 해당한다.10)

실제운송인은 계약운송인으로부터 물품운송의 전부 또는 일부의 이행을 위탁받은 사람이다. 통운송에서와 같은 경우에 현실적으로 운송행위의 실행을 담당하는 사람에게 그 운송행위의 결과에 대하여 책임을 지우기 위해서 필요한 개념이다. 함부르크 규칙은 운송화물의 손해에 대하여 계약운송인과 실제운송인을 모두 책임의 主體로 인정하고 있다.

2. 船主와 傭船者

선주는 선박의 物權法상의 소유자로서 자기가 소유하는 선박을 영리의 목적으로 항해에 이용하는 者를 말한다. 이와 같이 자기선박을 직접소유하고 실제운송을 수행하는 선주는 당연히 운송계약상 운송인으로서 운송화물의 손해배상책임의 主體가 된다. 그런데 용선운송의 경우에는 화물손해배상책임의 主體로서 선주와 용선자 중 누구를 책임의 主體로서 인정할 것인가의 문제에 봉착하게 된다.

---

9) 제1조 a호.
10) 李均成, 國際海上運送法硏究, 三英社, 1984, p.69.

(1) 傭船運送에서의 責任의 主體

용선운송의 이행과정에서 운송화물이 손상을 입게 되면 화주는 첫째, 당해 화물의 화주와 운송인 사이를 규율하는 운송계약이 개품운송계약인지 용선운송계약인지를 확인하여 운송인의 책임범위를 확정하고, 둘째, 당해 운송계약상 책임의 主體인 운송인이 선주인지 용선자인지를 파악하여 원칙적으로 당해 운송인에 대하여 손해배상책임을 물어야 할 것이며, 이러한 책임을 선주와 용선자 사이에 분담하는 문제는 용선계약의 대내적인 문제로 고찰하여야 한다.

용선계약11)은 정기선(liner)에 의한 해상운송계약과는 달리 주로 慣習法(Common Law)에 의해 규율된다. 그러나 여기에는 계약자유의 원칙이 적용되어 선주는 용선자와의 합의에 의하여 慣習法상의 일반원칙과는 별개로 통상적인 운송인으로서의 책임을 수정·변경할 수 있다.12) 용선계약에는 헤이그 규칙이나 헤이그-비스비 규칙이 강행적으로 적용되지는 않으며,13) 선주와 용선자는 운송화물에 대한 운송

---

11) 傭船契約(chartparty)은 해상운송인인 선박소유자가 선박의 전부 또는 일부를 물품의 운송에 제공하고 그 상대방인 용선자가 이에 대한 보수로서 운임을 지급할 것을 약정함으로써 성립하는 海上運送契約의 일종으로서, 용선자가 일정 기간 동안 또는 1항해나 연속되는 수항해 구간에 대해서 선박의 전부 또는 일부의 사용 및 서비스를 제공받는 것을 목적으로 하는 海事契約이다. 실무에서 널리 이용되고 있는 傭船契約의 형태는 裸傭船契約(bareboat charter), 航海傭船契約(voyage charter), 定期傭船契約(time charter)이 있다.

12) C. M. Schmitthoff, *Export Trade*, Stevens & Sons, London, 1990, p.545.

13) 헤이그, 헤이그-비스비 규칙이 적용될 수 있는 경우로서는 ①傭船契約하에서 발행된 선하증권이 운송인과 선하증권 소지인 사이의 관계를 규율하게 될 때, (선하증권이 傭船契約 당사자가 아닌 제3자의 수중에 있을 때) ②傭船契約의 至上約款에서 이 규칙을 특별히 삽입하고 있을 때, ③제3자

조건을 자유로이 협정할 수 있다.

용선계약의 대표적인 계약형태별로 운송계약상 책임의 主體로서 나용선자, 정기용선자, 항해용선자로 나누어 책임 主體의 확정, 운송서류의 결정 문제, 그리고 화물운송인으로서 운송화물의 손상에 대한 책임이 선주와 용선자 사이에 어떻게 분담되는가를 살펴보고, 이렇게 분담된 선주와 용선자의 화물에 대한 책임에 대하여 P&I클럽의 규칙에서 적절히 擔保를 제공하고 있는가 하는 것을 클럽규칙과 비교검토를 해봄으로써 용선계약하에서 운송되는 화물의 손해에 대한 책임 主體를 명확히 하여야 한다.

(2) 傭船契約形態別 責任主體의 確定

1) 責任主體 確定의 一般基準

용선운송 중 화물에 손해가 발생하면 용선계약의 대외적인 문제로 화주에 대한 손해배상책임의 문제가 발생하고, 대내적인 문제로서는 선주와 용선자 사이의 배상책임의 분담문제, 즉 책임 主體의 확정문제가 생긴다.

화물손해배상책임은 용선계약의 내용에 따라 선주가 책임을 지게 되는 경우에는 선주가 가입한 P&I클럽에서 화물손해의 보상을 하여야 하

의 수중에 있는 선하증권이 傭船契約의 내용을 포함하고 있는 경우(제3자 수중에 있는 선하증권이 傭船契約의 내용을 포함하고 있고, 至上約款에서 COGSA를 채택하고 있는 경우에 COGSA가 우선한다.) 그리고 傭船契約 하에서 발행된 선하증권이 제3자에 의하여 背書讓渡되어 다시 傭船契約 당사자에게 돌아온 경우에도 헤이그, 헤이그-비스비 규칙은 적용되지 않는다.: W. Tetly, *Marine Cargo Claims*, 3rd. ed., International Shipping Pub., 1988, pp.35-43.

며, 용선자가 책임을 지는 경우에는 용선자가 가입한 P&I클럽에서 보상을 하여야 할 것이다. 또한 용선자가 화주인 경우에는 화주로서 가입한 적하보험에서 보상받아야 할 것이지만 경우에 따라서 적하보험에서 보상되지 않는 손해에 대하여는 용선자로서 가입한 P&I클럽에서 보상받을 수 있다.[14)15)]

화주와의 운송계약상 책임의 主體로서 운송인이 누구인지가 결정되더라도 용선자와 선주 사이의 책임분담문제는 용선계약서의 조건에 따른다고 보아야 한다. 용선계약부선하증권의 至上約款(Clause Paramount)에서 헤이그 규칙이나 헤이그-비스비 규칙을 채택하고 있고, 발행된 선하증권이 운송인과 화주 사이의 권리·의무관계를 규율하게 되는 경우에 운송인의 책임범위와 限界는 일반선하증권상에서의 운송화물에 대한 책임과 동일하게 적용할 수 있다.[16)] 그러나 그러한 운송인으로서의 책임에 대한 용선자와 선주 사이의 분담문제로 인하여 화물에 대한 클레임 발생 시 장기간의 仲裁 절차가 소요되었다. 결국은 선주가 가입하고 있는 P&I클럽이 보상책임을 지는가, 아니면 용선자가 별도로 가입한 P&I클럽이 보상책임을 지는가의 문제로 귀착된다. 따라서 당해 화물의 손해배상책임의 主體인 운송인이 누구인지가 먼저 해결되어야 두 당사자 중 책임 있는 상대방에 대하여 화물손해를 입은 화주는 배상청구권을 행사할 수 있을 것이다.[17)]

---

14) 1986년에 傭船者클럽이 탄생하여 傭船者들의 책임을 擔保하고 있으나 여전히 대다수의 傭船者들은 전통적인 船主 P&I클럽을 이용하고 있다.

15) P&I클럽에서는 자기 화물에 대하여 다른 保險에서 補償받지 못하는 損害를 補償한다.: Newcastle P&I클럽규칙 제19조 참조.

16) 헤이그 규칙 제1조에 傭船契約에 의해 발행되는 선하증권 또는 이와 유사한 증권에 대하여 그 증권이 운송인과 동 증권 소지인과의 관계를 규율할 때부터 동 규칙을 적용할 수 있다고 규정하고 있기 때문에 傭船契約附船荷證券에도 헤이그 규칙을 채택할 수 있다.

2) 裸備船者

나용선계약(bareboat charter)이라고 하는 것은 선박임대차계약이라고도 불리며,[18] 선박에 대한 배타적인 지배가 용선 기간 중에 선주에게서 용선자에게로 이전되는 계약이다. 이 경우의 용선자는 선박의 임시선주로서 선장과 선원을 고용하고 선박의 운항에 필요한 船用品을 조달하며, 제3자인 화주와 운송계약을 체결하는 등 선박과 관련된 대외거래를 행한다.[19]

나용선계약에서는 선박의 이용과 항해에 관련된 업무를 용선자가 행하기 때문에 이에 따르는 위험은 일반적으로 용선자가 부담하는 것이 원칙이다. 즉 선주는 선박의 지배와 점유를 용선자에게 이전시켰기 때문에 선박과 관련된 對人·對物책임을 부담할 위치에 있지 아니하다. 그러나 선주는 경우에 따라서 용선자가 체결한 계약상의 책임 또는 不法行爲상의 책임에 의하여 對物 책임을 질 수도 있다. 예를 들면 선박을 용선자에게 인도할 당시에 旣 존재했던 不堪航에 의해 화물의 멸실이나 손상이 초래된 경우를 들 수 있으며, 이와 같은 경우에는 선주가 책임을 져야 한다. Tayloy Brothers Lumber Co. v. Sunset Ligtherage Co(The Sundial 사건)[20]에서 제2회 巡廻裁判所는 不堪航이 본선인도 이전에 존재하고 있었기 때문에 용선자는 본선, 즉 선주로부터 배상받을 수 있다고 판결

---

17) 물론 積荷保險者를 통한 請求權의 행사가 이루어지는 것이 보통이다.
18) 그러나 명확한 의미는 약간 다르다. 賃貸借라고 하는 것은 용선된 선박의 점유, 지휘 및 지배가 선주로부터 용선자에게 이전되는 것을 말하고, 裸備船은 선주로부터 인도된 선박에 관리 및 운항에 필요한 시설이 없는 것을 말한다.
19) 우리나라 상법 제766조 제1항은 "船舶賃借人이 商行爲 기타 營利를 目的으로 船舶을 航海에 사용하는 경우에는 그 이용에 관한 사항에는 第3者에 대하여 船舶所有者와 동일한 權利義務가 있다"라고 정하고 있다.
20) 43 F.2d 700 (2d Cir 1930).

하였다. 또한 W. R. Grace & Co. v. Charleston Lighterage & Transfer Co. 사건[21]에서도 제4회 巡廻裁判所는 선박임대차계약에 있어서 본선의 인도 시에 존재한 不堪航에 의해 화물의 손해가 초래되었다면 선주에게 책임이 있다고 판결하였다.

또한 나용선자는 선주와 마찬가지로 책임제한의 권리를 향수할 수 있으며,[22] 共同海損의 분담청구권이나 救助料의 청구권을 가진다.[23]

나용선계약에서 용선자가 화주인 경우에는 화물손해에 대한 책임은 용선자 자신의 화물을 자신이 운송하다 발생한 문제로서 용선자 스스로 부담하는 것이 원칙이다. 그러나 용선계약의 내용에 따라서 선주가 책임을 질 수도 있으며, 이는 전적으로 용선계약조항에 따라 결정된다. 그런데 이러한 용선계약조항은 계약자유의 원칙에 의해 선주와 용선자 사이에 자유롭게 결정될 수 있기 때문에 일률적인 기준으로 말하기는 어렵다.

한편, 전문운송인으로서 제3자와 운송계약을 체결하는 나용선자는 운송계약의 당사자로서 화물손해에 대하여 책임을 부담하는 者다. 물론 이러한 경우 화물손해에 대한 책임은 용선자가 제3자에게 발행하여 이용선계약부선하증권의 내용에 따라 결정한다. 그런데 이러한 용선계약부선하증권이 至上約款에서 헤이그 규칙이나 헤이그ー비스비 규칙을

---

21) 193 F. 2d 539(4th Cir 1952).
22) 1976년 海事債權責任制限條約(제1조 제2항)하에서는 용선자도 책임제한권을 가진다고 규정하고 있다. 1991년 우리나라 개정 商法(제750조 제1항)에서도 위 조약의 내용을 수용하여 용선자를 책임제한의 주체권자로 규정하고 있다. 그러나 미국의 경우에는 1976년 海事債權責任制限條約에 비준 또는 가입하고 있지 않으며 1851년 미국의 責任制限法에 따른다. 미국의 1851년 責任制限法에서는 선주와 나용선자만이 責任制限權을 가지며, 정기용선자 및 항해용선자는 責任制限의 권리를 누리지 못한다.
23) Laoul Colinvaux, Carver's Carriage by Sea, 13th ed., 1982, para.584.

準據규칙으로 삽입하고 있는 경우에는 일반해상선하증권에서의 운송인의 책임과 동일한 책임을 진다고 할 수 있다. 일반적으로 나용선계약에서 선장이나 선원의 過失은 용선자의 過失로 인정되며, 이것으로 인한 운송화물에 대한 손상은 商業過失인 경우에는 용선자가 배상책임을 져야 한다. 그러나 이 경우에도 본선의 인도 시에 존재한 不堪航에 의한 운송화물의 멸실이나 손상에 대하여 선주에게 책임이 있다.

3) 定期傭船者

정기용선(time charter)의 경우에 용선자가 자기화물을 선적하고 선주로부터 선하증권을 발급받는 경우에 이러한 선하증권의 내용이 전체 운송계약의 내용이라고는 볼 수 없으며, 운송화물의 손상에 관한 선주의 책임은 용선계약상 선주로서의 책임과 선하증권에 의한 운송계약상 운송인으로서의 책임을 동시에 진다. 마찬가지로 용선자는 용선계약상 용선자로서 그리고 선하증권에 의한 운송계약상 화주의 자격으로 선주에 대하여 화물손해에 대한 배상청구권을 가진다.

이와 같이 용선자가 화주인 경우에도 선하증권은 발행되는데 이는 용선계약서와 선하증권은 서로 다른 기능을 가지기 때문이다. 즉 선하증권은 화물의 수량과 상태에 관한 사실을 기재하고 있는 수령증임과 동시에 운송계약의 증거이며 도착항에서 물품을 청구할 수 있는 권리증권적 기능을 가지는 반면에 용선계약서는 운송계약의 증거는 되지만 도착항에서 화물을 청구할 수 있는 권리증권도 아니고 또한 화물의 수량이나 상태에 대한 기재내용도 없다. 따라서 용선자가 화주인 경우에도 도착항에서 물품을 수령할 수 있도록 하기 위해서는 선하증권이 필요하다. 이러한 경우에 용선자의 수중에 있는 용선계약서와 선하증권의 내용이 서로 충돌하는 경우에는 용선계약서가 우선된다. 즉 이러한 선하증권은 단지 물품의 수령증으로만 받아들여지며,[24] 용선계약의 내용에는 영향을 미치지 않는다. Rodocanachi v. Milburn 사건[25]에서 선장의 過失로 인하여 화물이 멸실되었는데 선장이 서명한 선하증권상에는 선장의 過失 (negligence of the master and crew)이 免責으로 규정되어 있었으나 용선계약서에는 그러한 免責 조항이 없었기 때문에 용선계약의 조건에 따라 선주가 그 화물손해에 대하여 책임진다고 판시한 바 있다. 그러나 용선자에게 선하증권이 발행되었으나 용선자가 이를 제3자에게 背書讓渡하게 되면 선주와 제3자 사이의 운송계약은 선하증권의 내용에 따른다. 제3자는 오직 선하증권을 통하여 운송계약을 체결하는 것이다. 그러나 여기에는 약간의 법리적인 문제가 있다. 동일의 선하증권이 용선자 자신이 소지하고 있는 경우에는 운송계약의 증거가 되지 못하고 수령증적인 기능을 수행하던 것이 어떻게 제3자에게 讓渡되면 운송계약의 증거가 되는가 하는 것이다. 여기에 대하여 Artkin 判事는 Hain S. S v. Tate & lyle[26] 사건에서 선하증권의 讓渡에 의해서 완전히 새로운 계약이 생성되는 것으로 설명하고 있다. 그런데 1992년 영국의 COGSA 제2조[27]에

---

24) 船荷證券이 비록 단순한 受領證일지라도 船荷證券의 제시에 대해서 物品의 引渡가 이루어지면, 船主와 船荷證券의 조건에 따라 引渡를 받은 사람 사이에는 계약의 증거가 될 수 있다.: S. C. Boyd et al, *Charterparties and Bills of Lading*, Sweet & Maxwell, 1996, Art.35.

25) (1868) 18 Q. B. D. 67.

26) (1936) 41 C. C.350 at p.356.: The consignor has not assigned to him the obligations under the charter party nor, in fact, any obligations of the charterer under the bill of lading, for ex hypothesis there are none. A new contract appears to spring up between the ship and the consignee on the terms of the bill of lading.

27) -a person who becomes the lawful holder of a bill of lading shall have transferred to and vested in him all rights of suit under the contract of carriage as if he had been a party to that contract.

서도 선하증권의 합법적인 소지인에게 그 선하증권계약의 당사자인 것과 같이 운송계약상의 모든 訴訟의 권리가 이전된다고 규정하고 있다. 이와 같이 일단 선하증권의 讓渡가 이루어지면 새로운 법률적 효력이 생성되는 것으로 해석하는 데는 무리가 없다. 즉 용선 계약부 선하증권이 背書讓渡되면 선주와 被背書人 사이에는 선하증권이 새로운 운송계약의 증거로 간주된다. 또한 Leduc v. Ward[28] 사건에서 背書讓渡된 선하증권을 소지한 화주는 讓渡人인 용선자가 離路할 것이라는 것을 알고 있었을지라도 선하증권상에는 그러한 내용이 없었기 때문에 離路로 인한 화물손해에 대하여 선주는 선하증권의 내용에 따라 화주에게 손해배상책임이 있다고 판시되었다.

물론 선하증권에 용선계약의 조건이 포함되어 있지 않더라도 선주와 용선자 사이의 용선계약을 변화시키지 않는다. 그러나 용선자와 선주는 용선자에게 주어지는 선하증권에서 명시적으로 변화시킨다는 명시적인 합의를 함으로써 변화시킬 수도 있다.[29]

한편, 정기용선을 한 용선자가 선박을 일반선으로 운항하면서 제3의 화주 앞으로 선하증권이 발행되는 경우에는 당해 화물에 대한 운송서류는 선하증권이 된다. 이와 같이 제3의 화주 앞으로 발행된 선하증권은 선주와 용선자 사이에서는 단지 물품의 수령증에 지나지 않기 때문에[30] 선하증권상에서 화물에 대한 선주의 책임을 높게 책정한 경우에도 용선자는 그러한 것을 원용할 수 없다. 이는 선장이 선하증권상에 서명을 하는 경우에도 선장은 용선계약 그 자체를 변경시킬 수 있는 권한을 가지

---

28) (1888) 20 Q. B. D. 475.
29) Gullischen v. Stewart(1884) 13 Q. B. D.317.
30) Fri호 事件(The Fri, 154 F.333. 336-337(2d Cir. 1907)에서 船荷證券은 傭船契約書의 조항에 영향을 미치지 않으며, 船主와 傭船者 사이의 傭船契約의 내용을 변경시키지 않는다고 판시하였다.

지 못하기 때문이다.[31] 즉 용선계약 아래에서 발행된 선하증권은 용선
계약서에 영향을 미치지 않는다.

선주는 용선자가 소지한 선하증권에는 구속되지 않지만 선하증권이
제3자 앞으로 발행되거나 讓渡되면 이러한 선하증권은 화주와 선주 사
이에 계약서로서의 역할을 하며, 용선계약의 조항이 선하증권(계약서)
에 편입되지[32] 않는 限, 선주는 제3자에 대하여 용선계약의 내용을 원용
할 수 없다.

그러나 이러한 용선계약부 선하증권에서 책임의 주체권자로서 운송인

---

31) 명시적인 수권이 없는 限 선장은 다음의 권한이 없다. ①선박의 용선,
②운송계약의 변경, ③용선계약과 다른 선하증권의 발행, ④선적되지
않은 물품에 대한 선하증권의 서명, ⑤기서명된 선하증권에 나타나
있는 물품이 기재된 2차 선하증권에 대한 서명, ⑥무임운송의 동의,
선주 이외의 者에게 운임지급의 동의, ⑦선적된 물품의 상태와 다른
품질의 확인, ⑧운임 또는 체선료 클레임의 해결.: S. C. Boyd et al,
Charterparties and Bills of Lading, Sweet & Maxwell, 1996, pp.51 - 52.
그러나 용선계약의 당사자는 용선계약상에서 그것을 변경시키는 명시적
인 수권합의를 할 수도 있다. 그리고 그러한 합의는 용선자에게 발행하
여 주는 선하증권상에 명시될 수 있다.

32) 傭船契約附船荷證券은 용선계약의 일부 또는 전체 조건을 편입하고 있는
것이 일반적이다. 이러한 편입조항은 선주들이 용선계약에 정한 내용 이상
의 책임을 지지 않기 위하여 편입한다. 편입조항의 효력은 선하증권상에 기
재된 것에 한하여 유효하며, 편입조항은 편입하려고 하는 傭船契約의 내용
을 적절히 표현한 것이어야 한다. 예를 들면, "Freight and all other
conditions as per charter"와 같은 문구가 선하증권상에 삽입되면, 수하인
에 의해서 행하여지는 화물의 수령과 양하에 관련한 傭船契約의 내용이 편
입된 것으로 해석한다. 그리고 "All terms whatsoever of the charterparty"
라는 일반적인 문구는 傭船契約의 모든 내용을 다 포함한 것이 아니고, 화
물의 선적, 운송, 양륙 및 운임의 지급과 관련된 것이라는 判例(The Garbis
(1982) 2 L1.R.283)가 있다. 그리고 편입조항에 의하여 편입되는 傭船契約
의 내용은 선하증권의 내용과 상충되지 않아야 한다.(崔在洙, 傭船契約下
에서 발행되는 船荷證券, 海洋韓國, 1995.9, p.104) 따라서 오로지 선하증권
상의 편입조항에 따라서 용선자 이외의 선하증권 소지인은 영향을 받는다.

을 누구로 볼 것인가 하는 문제는 간단하지 않다. 용선계약하에서 발행된 선하증권이 船社의 상호가 기재된 경우에는 선주가 운송인으로 되며, 용선자의 상호가 기재되어 있고 선장이 용선자를 위하여 서명하고 (for and on behalf of the time charterer) 있는 경우에는 분명히 용선자가 운송인이 된다. 그러나 정기용선자의 상호가 기재된 선하증권이 발행되고 '선장을 위하여(for the master)'라는 서명이 있는 경우에는 선주를 운송인으로 볼 것인지 정기용선자를 운송인으로 볼 것인지는 논란의 여지가 있다. 즉 선장을 선주의 대리인으로 보아 선주를 운송인으로 인정할 것인지, 아니면 선하증권의 외견상의 표시를 신뢰하여 정기용선자를 운송인으로 인정할 것인지의 문제이다. Schmitthoff 교수는 일반용선(정기용선, 항해용선)의 경우 선하증권상에 서명하는 선장이 선주의 고용인이라는 점을 들어 운송계약의 당사자를 선주로 보고[33] 운송화물의 손상에 대한 클레임을 선주에게 청구하여야 한다고 설명하면서, 선주는 이러한 책임을 용선계약상의 보상조항(Indemnity Clause)을 이용하여 용선자에게 이전시킬 수 있다고 설명한다.[34]

그러나 이것은 원칙적인 문제이고 정기용선이나 항해용선에서도 용선자가 운송인으로 인정되는 경우가 있다. 예를 들면 정기선사가 船隊를 보충하기 위하여 선박을 정기용선하여 정기선에 투입하고 자신의 이름으로 선하증권을 발행하는 경우에는 용선자가 운송인으로 인정된다.[35]

---

33) S. C. Boyd et al, op.cit., Art.41.에서도 같은 취지로 설명하고 있다. 최근 판례로서는 The Rewia(1991) 2 Lloyd's Rep.325; MB Pyramid Sound N. V. Briese-Schifforts GmbH & Co.Kg(1995) C. L. C. 886.이 있다.
34) C. M. Schmitthoff, op.cit., pp.560-561.
35) The Okehampton(1913) p.173; 동 사건에서 상원의 L. J. Hamilton 판사는 이러한 경우에 船主와 運送契約을 체결한 것이 아니라 傭船者와

그리고 용선계약서에 명시적으로 선장은 용선자를 대리하여 선하증권에 서명한다는 조항이 포함되어 있는 경우에도 선하증권의 被背書人이 그러한 용선계약의 조항을 선하증권상에서 명백하게 알 수 없었을 경우에는 운송계약은 선주와의 계약으로 믿어진다고 L. J. Lopes 判事는 판시하였다.[36][37]

뿐만 아니라 선주의 대리인으로서 용선자가 선하증권을 발행하면서 선하증권상에 디마이즈조항(Demise Clause)[38] 또는 아이덴티티 오브 캐리어(identity of carrier)[39]조항을 삽입하고 있는 경우에도 누구를 운송인으로 볼 것인가에 대하여 세계 모든 법원이 이러한 조항의 유효성을 동일하게 인정하고 있지는 않다.[40] 영국의 경우에는 이러한 조항을 유효하게 인정하고 있다. The Berkshire[41] 사건에서 브랜든

運送契約을 체결한 것이라고 판시했다.

36) Manchester Trust v. Furness, Withy(1895) 2 Q. B. 539.
37) S. C. Boyd et al, *Charterparties and Bills of Lading*, Sweet & Maxwell, 1996. Art.28.
38) Demise Clause: If the ship is not owned or chartered by demise to be company or line by whom this bill of lading is issued(as may be the case notwithstanding anything which appears to the contary) the bill of lading shall take effect as a contract with the owner or demise chaterer as the case may be as principal made through the agency of the said company or line who act as agents only and shall be under no personal liability whatsoever in respect thereof.
39) The contract evidenced by this bill of lading is between the Marchant and the owner of the vessel named herein and it is, therefore, agreed that the said shipowner alone shall be liable for any damage or loss due to any breach or non-performance of any obligation arising out of the contract of Carriage. 즉 이 船荷證券에 의해 증명되는 契約은 商人과 船主 사이의 契約이고, 船主만이 運送契約으로부터 생기는 損傷이나 滅失에 대하여 책임을 진다는 것이다.
40) S. Poland and T. Rooth, Gard Handbook on P&I Insurance, Gard, 1996, p.105.

(Brandon) 判事는 이러한 조항은 전혀 이상한 것이 아니라 이러한 조항을 포함하고 있는 선하증권은 보통의 선하증권이라고 하여 본 조항의 삽입을 유효한 것으로 인정하였다.42) 일본의 경우에도 이러한 조항의 효력을 인정하는 판례가 있다.43) 그러나 미국은 이러한 조항은 책임을 다른 사람에게 이전시키기 위한 것으로서 公序良俗(public policy)에 위배된다는 이유로 인정하지 않고 있다.44) 또한 최근의 독일의 대법원 判例도 이러한 Identity of Carrier조항의 효력을 인정하지 않고 있다.45)

따라서 책임의 主體로서 운송인의 결정문제는 일률적인 원칙을 적용할 수 없으며, 개개 사안에 따라서 결정하여야 할 문제이다. 그러나 운송계약의 내용은 선하증권상에 나타나 있는 것을 기준으로 해석하여야 한다. 따라서 선하증권 외견상으로 운송의 主體가 선주인지 정기용선자인지의 표시가 상충하고 있는 경우46)에는 당해 운임을 누가 수취하였는가 하는 사실을 중요한 판단기준으로 활용할 수 있다고 본다.

정기용선의 목적은 특정선박에 의한 물품의 운송인으로서의 의무를 일정 기간에 걸쳐 분담하는 데 있다고 볼 수 있기 때문에 운송 도중에 발생한 화물의 멸실이나 손상에 대한 책임도 분담한다고 할 수 있

---

41) (1974) 1 Lloyd's Rep.185.
42) M. Wilford et al, *Time Charters*, LLP, 1989, 267.
43) 中村眞登, 汽船ジャスミニン(Jasmin) 損害賠償請求事件, 海事法研究會誌, No.104, pp.16-17.
44) M. Wilford et al, *op.cit.*, 281.
45) P&I International, 1990.6. p.6.
46) 예를 들면, 定期傭船者의 상호가 기재된 선하증권을 사용하면서 선장을 위하여 定期傭船者의 대리점이 서명하고 있고, 裏面約款에 Demise Clause를 삽입하고 있는 경우이다. 이 경우에 외견상의 표시로 보아 定期傭船者가 운송인으로 보이나 선장을 위하여 서명하고 있고, Demise Clause의 효력을 인정한다면 선주가 운송의 主體가 된다.

다. 일반적으로 화물손해에 대한 최종적인 책임을 분담하는 문제는 누가 당해 의무의 이행을 담당하고 있는가에 따라서 결정된다. 일반적으로 화물의 선적이나 적부 또는 揚荷에서 발생하는 손해는 용선자가 그 책임을 부담한다. 물론 선원이나 선장의 過失이 있는 경우에도 마찬가지다.[47] 그러나 화물의 손해가 선박의 堪航能力 결여에 의한 경우에는 선주의 책임이다. 따라서 선박이 불안정한 상태에서 선장이 선박을 발항한 결과 그러한 不堪航이 원인이 되어 용선자가 행한 甲板積 화물이 甲板流失(washing overboard)되는 경우에도 선주에게 책임이 있다고 할 것이다. 화물의 적부가 원칙적으로 용선자의 의무이기는 하지만 적부과정에서 선장이나 일등항해사가 개입하는 경우에도 그 개입행위가 선박의 堪航性과 관련이 없는 단순한 적부 자체에 관한 행위이라면 이때 선장이나 일등항해사의 개입행위는 용선자의 대리인으로 한 행위가 되며, 堪航性과 관련이 있는, 예를 들면 통풍성의 확보를 위한 조치 등에 대한 개입행위는 선장의 대리인으로서 한 행위가 된다. 따라서 그로 인한 화물의 손해에 대해서는 선장이 책임을 진다. 영국의 한 判例[48]에서 Sumner 경은 "불량적부는 본선의 안정성을 위협하고 나아가 不堪航에 연결되는 경우도 있으나, 불량적부에 의해 손상을 입은 화물 이외에 다른 아무런 영향을 초래하지 않은 경우에는 단순한 불량적부에 지나지 않는다"고 판시하였다.

대표적인 정기용선계약서식인 1993년 NYPE용선계약서 제8조[49]에

---

47) Clyde Commercial S. S., Ltd. v. United States Shipping Co.(THe Santona); 152 F. 516, 518(S. D. N. Y. 1907) 사건에서 휴(Charles M. Hough) 판사는 "본선은 선주의 선박이고 선장 및 선원은 선박의 운항이나 관리에 대하여서는 선주의 사용인이고, 화물의 인수 및 인도에 관하여는 선장 및 선원은 용선자의 사용인이다"라고 판시하였다.

48) Elder Dempster & Co. v. Paterson, Zochonis & Co.,(1924)A. C.522, 561-562.

는 "선장은 비록 선주에 의하여 선임되었다고 하여도 용선자의 고용인 또는 대리인으로서 용선자의 지휘·명령하에 있으며, 용선자는 선장의 감독하에 화물을 적재하고 적부하는 등 화물의 취급을 실행한다"고 규정함으로써 선장과 용선자의 지위가 다소 혼돈되어 있어 해석상에 어려움이 있다. 이와 관련하여 Canadian Transport Co. v. Court Line Ltd 사건50)에서 Artkin 경은 "적부에 대한 선장의 지휘·감독은 어떠한 경우에도 정당하며, 선장은 항상 본선이 不堪航 상태에 빠지는 것을 방지하여야 한다. 만약에 적부의 방법이 선주의 책임을 초래할 수도 있다고 疑心되는 경우에 선장은 이에 개입할 수 있다. 적부불량이 선장의 명령에 의하여 발생하였다든지 또는 용선자 자신의 적부방법을 선택하였다면 손해가 발생하지 않았을 것이라는 것을 용선자가 입증할 수 있으면 용선자는 책임을 면할 수 있다. 그러나 선장의 지휘감독권의 유보가 용선자의 적부에 대한 책임을 면제하지 않는다"고 판시하여 그 취지를 명확히 하고 있다.51)

4) 航海傭船者

항해용선계약은 선박의 임대차 계약과는 성질을 달리하며 오히려

---

49) NYPE용선계약서 제8조: "……The master shall be conversant with the English language and (although appointed by the owners) shall be under the orders and directions of the charterers as regards employment and agency: and charterers shall perform all cargo handling, including but not limited to loading, stowing, trimming, lashing, securing, dunnaging, unlashing, discharging and talling at their risk and expense under the supervision of the Master."

50) (1940) A. C.934.

51) 이에 앞서 미국의 판례 Oxford Paper Co. v. Nadarholm, 282 U.S.681(1931)에서도 이와 일치된 판결을 내리고 있다.

일반적인 해상화물운송계약에 지나지 않는다. 따라서 항해용선계약의 법적 성질은 도급계약에 속한다.

일반적으로 항해용선계약에 있어서 선주는 운송화물의 적절한 적입과 적부 및 揚荷를 행하며, 항해용선에서 선장은 이러한 업무를 행하는 선주의 대리인이다. 그러나 용선계약의 조건에 따라 이러한 업무를 용선자가 부담하는 경우도 있을 수 있다. 즉 화물의 적부나 적입을 위한 선내하역인부(stevedore)를 용선자가 임명 또는 수배하고 그 비용을 부담하는 것으로 정하고 있는 경우에는 용선자가 적부의 책임을 부담하며, 이러한 경우 선내하역인부는 용선자의 대리인이라고 할 것이다.[52] 그러나 선내하역인부를 용선자가 임명하고 그 비용을 선주가 부담하는 경우에는 선내하역인부는 선주의 대리인이며 그러한 작업에 대하여 선주가 책임을 진다.[53]

따라서 항해용선계약에서 화물의 적부에 대한 책임은 정기용선계약에서와 마찬가지로 적부 및 揚荷의 의무가 어느 당사자에게 부과되어 있는가를 용선계약의 조건에 따라서 판단하여 결정하여야 할 문제이다.

대표적인 항해용선계약서식인 Gencon계약서식에는 선주의 비용부담 없이 적부·적입되는 조건인 FIO[54]조건이 추가 約款으로 삽입되어 있기 때문에 선주는 그러한 책임으로부터 免責되어 있다.

5) INTER-CLUB NYPE 協定상에서의 責任主體의 確定

현실적으로 화물손해에 대한 선주와 용선자 사이에 책임을 확정하

---

52) Brys & Gylsen. Ltd. v. J. & J.Drysdale & Co.,(1920) 4 Lloyds List L.R.24(K.B.)
53) Harris v. Best, Ryley & Co., 7 Aspinall' Maritime Rep.272(C. A.) 1892.
54) Free In and Out.

기 위해서 많은 시간과 노력이 소비되고 분쟁이 빈발하자 이러한 분쟁을 방지하고 해결절차를 간소화하기 위하여 세계 주요 P&I클럽의 그룹인 국제그룹(International Group)은 인터클럽앤와이피이협정(Inter-Club NYPE Agreement)[55]을 체결하여 선주와 용선자 간에 책임을 분담할 수 있도록 하고 있다. 이 협정은 용선계약이 정기용선계약서식 중 널리 사용되고 있는 뉴욕프로듀스서식(New York Produce Exchange Form)[56]에 의하여 이루어진 경우에 선주와 용선자 간에 책임분담을 규정하고 있다. 그러나 이것은 어디까지나 클럽들 간의 합의이며, 선주와 용선자 사이의 합의는 아니다. 따라서 클럽은 선주와 용선자들에게 이것을 적용하도록 강제할 수는 없으며, 단지 시간과 비용의 절약을 위하여 추천할 수 있을 뿐이다. 그러나 클럽이 추천한 것을 회원 중 한 당사자 또는 두 당사자 모두가 거절하게 되면 이 협정은 유명무실하게 되기 때문에 실무에서는 용선계약서 자체에 NYPE협정을 삽입하여 사용한다.[57] 이러한 용선계약서에 NYPE협정 삽입의 효력은 The Ion 사건[58]에서 J. Mocatta 判事에 의하여 확인되었다.[59]

---

55) 1970년 2월 20일에 발효한 協定으로 1984년, 그리고 1996년 9월에 재개정되었다. 協定은 서문과 5개 조항으로 구성되어 있으며, 제1조에 協定의 適用과 解釋(application and interpreation of the agreement), 제2조에 화물 클레임의 割當((apportionment of cargo claims), 제3조에 協定의 擴張(extention of agreement), 제4조에 猶豫 期間(duration), 제5조에 發效(operation)를 규정하고 있다.
56) 뉴욕프로듀스 서식은 Baltime Form과 더불어 가장 많이 이용되고 있는 定期傭船契約書式이며, 1913년에 제정되고 1946년과 1981년, 1993년에 개정되었다. Paramount Clause에서 USCOGSA 1936을 채택하고 있다. NYPE 93 제27조에는 클럽 간 NYPE協定에 따라서 貨物損害賠償이 이루어진다는 조항을 포함하고 있다.
57) P&I International, 1989.1. p.8.
58) (1980) 2 Lloyd's Rep.248.
59) 동 사건에서 J. Mocatta 판사는 "Clumsy, though it is, is to make the

그리고 이 협정은 제3자의 클레임에 대하여만 적용하며, 용선자가 화주인 경우에 용선자와 선주 사이의 책임분담문제에는 적용하지 않는다.[60] 따라서 NYPE용선계약서상에서 선하증권이 발행되어 제3자에게 背書讓渡된 경우에 그러한 선하증권상에서 발생하는 화물손해 배상책임에 대하여 적용할 수 있다. NYPE정기용선계약서상에서 선주와 용선자 사이의 책임분담을 둘러싸고 많은 다툼이 빈발하고 있지만[61] 이 협정에 의하여 訴訟으로 발전하는 件數는 현저하게 줄고 있다.[62]

그리고 이 협정은 선주 또는 용선자가 제3자 선하증권소지인에게 선지급한 화물손해배상청구금의 분담에 적용한다. 이 경우 제3자 선하증권은 헤이그 또는 헤이그－비스비 규칙을 準據하고 있어야 하며, 이 규칙상의 책임을 초과하는 부분에 대하여는 적용하지 않는다. 뿐만 아니라 이러한 선하증권은 용선계약의 내용과 일치하여야 한다. 따라서 용선계약에서 정한 선주의 책임보다 무거운 책임을 부과하고 있는 선하증권이나 명백하게 용선계약과 불일치하는 선하증권에는 적용될 수 없다.[63] 협정상 책임분담을 규정하고 있는 책임의 主體는 다음과 같다.

ⅰ) 不堪航性에 대한 責任主體

선박의 堪航性의 유지·확보는 전적으로 해상운송인인 선주가 부담하

---

terms of an agreement between clubs applicable directly between charter and owner"라고 판시했다.
60) S. J. Hazelwood, P&I Clubs Law and Practice, 2nd ed., LLP, 1994, p.187.
61) Nippon Yusen Kaisha v. Pacific Nevegacion S. A.(1980) 2 Lloyd's Rep.245.: THe Khian Zephyr(1982) 1 Lloyd's Rep.73; The Strathnewton(1982) 2 Lloyd's R. E. p.296, (1983) 1 Lloyd's Rep.219(C. A.) : The Benlawers(1989) 2 Lloyd's Rep.51.: The Holstencruiser(1991) 2 Lloyd's Rep.378.
62) S. J. Hazelwood, op.cit., p.187.
63) S. J. Hazelwood, op.cit, p.188.

기 때문에 不堪航性에 기인한 화물의 멸실이나 손상에 대하여는 100% 선주가 책임의 主體이다. 따라서 이러한 경우에는 선주가 가입한 P&I클럽에서 보상한다.

ii) 積載不良(Bad Stowage) 및 取扱不良에 대한 責任主體

적재불량이나 취급불량은 商業過失에 해당하는 것으로 용선자의 책임사항이다. 따라서 용선자가 100% 책임의 主體이며, 용선자가 가입한 P&I보험에서 보상하여야 한다.

iii) 不足引渡에 대한 責任主體

화물의 부족인도나 拔貨(pilferage) 및 초과운송(overcarriage)과 응축(condensation)에 의한 화물의 멸실이나 손상에 대하여는 선주의 대리인으로서 선장의 감독책임을 선주에게 부과하여 선주와 용선자를 모두 책임의 主體로 인정하고 있다. 책임분담을 50:50으로 규정하고 있다. 그러나 부족인도나 초과운송(overcarriage)이 선주의 고용인이나 대리인에 의해 발생하였다는 확실한 증거가 있는 경우에는 선주가 책임의 主體로서 100% 부담하며, 용선자에 의하여 발생하였다는 것이 확실한 경우에는 용선자가 책임의 主體로서 100% 부담한다. 또한 만약에 拔貨가 선주의 사용인인 선내하역인부에 의하여 발생하였다면 선주가 책임의 主體로서 100% 책임을 져야 하며, 응축에 의한 손실의 경우도 적재불량에 의한 것이면 용선자가 책임의 主體로서 100% 책임을 부담하여야 하고, 환기의 부적절에 의한 것이면 선주가 책임의 主體로서 100% 부담하여야 한다.

그러나 이러한 협정의 내용은 NYPE용선계약서에 중대한 수정이 가

해지지 않은 경우에 적용되며, 만약에 NYPE용선계약서상의 제26조[64]
에 화물 클레임(cargo claims)을 선주가 책임진다고 하는 문언을 추가하
게 되면 화물에 대한 모든 클레임에 대해서 선주가 책임의 主體로서 부
담하게 된다. 마찬가지로 同 계약서 제8조[65]상에 'and responsibility'라
는 문구를 추가함으로써 적재불량 및 취급불량에 기인한 화물클레임의
50%에 대하여 선주가 책임의 主體로서 부담하게 된다.[66] 즉 'and
responsibility'라는 문구를 추가함으로써 선장의 권한이 확장되고 이렇게
확장된 권한 범위 내에서 업무를 적절히 수행하지 않은 경우에 그에 상
응하는 책임을 부담하게 된다.[67]

(3) 船主 및 備船者의 責任에 대한 P&I保險擔保

지금까지 살펴본 책임 主體로서의 선주 및 용선자들의 화물에 대한
손해배상책임은 선주P&I클럽에서 擔保하여 주고 있다. 선주 또는 나용
선자의 경우에는 운송계약의 위반에 따른 債務不履行責任 또는 不法行

---

64) 제26조 : Nothing herein stated is to be construed as a demise of the
   vessel to the Time Charterers. The owners to remain responsible for
   the navigation of the vessel, insurance, crew, 《cargo claims》 and all
   other matters, same as when trading for their own account.
65) 제8조 : "……The master shall be conversant with the English language
   and (although appointed by the owners) shall be under the orders and
   directions of the charterers as regards employment and agency : and
   charterers shall perform all cargo handling, including but not limited to
   loading, stowing, trimming, lashing,securing, dunnaging, unlashing,
   discharging and talling at their risk and expense under the supervision
   《and responsibility》 of the Master."
66) C.Hill, op.cit., p.94.
67) 이것을 확인시켜 준 판례는 The Shinjitsu Maru No.5(1985) : 1 Lloyd's
   Rep.568과 The Argonaut(1985) 2 Lloyd's Rep.216이 있다.

爲責任에 대하여 기존의 헤이그 규칙이나 헤이그-비스비 규칙상의 책임한도를 넘지 않는 범위 내에서 無限擔保[68]에 가까운 擔保가 되지만, 정기용선자나 항해용선자의 경우는 정액보험료 기준으로 회원가입하기 때문에 擔保限度에 제한을 받는다.[69] 따라서 필요한 경우에 이러한 擔保限度를 넘어서는 책임에 대하여는 일반사영보험시장에서 별도의 擔保를 확보하여야 한다.

본래 P&I클럽은 선주들을 위한 상호보험조합으로서 용선자들의 이익을 보호하기에는 적절하지 못한 부분들이 있다. 즉 제3자에 대한 선주들의 책임과 용선자들의 책임이 다를 수 있기 때문이다. 용선자들은 기존의 P&I클럽에서 擔保되지 않는 위험에 대하여는 일반사영보험시장에서 擔保를 확보하여야 하기 때문에 각 경우에 있어서 추가적인 위험이 있는지를 신중하게 검토하여야 한다. 용선자들의 책임을 擔保하기 위하여 특별히 용선자클럽[70]이 존재하지만 대부분의 용선자들은

---

68) 클럽의 무한담보를 위한 再保險체계는 원수클럽담보($5,000,000)를 초과하는 경우, 1차 국제그룹 풀보유($25,000,000), 2차 일반상업시장 재보험($1,500,000,000), 이를 초과하는 경우에 오버스필 보험료(overspill calls)를 각 클럽은 부담해야 한다. 이를 오버스필 클레임이라고 하고, 이론적으로 이에 대응하지 못하는 클럽은 도산하게 된다. 그러나 1995년 12월에 이러한 오버스필 클레임에 대한 한도를 설정하여 무한담보의 원칙이 무너졌다. 그 한도는 총 가입선박의 1976년 海事債權責任制限金額의 20%로 결정되었다.(Simon Poland, op.cit., p.688.) 이는 다시 1997년 7월에 42억 5천만 미달러로 하향조정되었다.

69) Gard 클럽의 경우 1996년 말 현재, 傭船者로서 가입하면 3억 불 또는 선주로서의 責任制限金額 중 적은 금액으로 제한된다.

70) The Charterer's Mutual Assurance Association Ltd.가 1986년 1월 설립되었다. 용선자클럽의 경우 裸傭船者는 일반적으로 가입하지 않으며, 定期傭船者 및 航海傭船者가 주로 가입한다. 용선자클럽이 제공하는 담보의 내용은 소송비용, 제3자에 대한 법적 배상책임, 충돌과 같은 不法行爲責任을 擔保한다.

전통적인 선주 P&I클럽을 이용하고 있다.[71] P&I클럽에 가입하는 용선자는 상호보험기준 또는 특약조건으로 가입할 수 있으며, 일단 擔保가 확보되면 클럽의 동의 없이는 제3자에게 양도할 수 없다.

용선자로서 선주P&I보험의 회원은 통상 나용선자 또는 정기용선자 및 항해용선자 모두가 될 수 있다.[72][73] 선원을 고용하거나 선용품을 공급하는 나용선자는 선박의 임차인으로서 일반적으로 P&I보험에서는 선박의 운용자로 간주되며, 비록 선박이 실제로 자기 소유가 아니더라도 선주에게 적용되는 클럽규칙이 동일하게 적용된다.[74] 따라서 나용선자는 보통의 선주회원에게 적용 가능한 일반적인 조건하에서 선주와 동일한 조건으로 擔保된다.[75]

나용선계약이 체결되는 경우의 용선자는 용선계약의 정확한 내용을 클럽에 알려 주어야 하며, 이것은 가입조건의 검토에 참고가 된다.

나용선자가 아닌 정기용선자나 항해용선자의 경우에는 일반적으로 별도의 특약조건으로 擔保된다. 이러한 특약내용은 클럽에 따라서 내용이 약간씩 차이가 있으며,[76] 일반적인 경우에 정기용선자나 항해용선

71) S. J. Hazelwood, P&I Clubs Law and Practice, 2nd ed., LLP, 1994, p.112.
72) S. Poland and T. Rooth, Gard Handbook on P&I Insurance, Assuranceforenin -gen Gard, 1996, p.49.
73) 1996년 일본 P&I클럽규칙에서는 傭船者에 대해서 특약으로 船主에 대한 擔保 內容과 동일한 擔保를 제공하는 것으로 규정하고, 또한 擔保限度는 별도로 합의한 금액으로 한다고 규정하고 있다. 1996년 Newcastle P&I클럽규칙(rule 19)에서도 特約(special cover)으로 定期傭船者에게 동일한 擔保를 제공하는 것으로 규정하고 있다.
74) S. J. Hazelwood, op.cit., p.107.
75) 美國의 判例에서는 裸傭船者는 臨時船主(pro hac vice)로서 P&I保險證券에 의해서 擔保된다고 판시하고 있다.: Logistics v. Mutual Marine, 462 F. Supp. 486; (1981) A. M. C.1154(E. D. La).
76) Newcastle P&I規則에서는 定期傭船者에 대하여 船主責任과 동일한 擔保를 提供하면서 선체에 대한 손상을 擔保하는 것으로 하고 있으며, 일

자는 정액보험료(fixed premium)기준으로 가입한다.[77] 용선자는 선주
와 다른 클럽의 별도로 회원이 될 수도 있고 같은 클럽의 별도의 회원
이 될 수도 있으며, 동일한 클럽에 가족협정(family arrangement)[78]하
에서 합동으로 가입할 수 있다.

클럽에 가입하는 피보험자는 반드시 선박에 대하여 어떠한 이해관
계를 가져야 하며, P&I보험의 擔保는 그러한 이해관계와 관련된 것까
지로 제한된다.[79] 또한 용선자에 대한 보험 擔保는 일반적으로 선주
에 대한 보험 擔保보다 내용이 상당히 제한적일 수밖에 없다. 즉 나용
선자를 제외한 일반용선자는 선원송환비용, 검역비용, 선원의 사상에
대한 비용, 난파물제거비용 등의 擔保는 필요하지 않다. 용선자는 주
로 화물의 손실로부터 발생하는 책임, 인명의 사상, 충돌손해와 고정
물이나 부유물에 입힌 손해로부터 발생하는 책임에 관심이 있다. 용선
자의 책임범위는 개별용선계약서조건에 따르기 때문에 용선자의 P&I
보험 擔保의 범위는 그의 요구조건과 클럽이 가입 시에 부과한 조건
의 제한에 따라서 변경된다.

정기용선계약서에는 일반적으로 이익조항(Benefit Clause),[80] 즉 선

본 P&I클럽에서는 傭船者의 法律上의 賠償責任과 費用을 특별한 합의
하에 擔保한다고 규정하고 있다.

77) 그러나 相互保險基準으로 클럽에 가입하는 것을 금지하는 定款이나 規
則은 없다.

78) 동일한 선박에 대하여 선주와 용선자는 각각 선주로서 그리고 용선자로
서 동일한 클럽에 가입할 수 있는데 이때 선주와 용선자가 각각 회원이
되는 것이 아니라 하나의 회원 자격으로서 하나의 클럽에 가입하는 것
을 말한다. 이러한 경우에 선주와 용선자 중 누구든지 한 당사자가 계약
위반하게 되면 회원자격이 박탈된다.

79) R. W. Palmer, "Liability 'as Owner of the Vessel Named Herein':
Coverage of Liability of Non-Owners", Tulane Law Review, 1969, p.483.

80) Owners to give time-charters the benefit of their protection and

주가 가지는 P&I보험의 혜택을 용선자에게 부여한다는 내용을 포함하고 있다. 그런데 이러한 이익조항은 P&I클럽의 讓渡禁止規則[81]과 충돌이 발생한다. 1940년 Court Line Ltd. v. Canadian Transport Company Ltd 사건[82]에서 그러한 조항은 클럽규칙에 반하기 때문에 클럽의 사전 동의를 득하지 않고는 효력을 가질 수 없는 것으로 영국의 항소법원과 상원에서 판결을 내렸다.

그리고 대개의 P&I클럽규칙은 책임제한 조항(Limitation of Liability Clause)[83]을 포함하고 있다. 즉 회원은 法에 따라서 그들의 책임을 제한할 수 있는 권리를 가지며, 클럽의 보상한도는 그러한 책임제한액까지로 한정된다. 그런데 미국의 책임 제한법하에서 정기용선자 및 항해용선자는 그들의 책임을 제한할 권리를 갖지 못한다. 따라서 이러한 책임 제한 조항을 포함하고 있는 경우에 책임제한액을 초과하는 책임에 대하여 정기용선자와 항해용선자는 일반사영보험시장에서 추가담보를 확보하여야 한다.

한편, 선주P&I클럽에 가입한 용선자에게 제공되지 않는 대표적인 책임의 하나는 양호한 상태로 선박을 인도하여야 할 용선자의 의무이다.[84] 즉 용선자의 선주에 대한 책임으로서 선체나 장비, 속구 등의

---

indemnity club insurance as far as club rules allow……

81) London Club Rule 25, New Castle P&I Club Rule 43. 등에서 클럽에 의해 提供되는 保險이나 그에 수반되는 여하한 保險上의 혜택도 클럽의 書面同意 없이는 讓渡될 수 없다고 규정하고 있다.

82) (1940) 67 L1.L Rep.161; (1940) A. C.934.

83) 1996년 Gard Rule 51: Where the member or a co-assured is entitled to limit his liability pursuant to any rule of law, the maximum recovery under a P&I entry is the amount to which the member or co-assured may limit his liability.

84) 그러나 이것은 傭船者클럽으로부터 이 擔保를 제공받을 수 있다. 또한 클럽에 따라서 特約으로 擔保할 수도 있다.: Gard 클럽에서는 특약으로 가

멸실이나 손상에 대한 책임은 P&I클럽에서 擔保하지 않는다.[85] 선주 P&I클럽에 가입한 용선자에 대하여는 용선자의 책임이 가입선박 자체와 관련이 있기 때문에 선박손상으로 인한 선주에 대한 용선자의 책임은 擔保될 수가 없으며, 이러한 것은 전통적인 일반사영보험시장에서 附保할 수 있다. 이러한 형태의 위험을 擔保하기 위하여 선주클럽에 가입한 용선자들은 선체보험을 가입하는 것이 일반적이며, 선주와 공동명의로 피보험자가 될 수도 있다. 대개의 클럽에서는 그러한 선체보험을 용선자를 대리하여 회원에 대한 서비스 차원에서 附保를 대행하여 주는 것이 일반적이다.

또한 P&I클럽에서는 용선계약 사기와 관련된 위험을 擔保하지 않는다. 예를 들면 용선자가 제3의 화주로부터 운임을 취득한 후 용선료를 지급하지 않고 파산하는 경우 선주는 용선료를 취득할 수 없으나 P&I클럽에서 보상받을 수 없으며 스스로 부담하여야 한다. 그리고 용선자의 경우에는 선주의 파산에 따르는 위험을 P&I클럽에서 擔保받을 수 없다. 종종 선주는 중간기항항에서 사전에 공모한 채권자가 선박을 압류하게 되면 용선자는 선박을 이용할 수 없게 된다.

3. 履行補助者

해상운송의 이행과정에는 책임의 主體인 운송인을 보조하여 업무를 수행하는 이른바 이행보조자가 많이 개입된다.[86] 화주가 운송인의 사

___

입선박에 대한 擔保를 제공한다고 규정하고 있다.(Gard 클럽규칙 제63조)
85) S. J. Hazelwood, op.cit., p.113.
86) 이러한 履行補助者로서는 船長, 船員 및 獨立契約者로서 港灣荷役業者,

용인인 이행보조자에 대해서 손해배상청구를 하게 되면 이러한 이행보조자는 운송인이 누리는 책임제한이나 免責을 누릴 수 있는가 하는 의문이 발생한다. 헤이그－비스비 규칙과 함부르크 규칙에서는 운송인의 대리인이나 사용인에 대하여는 이러한 보호조항을 확대하지만 독립계약자에게는 확대하지 않고 있다.[87][88] 그런데 이러한 이행보조자의 가해행위로 인하여 운송인의 債務不履行責任이 성립하는 경우에 화주는 다음의 3가지로 손해배상을 청구할 수 있다.[89] 첫째, 화주가 계약당사자인 운송인에 대하여 債務不履行으로 인한 손해배상책임 곧 계약책임을 묻는 것이며, 둘째, 운송인에 대하여 不法行爲責任을 묻는 것이며,[90] 셋째, 직접 가해행위를 한 이행보조자에 대하여 不法行爲責任을 추궁하는 것이다. 이와 같이 운송인에 대하여 책임을 추궁하는 것 이외에 별도로 또는 선택적으로 이행보조자에 대하여 책임의 主體로 인식하여 不法行爲責任을 추궁할 수 있는가 하는 문제로, 이는 소위 말하는 異主體 간의 請求權競合의 문제이다. 異 主體 간의 청구권 競合의 문제는 실제 운송의 이행이 주로 선장과 선원에 의하여 행하여지는 국제무역운송에 있어서는 중요한 관심사 중의 하나이다.

荷役勞動者, 부선업자, 예선업자, 창고업자 등을 들 수 있다. 그러나 이러한 자 모두가 동일한 취급을 받는 것은 아니다.

87) C. M. Schmitthoff, *Export Trade*, 9th ed., London, Stevens & Sons, pp.604.－605; Midland Silicones Ltd. v. Scruttons Ltd.(1962) A. C.446., Riverstone Meat Co. v. Lancashire Shipping Co.(*Munster Castle*)(1961) 1 Lloyd's Rep.57.

88) 1924년 헤이그 규칙에서는 運送人의 代理人이나 使用人에게조차도 免責이나 責任制限의 혜택을 부여하지 않고 있었다. 따라서 이 경우에는 Himalaya Clause를 船荷證券에 삽입해야 했다.

89) 李均成, 國際海上運送法硏究, 三英社, 1984, p.128.

90) 이와 같이 동일한 사실에 대하여 동일인에 대하여 請求權이 競合하여 발생하는 경우를 동 주체 간의 請求權의 競合이라고 한다.

운송인은 그 이행보조자 또는 사용자가 거래 상대방 또는 제3자에게 입힌 손해에 대해서 채무자로서 또는 사용자로서 債務不履行責任 또는 不法行爲에 의한 배상책임을 부담하여야 한다. 하지만 운송인의 책임은 여러 가지 예외와 제한이 인정되고 있기 때문에 화주는 이러한 제한을 받지 않고 손해배상을 받기 위하여 이행보조자를 상대로 직접 손해배상을 청구하려고 하는 시도를 할 수 있다. 그런데 이러한 이행보조자들이 선하증권 約款상의 免責이나 제한 조항을 향수할 수 없다면 선하증권상의 免責조항이나 책임제한조항은 유명무실케 되고 그 본래의 취지를 상실하게 될지도 모른다. 따라서 이러한 이행보조자의 법적 지위에 대하여 살펴보는 것이 좋겠다. 영국의 Alder v. Dickson 사건91)에서 운송인의 사용인인 선장 등이 운송인과 동등하게 운송계약상의 免責約款의 적용을 받을 수 있는가 하는 것이 문제가 되었다. 본 사건에서 被告는 자기의 사용인인 운송인은 免責約款을 자기 자신을 위하여 원용한 것에 더하여 被告들의 대리인으로서 묵시적으로 被告들을 위한 免責의 특약을 한 것이라 하여 免責을 주장하였다. 그러나 법원에서는 被告는 여객과 운송인 사이의 계약의 당사자가 아니라는 것을 이유로 그러한 免責을 원용할 수 없는 것으로 판시되었다. 이 사건을 계기로 하여 해운실무에서는 운송인의 대리인 또는 사용인도 운송인 자신이 향유하는 운송계약상의 免責과 제한의 이익을 누릴 수 있다는 소위 히말라야 約款92)을 선하증권상에

---

91) (1955) Q. B. 158; (1954) 2 Lloyd's Rep.267.: 사건의 개요는 다음과 같다. Alder 부인은 여객선 히말라야호의 여객으로서 해안산책을 하고 귀선하기 위하여 보판을 건너던 도중에 보판의 불안정으로 인하여 안벽으로 추락하여 중상을 입게 되었다. 승선권에는 운송회사는 사용인의 過失로 발생한 여객의 신체 상해에 대하여 일체의 책임을 지지 않는다고 하는 免責約款이 기재되어 있었다. 따라서 원고인 Alder 부인은 보판을 불안정한 상태로 둔 선장과 갑판장을 상대로 不法行爲에 의거한 損害賠償請求訴訟을 제기하였다.
92) 화주가 실제로 운송화물에 손해를 일으킨 선장과 같은 운송인의 사용인 또

삽입하고 있다. 그런데 이러한 히말라야 約款의 효력문제는 세계 각국에서 완전히 통일적으로 해석되고 있지는 않지만 널리 인정되고 있는 約款이다. 이는 함부르크 규칙 草案의 검토 시에 250여 개의 수정안이 제출되었지만 이러한 내용을 규정하고 있는 同 규칙 제7조에 대하여는 아무런 異意 없이 통과되었다는 사실로부터 추정할 수 있다.[93] 미국의 경우에는 운송계약의 제3자인 이행보조자에게도 운송인과 마찬가지의 免責 또는 책임제한의 이익을 부여하려고 하는 경우에는 선하증권상에 미리 그 뜻과 受益者를 정확하게 표시한 約款을 삽입하면 그 효력을 인정받을 수 있다는 것이 Crawill 사건[94]과 Virgin Island 사건[95]의 判例에서 나타나고 있다. 이와 같이 볼 때, 미국에서는 선하증권상의 명시조항에 의하여 운송인의 이행보조자도 운송인과 동일한 免責과 제한이익을 향수할 수 있을 것이다.[96] 반면에 일본 判例의 태도는 명확하지 않다. 하급심의 判例에서 이러한 約款의 효력을 부인하고 있는 것으로 보이지만 학설은 대체로 히말라야 約款의 유효성을 인정한다.[97] 영국의 경우에는 운송인의 이행보조자가 선하증권에 의한 免責 또는 책임제한의 이익을 향수하기 위해서는 그러한 이행보조자도 선하증권상의 혜택을 누린다는

는 대리인, 즉 이행보조자를 상대로 不法行爲責任을 추궁하는 경우에 이러한 이행보조자도 運送契約의 이행과정에서 생긴 손해에 대하여는 원칙적으로 운송인에게 인정되는 免責事由 기타의 抗辯事由 또는 책임의 한도를 원용할 수 있다는 취지의 조항이다. 이러한 내용은 헤이그-비스비 규칙 제4조 제2항과 함부르크 규칙 제7조 제2항 및 제8조 제2항에서 규정되어 있다.

93) Kurt Gronfors, *Non-Contractual Claims under the Hamburg Rules*, The Hamburg Rules on the Carriage of Goods by Sea, The Chameleon Press Ltd., 1978, p.195.
94) Robert C. Herd & Co., Inc. v. Krawill Machinery Corp.(1959) A. M. C. 789: (1959) 1 Lloyd's Rep.305.
95) Virgin Island Corp. v. Merwin Lighterage Co.(1959) A. M. C.533.
96) 李均成, 전게서, p.120.
97) 李均成, 전게서, p.121.

내용의 규정만으로는 부족하고 별도의 법리적 論據[98]의 제시와 더불어 히말라야 約款의 유효성을 인정하고 있다. 최근의 判例 The Eurymedon 사건[99]에서 이러한 조항의 유효성이 확인되었다. 우리나라에서는 이와 같은 이행보조자의 책임에 대하여 현행 민법체계하에서는 이행보조자에 의한 不法行爲責任이 선행되고, 이러한 不法行爲責任이 인정되는 경우에 운송인에 대하여 債務不履行과 不法行爲責任이 성립한다. 따라서 이행보조자의 不法行爲責任에 대하여 아무런 동 주체 간 책임을 지우는 경우에 여러 가지 제한과 免責을 향수하는 운송인의 책임과 형평을 잃게 되는 결과가 된다. 실제로 운송기업의 경우 그 대표자가 직접 운송을 실행하는 경우는 드물고, 거의 대부분의 경우 그 이행보조자인 선장이나 선원에 의하여 실행된다고 보면 이행보조자와 운송인을 고립적인 관계로 파악할 것이 아니라 유기적 결합관계로서의 채권채무관계의 일부를 구성하여 운송을 달성하기 위한 협력관계에 있는 者들로 보아야 한다. 따라서 운송인의 계약책임과 이행보조자의 不法行爲責任을 통일적으로 파악하여 이행보조자는 무한의 不法行爲責任을 명시적으로 규정하고 있는 경우를 제외하고 원칙적으로 운송인의 계약책임의 범위 내에서만 不法行爲責任을 지는 것으로 해석한다.[100]

---

98) 이러한 논거에는 첫째로, 代理法理에 의한 이론 구성이다. 運送人이 船長 기타의 使用人 및 하역업자 등의 이행보조자를 위한 代理人으로서 運送人과 마찬가지로 이들을 면책시키는 특약을 화주와 체결한 것이라고 해석한다. 이 경우에 英國의 契約法上 約因의 문제가 대두되지만 이행보조자가 運送契約의 이행에 관여하는 때에 이행보조자로부터 約因이 이동한다고 해석하고 있다. 둘째는 이행보조자와 貨主 사이에 면책에 관한 묵시의 契約이 존재한다고 해석하는 것이다. 셋째는 運送人과 貨主 사이에 運送物의 損害에 대하여 運送人의 이행보조자에게는 賠償請求를 하지 않겠다는 특약이 있다고 보고 貨主에게 그 특약의 이행을 강제하는 방법이다.(李均成, 전게서, p.122)

99) (1975) A. C.154.

4. P&I保險상의 責任의 主體

화물손해배상책임의 主體로서 선박의 소유자와 용선자 그리고 기타 이행보조자를 살펴보았다. 그런데 이러한 각각의 책임 主體들은 그들의 책임을 擔保하기 위하여 책임보험에 가입할 수 있으며, 이러한 책임보험의 한 형태가 P&I보험이다.

P&I클럽의 회원으로서 화물손해배상책임의 主體는 반드시 선박과 특정의 이해관계를 가지고 있어야 한다. 클럽규칙상 P&I클럽의 회원이 될 수 있는 자격은 선박의 소유자(owner), 운항자(operator), 용선자(charterer)들이다.[101] 이들은 각각 선박을 클럽에 가입시킴으로써 회원이 되는 것이며, 선박의 운항과 관련하여 화주에 대한 손해배상책임이 성립되는 경우에 한하여 P&I보험에서 擔保가 제공된다. 선박의 소유자는 부분 또는 공동의 소유자를 포함하며, 이들은 각각 지분에 따라 클럽의 회원자격을 획득할 수 있다. 선박의 소유자는 아니지만 P&I보험상의 회원과 공동피보험자로서 가입할 수 있는 者로서는 선박의 관리인(the manager of the ship), 선박의 건조자(the builder of the ship), 선박의 抵當權者(the mortgagee of the ship) 또는 用益權者(beneficial owner)와 같이 선박에 이해관계를 가지고 있는 者 또는 선박을 점유하고 있는 者들이 있다.

한편 P&I클럽의 회원으로서 용선자는 어떤 형태의 용선자도 모두 회원이 될 수 있는 자격이 있다.[102] 물론 나용선자는 선박의 소유자와 동

---

100) 李均成, 전게서, pp.131-133.

101) Simon Poland and Tony Rooth, Gard Handbook on P&I Insurance, GARD Club, 1996, p.48.

102) Simon Poland and Tony Rooth, op.cit., p.49.

등한 자격으로 회원에 가입할 수 있다. 그러나 정기용선자나 항해용선자는 일반적으로 정액보험료기준(fixed premium basis)으로 회원에 가입한다.

결국 화물손해배상책임의 主體인 선박소유자와 용선자는 그들의 책임을 정상적으로 擔保받을 수 있는 P&I클럽의 회원이 될 수 있지만 이행보조자인 선장이나 선원 또는 독립계약자는 선박의 운항과 직접적인 이해관계를 가질 수 없기 때문에 회원이 될 수 없다. 일반적으로 선장이나 선원과 같은 이행보조자는 선주나 운송인의 사용인으로서 운송업무를 실행하기 때문에 그들의 過失에 의한 손해배상책임은 선주나 운송인에게 귀속되고, 그러한 책임은 P&I클럽에서 擔保받을 수 있다.

第3節 運送人의 破産에 따른 貨主의 對應方案

1. 運送人의 破産과 P&I保險과의 關係

P&I보험은 선주운송인에 대하여 제3자인 화주에게 지게 될 법적 책임을 擔保하여 준다. 이러한 법적 책임은 1차적으로 선주운송인이 피해자인 화주에 대하여 손해배상을 하고 난 뒤 클럽으로부터 보상을 받을 수 있도록 클럽규칙에서 정하고 있다.[103] 즉 피보험자인 회원이

---

103) 이러한 측면에서 P&I보험은 補償保險이라고 할 수 있다.

자기의 책임을 면하기 위하여 배상을 한 후에 P&I클럽은 회원이 이미 지급한 금액을 보상하여 주는 것이다. 그런데 P&I보험의 피보험자로서 책임의 主體인 선주운송인이 법적 책임을 발생시키고 난 뒤 파산으로 인하여 지급불능이 되면 피해자인 화주에 대하여 손해배상이 현실적으로 불가능하게 될 것이고, 이러한 경우에 화주는 손해배상에 어려움을 겪게 될 것이다. 선의의 피해자를 보호하기 위하여 오늘날 개발되어 있는 사회적 기구가 책임보험이다. P&I보험도 선주의 민사상 손해배상책임과 계약상의 책임을 擔保하여 주는 일종의 책임보험으로서의 기능을 가진다. 오늘날 책임보험은 피해자의 보호를 더욱 강화하는 방향으로 나아가고 있으며, 책임보험의 기본이념도 피보험자를 위한 제도에서 피해자를 위한 제도로 변화하고 있는 실정이다. 이러한 상황하에서 책임의 主體인 선주운송인이 파산하여 지급불능이 되었을 때 선주운송인으로부터 선의의 피해를 입은 화주를 보호하기 위한 방법으로는 화주의 직접청구권의 행사를 들 수 있다. 즉 가해자인 피보험자를 통하지 않고 직접 보험자인 P&I클럽에 대하여 보험금을 청구한다는 것이다. 그러나 이러한 직접청구권의 행사에는 많은 제한이 따르며, 클럽으로부터의 항변에 의하여 저지될 수도 있다.

따라서 여기서는 이와 같은 화물손해배상의 主體인 운송인이 법적 책임을 발생시킨 후 파산한 경우에 화주의 대응방안으로 선택할 수 있는 직접청구권을 둘러싼 여러 가지 문제점들을 P&I클럽의 규칙과 문헌상에 나타나 있는 여러 判例의 검토를 통하여 살펴봄으로써 피해자인 화주의 보호대책에 대하여 살펴본다.

2. 直接請求權의 存在根據 및 法的 性質

(1) 直接請求權의 存在根據

일반적으로 책임보험에서는 피해자와 보험자 사이에는 직접적인 보험계약관계가 존재하지 않는다. 보험사고가 발생하게 되면 피해자는 가해자인 피보험자를 상대로 손해배상청구를 하게 되고 피보험자는 자기가 가입한 책임보험자에게 배상책임을 전가시키게 된다. 그러나 피해자는 법적으로는 보험자와 계약관계에 있지 못함으로 상대적으로 협상력이 약해지는 불리한 지위에 놓일 수 있다. 이와 같은 피해자의 법적 지위의 특수성 때문에 법적 보호의 필요성이 있다. 그러한 법적 보호의 일환으로 피해자가 가해자인 피보험자에게 배상책임을 청구하지 아니하고 직접 보험자에게 보험금의 지급을 청구할 수 있는 직접청구권이 법적으로 인정되는 경우가 있다. 우리나라는 商法 제724조 제2항에서 책임보험의 경우에 제3자에 의한 직접청구권을 인정하고 있으나,[104] 舊商法에서는 보관자의 책임보험과 강제책임보험의 일부의 경우[105]에만 직접청구권을 인정하였다.

이러한 직접청구권은 피보험자의 협력을 필요로 하지 않고 손해배상절차의 간소화, 노력과 비용 및 시간의 절약을 가져올 수 있는 가장 확실한 피해자 보호수단으로서 평가된다. 이는 피보험자의 보험계약상

---

104) 우리나라 상법 제724조 제2항: 제3자는 피보험자가 책임을 질 사고로 입은 손해에 대하여 保險金額의 한도 내에서 보험자에게 직접보상을 청구할 수 있다. 그러나 보험자는 피보험자가 그 사고에 관하여 가지는 항변으로써 제3자에게 대항할 수 있다.
105) 自動車損害賠償保障法 제12조, 産業災害補償保障法 제12조, 火災로 인한 災害補償과 保險加入에 관한 法律 제9조 등.

청구권[106]의 法定代位(statutory subrogation)에 의하여 피해자가 피보험자의 입장에서(steps into the shoes of the assured) 청구권을 행사하는 것이다. 이러한 직접청구권은 책임보험에 관한 기본적인 철학의 변화를 반영하고 있는 것으로 책임보험 그 자체는 가해자를 보호하기 위한 제도일지라도 책임보험의 보험금은 궁극적으로 보험계약상의 피보험자를 위한 것이기도 하지만 한편으로 피해를 입은 者를 위한 것이라는 사고로부터 나온 것이다. 이는 책임보험에서 탈계약화(decontractualisation)의 한 과정이다. 또한 우리나라 商法 제724조에서는 "보험자는 피보험자가 책임을 질 사고로 인하여 생긴 손해에 대하여 제3자가 배상을 받기 전에는 보험금액의 전부 또는 일부를 피보험자에게 지급하지 못한다"고 규정하여 피보험자의 보험금청구권은 피보험자가 피해자에게 배상을 한 다음에 인정하고 있다. 이는 가해자가 자기의 배상책임을 이행하지도 않고 보험금을 수령하게 된다면 보험금을 수령하여 피해자에게 배상하지 아니하고 다른 용도로 유용할 가능성을 배제할 수 없기 때문에, 이러한 公序良俗에 위배되는 사회문제의 발생을 방지하기 위한 입법조치라고 할 수 있다. 그러나 이 경우 보험계약관계를 신속히 종결시키기 위하여 보험계약자에게 통지를 하거나 보험계약자의 청구가 있는 때에는 그 제3자에게 보험금의 전부 또는 일부를 지급할 수 있게 하였다.

책임보험의 일종으로 볼 수 있는 선주상호책임보험, 즉 P&I보험에서도 피보험자인 회원의 청구권과 관련하여 이와 동일·유사한 원칙을 채용하고 있는데 소위 선지급 규칙이 그것이다.

P&I보험의 큰 특징 중에 하나가 회원이 지급한 법적손해배상책임

---

106) 이러한 請求權은 損害賠償請求權이라고 하는 견해도 있으며 保險金請求權이라는 견해도 있다.

에 대하여 2차적으로 회원에게 보상하여 준다는 선지급 규칙이다. 이러한 선지급 규칙은 회원으로서는 실제로 상당히 부담스러운 규칙이지만 P&I클럽이 다른 일반 보험제도와는 달리 특징적으로 운용하고 있는 제도이다. 그러므로 회원에 의한 법적손해배상책임의 선지급은 P&I클럽보상의 停止條件(condition precedent)이 된다. 그런데 이러한 선지급 규칙에는 피보험자인 선주운송인의 파산 등으로 인한 지급 불능 시 피해자의 보호가 어려워진다는 문제점이 있다. 즉 피해자인 손해배상청구권자가 어떻게 그의 손해배상을 받을 수 있을 것인가 하는 것이다. 여기에는 대체로 3가지 방법이 있다.[107) 첫째, 손해배상청구권자는 보험자인 P&I클럽에 대하여 직접청구권을 행사할 수 있다. 둘째, 손해배상청구권자는 피보험자에 대하여 법원으로부터 회사청산명령을 받아 파산상의 청구절차를 통하여 일반채권자로서 청산절차에 개입할 수 있다. 그러나 일반적으로 지급불능으로 청산에 들어간 피보험자의 잔여자산으로서는 채무를 완전히 청산하는 데 부족하므로 완전한 손해배상을 받을 수 없다. 셋째, 피보험자가 보험자로부터 수령할 법정보험금에 대하여 支給停止命令(Mareva Injunction)을 법원으로부터 받을 수 있다. 그러나 이 역시 지급불능상태에 있는 피보험자로서는 관심사항이 될 수 없기 때문에 절차상의 어려움이 따른다. 이런 경우에 피해자를 보호하기 위한 가장 확실한 수단은 역시 보험자에 대한 직접청구권의 인정이라고 할 수 있다. 따라서 여기에서는 피해자인 손해배상청구권자의 직접청구권에 관한 문제를 중심으로 살펴본다.

직접청구권은 책임보험계약에 있어서 피해자는 계약상의 당사자가

---

107) M. J. Mustil, C. B. Gilman, *Arnould's Law of Marine Insurance and Average*, Vol. II, 16th ed., Stevens and Sons, 1981, para.1356.

아님에도 불구하고 피해자의 입지강화를 위하여 각국의 입법 또는 判例에 의하여 인정된 법적 권리인 것은 사실이나 어떠한 근거로 인정되고 있는 것인가는 몇 가지 학설이 대립하고 있다. 우리나라 및 일본의 주요 학설로는 책임보험본질설, 계약당사자의 사설, 법규정 효과설 등이 있으며,[108] 이를 차례로 간단히 살펴본다.

첫째, 책임보험본질설은 책임보험 본래의 성질에서 근거를 구하고 있는 것으로서 책임보험의 본질적 구조를 가해자의 자기를 위한 보험계약임과 동시에 피해자를 위한 보험계약으로서 가해자의 免責이익과 피해자의 손해배상이익이 競合的으로 附保된 계약이라고 주장하고, 피해자의 직접청구권은 이러한 계약의 효과로서 당연히 인정되는 것으로 보고 있다.

둘째, 계약당사자 의사설은 책임보험에 있어서 피해자의 직접청구권이 인정되는 법적 근거를 계약당사자의 의사에서 구하고자 하는 것이다. 이 주장에 의하면 피해자의 직접청구권은 비록 보험계약자의 경제적 이익과 직접 결부되지 않는다고 하더라도 그것이 사회적 · 도덕적으로 높이 평가되고 또한 경제적 이익을 손상시키지 않는다면 그것을 자기의 의사에 의하여 계약의 내용으로 삼으려는 가능성을 부정할 수 없는 것이고, 그에 의하여 생기는 사회적 평가는 보험계약자와 보험자 모두에게 간접적인 이익이 된다고 본다. 따라서 책임보험에 있어서는 피보험자가 책임의 免脫을 위하여 조건부 권리이전을 약속하고 보험자가 이를 承諾함으로써 피해자는 직접청구권을 갖게 된다.[109] 그런데 이 주장은 피해자의 직접청구권이 法의 규정에 의한 효과로 생길 수 있다는 것을 부정하는 것은 아니므로, 결국 法에 특별한 규정

---

108) 高平錫, 責任保險契約法論, 三知院, 1990, pp.231-235.
109) 崔基元, 保險法, 博英社, 1993, p.368.

이 없는 경우에도 계약당사자의 의사에 의하여 직접청구권이 인정될 수 있음을 주장함에 그친다고 하겠다.[110]

셋째, 법규정효과설은 책임보험에 있어서 피해자의 직접청구권이 인정되는 것은 法의 규정에 의한 효과라고 해석하는 주장으로서 책임보험계약은 보험자와 보험계약자 사이의 채권계약이므로 당연히 제3자의 권리가 생길 여지가 없음에도 불구하고 피해자의 직접청구권을 인정하는 것은 책임보험에 있어서 절차의 간소화와 피해자의 보호라는 정책적인 관점에서 法의 특별규정에 의하여 예외적으로 인정되는 것이라고 본다.

이러한 주장에 대한 우리나라 商法의 처지는 제724조[111]에서 모든 책임보험의 경우에 피해자의 직접청구권을 인정하고 있음으로 임의보험이나 강제보험을 막론하고 책임보험에 있어서 피해자의 직접청구권은 法규정의 효과에 의하여 발생한다는 본다.[112]

(2) 直接請求權의 法的 性質

피해자의 직접청구권이 법적권리로 주어진다면 피해자는 보험자에 대하여 무엇을 구체적으로 직접 청구하는 것인가 하는 문제를 검토하여 봄으로써 직접청구권에 대한 이해를 제고할 수 있을 것이다. 여기에는 대체로 손해배상을 청구한다는 견해와 보험금을 청구한다는 견해로 나누어 볼 수 있다.

손해배상을 청구한다는 견해는 보험자는 피보험자인 가해자의 손해배

---

110) 高平錫, 責任保險契約法論, 三志院, 1990, p.232.
111) 제724조 제2항: 제3자는 피보험자가 책임을 질 사고로 입은 손해에 대하여 保險金額의 한도 내에서 보험자에게 직접보상을 청구할 수 있다.
112) 崔基元, 전게서, p.369.

상채무를 인수한 것으로 보고 피보험자의 채무와 보험자의 채무를 동일한 것으로 파악하여 피해자의 직접청구권도 손해배상청구권이라고 보는 견해이다.

보험금을 청구한다는 견해는 책임보험계약의 구조를 제3자를 위한 보험계약으로 피해자는 피보험자이고 가해자는 보험계약자이기 때문에 피해자가 보험자에 대하여 가지는 직접청구권은 피해자가 피보험자로서 가지는 보험금청구권으로 파악하는 견해이다.

그런데 피해자와 보험자 사이에는 직접적인 違法行爲에 의한 法律관계가 형성되지 않기 때문에 손해배상청구권이 생긴다고는 볼 수 없으며, 단지 가해자인 피보험자의 보험금청구권을 피해자가 代位하여 행사할 수 있는 권리가 직접청구권이라고 보는 것[113]이 타당한 것으로 본다.

3. P&I클럽에 대한 貨主의 直接請求權

화물손해배상책임의 主體인 선주운송인이 지급불능이나 파산을 당하게 되는 경우에 화주는 선주운송인으로부터 피해를 직접 배상받을 수 없게 된다. 이러한 경우에 화주는 P&I클럽을 상대로 직접청구권을 행사할 수 있는가의 문제이다.

선주운송인이 지급불능이 되는 경우에 보험금은 지급 불능된 피보험자의 일반자산항목으로 편입되고 피해자는 단순한 일반채권자와 같이 파산절차상의 한 보통의 채권자로 남게 된다. 앞에서도 언급하였듯

---

113) 高平錫, 전게서, p.236.

이 이러한 상태에서는 화주는 충분한 보상을 받을 수 없으므로 보험자에 대한 직접청구권을 인정하고 있다.

그런데 P&I클럽의 대부분이 영국에 그 本據地를 가지고 있으며, 우리나라의 선주운송인들이 가입하고 있는 P&I클럽도 거의 대부분이 영국의 P&I클럽이다. 따라서 영국 P&I클럽의 규칙집의 규정을 중심으로 직접청구권의 인정 여부를 검토하고자 한다. 그러나 어느 클럽의 규칙집에도 제3자인 화주의 직접청구권을 명시적으로 인정한 조항은 없으며,[114] 단지 準據法으로 영국의 法을 지정하고 있다.[115] 여기서 클럽 규칙집의 일반적인 성질에 대하여 기존의 보험증권과 비교하여 살펴볼 필요가 있다.

(1) 클럽의 규칙집(Rule Book)[116]

영국에 있어서 보험계약의 내용을 표창하는 보험증권과 관련된 法律은 몇 차례 변화가 있었다. 초기에는 보험증권이 필요 없었던 적이 있었다.[117] 그러나 이후에 印紙稅法에 따라 보험증권이 요구되었으나[118] 印紙稅法은 폐기되고, 현재는 영국해상보험법 제22조[119]에서 보험계약은

---

114) 1996년 日本船主責任相互保險組合 규칙 제18조에서는 이사회에서 별도로 결정한 경우에 조합원의 선지급의무를 면제한다고 되어 있다.

115) 美國法院에서도 英國에서 가입된 P&I클럽규칙 등에 없는 경우에 英國法을 準據法으로 한다고 판시하고 있다.(The Mary J. Landry(1960)AMC 2510.)

116) 클럽의 규칙집(Rule Book)은 각 클럽들의 클럽운영에 관한 정관내용과 클럽이 담보하는 내용에 대해서 규정하고 있는 규정집이며, 국제그룹에 가입하고 있는 클럽들의 규칙내용은 대동소이하게 규정되어 있다.

117) Bromley v. Williams,(1863) 32 L. J. ch.716.

118) Re London Mar. Ins. Association, Smith's Case(1869).

119) Subject to the provision of any statute, a contract of marine insurance

보험증권에 구현되어야 한다고 규정하고 있으며, 다른 制定法에 별도의 규정이 있는 경우를 제외하고 해상보험계약은 본 法律에 따라 해상보험 증권에 구현되지 않는 한 증거로서 인정되지 않는다고 규정하고 있다. 그러나 이러한 보험증권이 법정의 명세를 포함하고 있는 공식적인 증권이어야 하는지 아니면 이러한 명세를 포함하고 있는 모든 서류가 제22조하에서 인정될 수 있는지는 분명하지 않다.[120]

  그런데 P&I클럽의 현재의 慣習은 그러한 보험증권을 발행하지 않으며, 가입증명서(certificate of entry)를 발급하고 있다. 이 가입증명서에는 가입선박의 톤수 및 피보험자에 대한 명세 및 擔保의 내용들이 나와 있으며 클럽이 捺印을 하여 발행하고 있다. 이것이 P&I보험계약의 증명서라고 할 수 있다.[121] 그러나 클럽 擔保의 상세내용은 클럽의 규칙집에 나와 있으며, 이러한 규칙집은 가입증명서의 조건에 의해 보험계약의 내용을 구성하게 된다. 따라서 P&I보험에서는 보험증명서 대신에 가입증명서와 규칙집이 이용되며, 이는 영국해상보험법 제22조와 제23조의 요구조건을 만족시키는 것으로 여겨진다. 규칙집은 제공되는 擔保危險 이외에도 免責사항과 제한조건뿐만 아니라 분쟁처리절차 및 보험료의 납부 등에 관한 내용들을 포함하고 있기 때문에 매우 중요한 것으로 취급된다.

---

is inadmissible in evidence unless it is embodied in a marine policy in accordance with Act.

120) M. J. Mustil, J. C. B. Gilman, op.cit., para.14.
121) P&I保險에서는 加入證明書, 클럽규칙, 諒解覺書 등을 통칭하여 保險契約書로 해석하고 있다.

(2) 第3者權利法

(The Third Parties (Rights against Insurers)Act, 1930)

영국에는 책임보험과 관련된 법률로서 1930년 제3자권리법(Third parties (Rights against Insurers) Act, 1930; 이하에서 '제3자권리법'으로 칭함)[122]이 있다. 클럽의 규칙집에서 영국법을 準據法으로 지정하고 있는 모든 P&I클럽의 규칙은 이 法의 영향을 받으며, 그동안 P&I클럽의 규칙과 이 法律이 관련된 많은 判例가 있다. 제3자권리법에 의하여 피보험자의 권리에 대한 法定代位(statutory subrogation)의 일반적인 체계가 도입되면서 영국의 책임보험에 관한 철학이 변화되기 시작하였다. 즉 보험금은 피보험자의 보호를 위한 것보다는 피해자를 위한 수익으로 간주되어야 한다는 것이다.[123] 그 이전에는 보험은 보험계약의 당사자로서 보험료를 납부한 者를 보호한다는 것이 기본적인 철학이었다.

이와 같이 책임보험에서 피해자의 직접청구권을 인정하고 있는 法체

---

122) 이 법은 본래 영국에서 자동차사고로 인한 피해자의 구제를 목적으로 제정된 법률로서 피해자의 直接請求權을 인정하고 있다. 제1조에서 제5조까지 5개 항으로 구성되어 있다. 제1조에서 피보험자 등의 破産 시 보험자에 대한 제3자의 권리를 규정하고 있고, 제2조에서 제3자에 대하여 필요한 정보를 제공할 피보험자의 義務, 제3조에서 보험자와 피보험자 사이의 협정, 제4조에서 스코틀랜드의 적용, 제5조에서 본 法律의 소제목을 규정하고 있다. 모든 영국의 P&I클럽 규칙은 영국의 법에 따라서 規律되고 해석된다고 규정하고 있기 때문에(Newcastle Protection and Indemnity Assiciation Rules 47; (Jurisdiction) These Rules and any contract of insurance between the Association and a Member shall be poverned by and construed in accordance with English law) 동 법률의 규정에 따라 P&I보험도 규율된다. 따라서 이 법을 좀더 상세히 연구할 필요가 있다.

123) S. J. Hazelwood, *P&I Clubs Law and Practice*, Lloyd's of London Press Ltd., 1989, p.233.

계로서는 우리나라의 상법을 비롯하여 영국의 1930년 제3자권리법, 스칸디나비아의 보험계약법(Insurance Act, 1930)[124] 등이 있으며, 미국의 경우에는 연방해상규칙(Fedral Maritime Rule)에는 확립되어 있는 규정이 없으며, 각 州法에 따라 규율되게 되어 있다. 따라서 각 州마다 그 적용에 차이가 있었다.[125] 그러나 1986년에 미국의 國會에서 美 전역에서 직접청구권을 통일적으로 적용하기 위하여 해운법(Title 46 of the U.S. Code(Shipping)을 개정하기 위한 작업이 있었다.

여기에서는 영국의 제3자권리법을 중심으로 피해자의 직접청구권을 고찰하여 본다.

제3자권리법 제1조[126]에서는 그 적용범위를 제3자책임에 대하여 어떤 者가 附保한 모든 보험계약에 적용한다.[127] 피보험자의 지급불능이나 파산이 발생하게 되면 法定代位가 이루어지며, 이때 법적 책임이 지급불능 이전에 또는 이후에 발생하였는지는 문제가 되지 않는다. 代

---

124) 이 法은 노르웨이와 스웨덴의 P&I클럽의 규칙에 적용된다.
125) 예를 들면, 루이지애나주, 플로리다주에서는 第3者에 의한 直接請求權이 인정되었다. 그러나 뉴욕주에서는 海上保險의 경우에는 명시적으로 제외시키고 있었다.(Mark Tilley, "Protection and Indemnity Club Rules and Direct Actions by Third Parties", Journal of Maritime Law and Commerce, Vol.17, No.13, 1986.7. p.430.)
126) The Third Parties(Rights against Insurers) Act, 1930, Section 1(1): Where under any contract of insurance a person(hereinafter referred to as the insured) is insured against liabilities of third parties which he may incur then (a) in the event of the insured becoming bankrupt or making a composition or arrangement with his creditors: or (b) ―: if either before or after that event, or such liability as aforesaid is incurred by the insured, his rights against insurer under the Act or rule of law to the contrary, be transferred to and rest in the third party to whom the liability was so incurred.
127) 여기에는 두 가지의 예외가 있다. 즉 再保險契約(Sect.1.(5))의 경우와 使用者責任保險契約(Sect.1(6)(b))의 경우에는 적용되지 않는다.

位에 의하여 피보험자의 보험자에 대한 권리가 제3자에게 주어지고, 보험자는 제3자에게 보상할 책임이 있다.[128] 그런데 여기에는 다음의 조건에 따라서 代位가 이루어진다.[129] 첫째, 보험자에 대한 피보험자의 권리는 피보험자의 제3자에 대한 법적 책임[130]의 존재 여부에 의존한다. 즉 피보험자가 피해자에 대하여 법적으로 책임을 질 사유가 발생하였을 경우에 限한다는 것이다. 따라서 청구권자는 보험자에 대하여 직접적인 청구를 하기 전에 피보험자의 책임을 판결에 의하여 먼저 확정지어야 한다.[131] 둘째, 보험자는 피보험자에게 지급하는 것과 동일하게 제3자에게 지급한다. 만약에 피보험자에 대한 책임액이 제3자에 대한 책임액보다 큰 경우에는 잔액에 대하여 피보험자는 보험자를 상대로 청구권을 가지며, 피보험자에 대한 책임액이 제3자에 대한 책임액보다 적은 경우에는 피보험자는 잔액에 대하여 제3자에게 여전히 책임이 있다. 셋째, 피보험자가 지급불능이 된 경우에 직접 또는 간접으로 보험증권을 무효로 하거나 또는 당사자의 권리를 변경시키는 증권상의 어떠한 조건도 무효이다.[132] 넷째로, 제3자의 권리는 보험자와 피보험자 사이의 어떠한 협정에 의하여도 무효화되지 않는다. 그러나 이 조건은 보험자와 피보험자 사이에 협정이 있기 전에 피보험자가 파산하였거나 또는 청산명령이 이미 떨어졌거나 자발적인

---

128) S. J. Hazelwood, *P&I Clubs Law and Practice*, Lloyd's of London Press Ltd., 1989, p.234.
129) S. J. Hazelwood, *op.cit.*, p.234.
130) 여기에는 契約的 責任도 포함한다.
131) Post office v. Norwich Union Fire Ins. Soc.(1976) 2 Q. B. 363.: 이 사건에서 被保險者의 責任의 確定(the establishment of the liability)은 請求權者가 保險者에게 直接請求權을 행사하기 위한 停止條件(condition precedent)이라고 하였다.
132) The Third parties Act sec.1(3).

청산절차에 착수한 경우에 限한다.[133]

또한 제3자권리법 제2조에서는 피보험자는 제3자에게 그가 法定代位權을 가지는지에 대한 필요정보를 제공하여야 하며, 그러한 정보를 제공하는 것이 보험계약을 무효로 하거나 또는 보험계약하에서 당사자의 권리를 변경시킨다고 하거나 그러한 정보의 제공을 금지하는 모든 조항은 무효라고 규정하여 피보험자의 정보제공을 의무화하고 있다.

그러나 보험자에 대한 이러한 직접청구는 보험계약하에서 피보험자가 직접 청구하는 경우에 이용할 수 있는 모든 기술적인 방어수단을 보험자가 원용할 수 있기 때문에 제3자는 패소하기 쉽다[134]는 데 주의하여야 한다.

(3) 第3者 權利法의 P&I保險에의 適用

1930년 제3자권리법이 시행될 당시에는 P&I보험에 이 법이 적용될 수 있는지에 대하여 명확하지 못하였다. 당시의 P&I클럽은 법인형태를 취하고 있지 않았기 때문에 클럽 자체는 단순한 개인들의 집합체로서 보험자가 아니었다. 따라서 모든 경우에 있어서 그러한 클럽에 대하여 직접적으로 법적 訴訟을 하는 것은 불가능하였다. 그러나 19세기 후반에 클럽들이 법인체를 구성하면서부터 그들 자신의 회원이나 제3자로부터 법적 訴訟이 가능하게 되었다.

제3자권리법(The Third Parties Act 1930)은 제1조에서 본 법은 단지 보험계약에 적용된다고 규정하고 있기 때문에 제3자권리법이 P&I클럽에 적용되는지의 여부는 P&I클럽과 회원 사이의 관계가 보험계

---

133) The Third Parties Act Sec.3.
134) M. J. Mustil, J. C. B. Gilman, *op.cit.*, para.1356.

약으로 간주될 수 있는지에 달려 있다고 볼 수 있다. 회원들로부터 받은 寄與金(contributions)에 의한 상호보상이 보험으로 볼 수 있는가 하는 의문은 Wooding v. Monmouthshire & South Wales Mutual Indemnity society Ltd. Etc.[135] 사건과 Allobrogia[136] 사건에서 해결되었다. Allobrogia 사건에서 슬레이드(J. Slade) 判事는 "제3자권리법은 보험계약에 대한 정의 규정이 없지만 P&I클럽과 회원 사이의 약정은 보통의 法律用語로서, 그리고 1930년 제3자권리법의 규정에 해당하는 보험계약이다"라고 판시하였다.

그런데 P&I클럽에서 제공되는 擔保는 많은 경우에 클럽의 裁量(discretion)에 의해 결정된다. 이와 같이 보험자가 단지 그들의 裁量에 의하여 피보험자에게 보상하겠다는 약속은 엄격한 의미에서 제3자권리법(The Third Parties Act 1930)이 적용될 수 있는 보험계약이 아니다.[137] 따라서 제3자는 보험자에 대해서 직접적인 訴訟을 제기할 수 없다.[138] 특히 옴니버스(omnibus)규칙[139]은 그 결정에 아무런 이유를 제

---

135) (1939) 4 All E. R. 570, 595.
136) (1979) 1 Lloyd's Rep.190.: 본 사건의 개요는 다음과 같다.
   1선박으로 운영되는 이베리아의 Allobrogia 사는 United kingdom Mutual Steamship Assurance Association의 회원으로 제3자 請求者는 解散 中인 Allobrogia사에 대하여 246,000파운드의 債權을 法定判決을 통하여 얻어내고, 淸算命令을 신청했으나 동사에 대하여 10,000파운드의 保險料 債權을 가지고 있는 상기 클럽이 반대하였다. 클럽은 이러한 淸算命令을 취득한 제3자청구자에 의하여 直接請求를 받지 않으려는 의도로 반대하고, 제3자 청구자는 被保險者인 Allobrogia 사의 권리를 法定代位하여 클럽에 대하여 1930년 제3자권리법하에서 直接請求權을 행사하기 위한 논쟁이 있었던 판례다. 이 논쟁의 요지는 후술될 것임.
137) C. V. G. Siderurgicia del Orinoco S. A. v. London Steamship Owners' Mutual Insurance Association Ltd. (1979) 1 Lloyd's Rep.557, 580.
138) M. J. Mustil, C. B. Gilman, op.cit., para.1356.
139) 클럽의 규칙상에 규정하고 있지 않은 배상책임이나 비용을 이사회의 재량

출하지 않고도 전적으로 理事會의 裁量에 따라 理事會에서 결정되는 범위까지 보상될 수 있기 때문에 裁量擔保의 극치를 이루고 있다. 따라서 이러한 옴니버스규칙에 따른 裁量擔保를 제3자권리법상의 보험계약의 일부분으로 볼 것인지 아니면 보험계약을 구성하지 않는다고 볼 것인지에 따라 직접청구권의 성립 여부가 결정된다.

또 하나의 문제점은 P&I클럽에 대하여 직접청구를 하는 제3자에 대한 피보험자의 책임이 裁判이나 仲裁判定에 의하여 확정될 때까지는 직접청구권이 생기지 않는다는 것이다.[140] 가해자인 피보험자가 이미 파산절차에 들어간 경우에 그러한 피보험자를 상대로 訴訟을 하는 것은 쉬운 일이 아니나 클럽에 대하여 직접 訴訟을 제기하기 전에 피보험자의 법적 책임을 확정짓기 위하여 별도의 訴訟 또는 仲裁를 진행시켜야 한다는 어려움이 있다.

(4) 直接請求에 대한 클럽의 抗辯事由

제3자인 피해자의 P&I클럽에 대한 직접청구권은 영국의 제3자권리법에 의하여 부여되는 法定請求權이다. 그러나 피해자인 제3자는 회원인 선주운송인이 P&I클럽과 가지고 있는 계약관계에 기초하여 선주

으로 보상할 수 있다는 P&I보험 특유의 규칙이다. Gard 클럽규칙 2(5) : The Association may in its absolute discretion exercise powers conferred in the Statutes to pay compensation in respect of a liability, loss, cost, or expense which is not otherwise covered under these Rules.

140) Post Office v. Norwich Union Fire Ins. Co.(1967) 1 Lloyd's Rep.216. : 이 사건에서 우체국은 그들의 전화선에 피해를 입힌 契約者가 清算節次에 들어감에 따라 直接請求訴訟을 제기했다. 그러나 M. R. Denning 은 피해를 입은 자에 대한 책임이 확정되기 전에는 제3자권리법하에서 直接請求權이 발생하지 않는다고 판시하였다.

운송인의 권리를 代位하여 행사하는 것이다. 따라서 피해자인 제3자는 계약상 선주운송인이 P&I클럽에 대하여 가지는 권리 이상을 가질 수 없으며, 또한 그 계약내용에 구속된다고 할 것이다. 회원과 P&I클럽 사이의 보험계약의 주된 내용은 규칙집에 나와 있는 클럽규칙이다. 따라서 클럽규칙상 회원이 이행할 의무를 제3자가 역시 代位하여 이 행할 것이 요구된다. Post Office v. Norwich Union Fire Ins. Co.[141] 사건에서 하아만(L. J. Harman)은 "제3자는 하나만 선택할 수 없다. 유리한 것만 취하고 불리한 것은 버리는 것과 같은 선택은 할 수 없 다"(You cannot pick out one bit-pick out the plums and leave the duff behind)고 주장하였다. 즉 제3자는 피보험자인 선주운송인의 보 험금청구권을 代位 행사하기 위하여 선주운송인이 클럽규칙상 이행의 의무도 같이 代位하여야 한다. 따라서 보험자인 클럽은 피보험자인 선 주운송인이 직접 청구하는 경우에 취할 수 있는 모든 항변 수단을 제 3자에게도 동일하게 취할 수 있다. 클럽이 원용할 수 있는 클럽규칙상 의 항변수단을 이하에서 判例와 함께 검토하여 보기로 한다.

1) 先支給 規則(Pay First Rule)[142]

회원인 선주는 클럽에 대하여 보상을 청구하기 전에 반드시 제3자 인 피해자에 대하여 책임을 먼저 확정시키고 해지시켜야 한다. 대부분 의 P&I클럽규칙에서는 피해자에 대한 책임이나 비용 및 경비의 실제 적인 지급을 회원이 한 부분에 대하여 클럽이 보상한다. 일단 문제를 해결하고 회원이 피해자인 청구자에게 직접 지급을 한 다음에 클럽에 보상을 신청하여야 하는 것으로 피해자에 대한 선지급을 클럽에 대한

---

141) Post Office v. Norwich Union Fire Ins. Co.(1967) 1 Lloyd's Rep.216.

求償請求의 停止條件으로 하고 있다.[142]

그런데 회원인 선주운송인의 파산과 같은 지급불능 사태가 발생하게 되면 피해자에 대한 선지급이 현실적으로 어려워진다는 문제에 봉착하게 된다. 이런 경우에 피해자는 선주운송인에 대하여 손해배상청구권을 행사하는 것이 불가능하기 때문에 선주운송인이 가입하고 있는 P&I클럽에 대하여 직접청구를 할 수 있도록 영국의 1930년 제3자권리법[143]에서 직접청구권을 인정하게 되었다. 그런데 클럽규칙은 회원이 제3자에게 지급할 때까지 회원을 보상할 책임이 없다고 규정하고 있기 때문에 충돌이 발생한다. 뿐만 아니라 클럽규칙은 회원이 파산 또는 청산의 경우에 보험계약이 종료되는 것으로 규정하고[144] 있으나 제3자권리법에서는 피보험자의 지급불능 시에 책임으로부터 보험자를 면제시키는 보험계약상의 모든 조항은 무효가 된다고 규정하고[145] 있기 때문에 또한 충돌이 발생한다.

Allobrogia 사건에서 클럽은 제3자의 직접청구에 대하여 P&I클럽규칙의 일반적인 조건으로 회원이 어떤 책임 또는 원가 또는 경비에 대하여 클럽의 기금으로부터 보상받기 위하여 피해자에게 먼저 지급하는 것이 停止條件이라고 주장하면서 Allobrogia사는 이 금액을 지급하지도 않았고 지급할 자금이 없었기 때문에 결코 지급하려고 하지도 않았다고 하

---

142) Newcastle P&I Association Rules 5.: —Provided always that, unless the Directors in their discreation otherwise determine, it shall be a condition precedent of a Member's right to recover from the funds of the Association in respect of any liability, costs or expences that: (i)the Member shall have first discharged or paid them; and —
143) 제1조(1)(a).
144) The London Steam-Ship Owners' mutual Insurance Association Ltd. Rules 28: Newcastle Protection & indemnity Association Rules 35. 등
145) The Third Parties Act 1(3).

여 제3자의 직접청구를 거절하였다. 그러나 슬레이드(Slade) 判事는 이러한 주장에 대하여 제3자와 청산인 사이의 어떠한 약정에 의하여 클럽의 선지급 규칙을 충족시킬 수 있을 것이라고 반박하였다. 즉 청산인이 별도의 자금을 차용하여 제3자에게 회사의 채무를 해지하고, 클럽으로부터 직접청구로 받게 되는 청구금으로 직접 또는 간접적으로 청산인에게 재지급하도록 하는 약정을 하는 경우에 선지급 규칙을 충족시키면서 직접청구권을 행사할 수 있을 것이라고 하였다. 그러나 이러한 계획이 이용된 判例는 아직 없다.

다만, 미국의 判例146)에서는 특별한 경우에 선지급 규칙이 무효화될 수 있다는 것을 보여준 사례가 있다. 그러나 슬레이드 判事는 Allobrogia 사건에서 "만약에 규칙28(Pay first Rule)의 停止條件이 충족되는 것이 더 이상 가능하지 않다면 1930년법(제3자권리법) 제1조 제3항에 의하여 규칙 제28조는 무효가 된다고 적어도 강력하게 주장할 수 있다"고 부언하고 있다. 즉 파산과 같은 지급불능이 발생한 경우에 제3자권리법하에서는 클럽의 선지급 규칙은 더 이상 법률적 효력을 가지지 않는다는 것이다.

그리고 최근의 Frima C-Trade S. A. v. Newcastle Protection & Indemnity Assoc.147) 사건에서 스타우톤(J. Staughton)은 선지급 규칙은 法의 제1조 제3항에 위배된다고 판시하였다. 스타우톤은 선지급 규칙을 제3자권리법하에서 권리를 이전하기 위하여 제3자에 의하여 이행되어야 하는 지급에 앞선 停止條件으로 취급한다면, 피해자인 제3자가 회원의 권리를 이용하기 위하여 제3자 자신이 지급하여야 하는 효과를 가

---

146) Liman v. American Steamship owners Mutual Protection and Indemnity Association(1969) AMC 1669(S. D. N. Y.1969).

147) (1987) 2 Lloyd's Rep.299.

지기 때문에 그러한 요구는 불가능하거나 무익하다고 판시하였다. 그러나 Pandre Island 사건[148]에서 새빌(J. Saville)은 이와 달리 판시하였다. 즉 새빌은 선지급 규칙은 이행되어야 하는 조건으로 간주하고 그것이 이행되지 않았기 때문에 회원과 제3자는 청구할 권리가 없다고 하였다.

1988년에 영국의 항소법원(Court of Appeal)에서는 여기에 대한 기준을 마련하기 위하여 두 가지의 경우를 동시에 심리하였다.[149] 심리한 결과 제3자에 의한 청구를 만장일치로 지지하고 클럽규칙에 따른다는 것이 불가능하다는 이유로 선지급 규칙을 거절하였다.

그러나 이 판결은 영국의 상원(House of Lords)에 의하여 번복이되었다.[150] 즉 청구금을 지급하지 않은 회원은 1930년 제3자권리법하에서 단지 不確定權利(contigent right)[151]만을 가지며 이러한 권리가 제3자에게 이전된다는 것이다. 1930년 제3자권리법하에서 클럽의 선지급 규칙이 무시되어야 한다는 주장을 거절하고[152] 청구금의 지급에 있어서 停止條件이 제3자에게 무익하거나 불가능하다는 주장에 대하여 상원은 그것이 단지 이행될 수 없다는 이유로 계약조항을 무효로한다는 주장에는 동조하지 않았다. 따라서 명시적인 계약조항에 반하는 형평법의 원리는 적용될 수 없으며, 제3자는 보험자에 대하여 결코 피보험자가 가지는 지위 이상을 가질 수 없다고 하였다. 결과적으로 제3자도 클럽의 선지급 규칙에 구속된다고 보는 것이다.

---

148) Socony Mobil Oil Co. Inc. and Others v. West of England Ship Owners Mutual Insurance Assoc. Ltd.(The Pandre Island(No.2)(1987) 2 Lloyd's Rep.529.
149) S. J. Hazelwood, op.cit., p.240.
150) S. J. Hazelwood, op.cit., p. 286.The Fanti & The Padre Island(No.2)(1990) 2 Lloyd's Rep.191.
151) 不確定權利란 先支給時까지 권리가 발생하지 않는 것을 의미한다.
152) (1990) 2 Lloyd's Rep.197.

한편, 미국에서는 Saunders v. Austin W. Fishing Corp.[153] 사건에서 법원은 선지급 규칙은 公序良俗에 어긋나는 것으로 강제할 수 없다고 판시하였다. 이와 같이 미국의 대개의 법원에서는 선지급 규칙을 公序良俗에 위배된다는 이유로 거절한다.

지금까지 여러 判例를 통하여 살펴본 바와 같이 선지급 규칙과 관련하여 영국의 1930년 제3자권리법하에서 피해자인 제3자가 손해배상금을 직접 지급하여야 한다면 이것은 불가능할 뿐만 아니라 무익한 것이기 때문에 피보험자인 선주가 파산과 같은 지급불능 시에는 클럽의 선지급 규칙은 무효로 보는 것이 피해자보상의 측면에서 타당할 것으로 여겨지지만 상원의 최종판결에서 이러한 주장은 지지를 받지 못하고 있다. 그러나 아직 완전히 일치된 判例가 확정되었다고는 보기 힘들며, 이후의 判例가 이러한 상원의 판결을 따를 것인지는 두고 보아야 할 것이다.[154]

2) 클럽 擔保의 裁量的 特徵

앞에서 언급한 바와 같이, 1930년 제3자권리법은 보험계약에 한해서 적용된다. 따라서 제3자가 클럽에 대하여 직접청구권을 행사하기 위하여 회원과 클럽 사이에 존재하는 계약이 보험계약으로 간주될 수 있는지에 따라 결정된다. 그런데 앞의 判例 Allobrogia 사건에서 P&I클럽과 회원 사이에 존재하는 계약은 보험계약으로 인정되었다. 그러나 특정 사건이 P&I클럽 擔保의 중요한 특징 중 하나인 옴니버스(Omnibus)규칙에 따른 擔保인 경우에는 직접청구권의 인정 여부의 문제가 발생한다. 즉 裁量에 의한 擔保의 약속은 결코 1930년 제3자권

---

153) (1967) A. M. C.984; 224 N. E. 2d 215(Mass.1967).
154) 우리나라에는 아직 이와 같은 판례가 없다.

리법에서 의미하는 보험계약이 될 수 없기 때문에 직접청구권이 생기지 않는다는 것이다. 그러나 이러한 옴니버스 규칙을 보험계약의 일부분으로 볼 것인가 아닌가에 따라서 달라질 수 있다. 일반적인 원칙에 따르면 클럽의 裁量擔保는 보험계약의 일부를 구성하지 못한다.[155]

그러나 裁量權조항인 옴니버스 규칙은 클럽의 입장에서 보면 규칙을 상대적으로 단순하게 구성하는 데 도움이 되며, 海事에 폭넓은 경험을 가지고 있는 전문가에 의하여 어려운 결정을 할 수 있게 하고 특정사건의 상황을 고려할 수 있게 하기 때문에 회원인 선주운송인에게도 상당히 매력을 제공할 수 있는 수단일 뿐만 아니라 클럽으로서도 제3자의 직접청구를 방어할 수 있는 유익한 수단으로서 평가된다. The Vainqueur Jose[156] 사건에서는 그러한 클럽의 裁量權이 적절히 행사되었는가에 대하여 중점적으로 검토되었다. 동 사건에서 Mocatta 判事는 理事會가 합리적으로 클럽의 회원에게 주는 것과 동일하게 제3자에 의한 청구에 대하여도 같은 고려가 기대될 수 있을지가 의문스럽다[157]고 하였다. 실제로 裁量權의 행사는 제3자가 개입되는 경우에도 공평하게 행사되는가에 대하여 의문의 여지가 있기는 하다. 裁量權의 행사를 하는 理事會는 전반적으로는 클럽의 이익을 위하는 방향으

---

155) S. J. Hazelwood, *op.cit.*, p.253.
156) del Orinoco S. A. v. London Steamship Owners' MutualIns. Assoc. Ltd.(1979) 1 Lloyd's Rep.557.: 이 사건의 개요는 다음과 같다.
1969년에 뉴저지 주의 뉴욕으로부터 베네수엘라의 마탄자까지 금속스크랩을 운송하던 Vainqueur Jose호가 엔진고장을 일으켜 Curacao까지 예인되었고, Curacao에서 목적지인 베네수엘라까지 다른 선박 gudvang을 備船하여 運送하였다. 원고는 Vainqueur Jose의 船主에 대하여 280,635의 不履行賠償金을 法院으로부터 판정받았다. 그러나 船主는 淸算節次에 들어가고 원고는 P&I클럽에 대하여 直接請求權을 행사한 사건으로 이러한 直接請求와 이에 대한 抗辯을 둘러싸고 논쟁이 있었던 사건이다.
157) S. J Hazelwood, *op.cit.*, p.252.

로 결정하고자 할 것이기 때문이다. 제3자가 개입되지 않는 경우에는 회원이 계속적으로 클럽에 위험의 공동담보제공자로서 남을 수 있게 하기 위하여 사실에 입각하여 공정하고 공평한 裁量權의 행사를 하려고 노력할 것이며, 또 한편으로는 나머지 회원들의 보험료 부담을 덜어주기 위하여도 노력하여야 하기 때문에 理事會는 裁量權의 행사에 객관성을 확보하려고 할 것이다. 그러나 제3자가 개입되는 경우에는 지급불능의 회원으로부터 아무런 추가적인 擔保도 받을 수 없으며, 제3자에게 지급을 결정하게 되는 경우에 나머지 회원들에게 부담만 증가시키게 되기 때문에 전체적으로 클럽의 이익을 위하여 잠재적으로 편향된 裁量權의 행사가 있을 수 있는 가능성이 충분히 있다고 하겠다. 따라서 이러한 裁量擔保에 대하여 제3자는 승소할 가능성이 매우 희박하다. 실제로 클럽의 裁量權의 행사는 이유를 밝히지 않고도 가능하다.158)

---

158) S. J. Hazelwood, P&I Clubs Law and Practice, LLP, 1994, p.205.

第4章

海上運送人의 貨物損害
賠償責任原因과 P&I保險擔保

第1節 責任의 原則

1. 過失責任主義

운송계약에 바탕을 둔 화물운송인의 계약책임 내지는 債務不履行責任은 過失責任主義에 기초하고 있으며, 이는 채무자인 운송인이 故意 또는 過失로 채무의 내용에 따른 이행을 하지 못함으로써 채권자인 화주에 대하여 부담하는 손해배상책임이다. 이는 過失이 없으면 배상책임이 없다는 것이다. 국제물품운송계약상의 일방으로서 채무자인 운송인은 물품의 운송을 이행할 것을 인수한 사람이다. 이 경우에 운송인의 채무의 내용은 상대방 당사자인 화주가 운송계약의 내용에 부합된 운송화물을 제공하면 지체 없이 이를 수령하고 안전하게 목적항까지 운송하는 데 적합한 선박에 적재하여 목적항에서 수하인 또는 정당한 선하증권의 소지인에게 정히 인도할 때까지 선량한 관리자로서 주의를 다하여 운송화물을 안전하게 운반하고 보관하여야 하는 것이다. 이에 운송인은 故意 또는 過失로 이러한 운송채무의 내용에 따라 이행을 하지 못함으로써 생긴 운송화물의 손해에 대하여 배상책임을 져야 하는 것은 당연한 귀결이다.

1924년의 헤이그 규칙과 우리나라의 商法에서는 이와 같은 운송채무의 내용을 구체적으로 구분·표시하여 운송인의 주의의무를 규정하고 있다. 따라서 이러한 주의의무를 위반하게 되면 운송인은 책임을 진다고 하는 형식을 취하고 있다. 즉 헤이그 규칙 제3조 제1항[1])에서 航海의 개시 전 또는 개시 시에 선박이 堪航性을 갖도록 상당주의를 다할 것을 규정하고 있으며, 제2항[2])에서는 운송인은 운송화물을 적절하고 신중하게 취급하고 적재, 보관, 관리할 것을 요구하고 있다. 우리나라 商法 제787조에서도 堪航能力注意義務를 규정하여 운송인은 자기 또는 선원 기타의 선박사용인이 발항 당시 선박이 안전하게 航海할 수 있도록 할 것을 의무로 부과하고 있으며, 제788조에서는 운송화물에 대한 주의의무를 규정하고 또한 선장 선원 등의 航海過失에 대한 면책을 추가하고 있다. 이러한 航海過失의 면책은 헤이그 규칙[3])에서도 운송인의 면책으로 규정하고 있는 것으로 過失責任主義의 중대한 예외를 인정하고 있는 것으로 평가되고 있다.[4]) 반면에 함부르크 규칙에서는 同 규칙의 성립과정에서 종래의 過失責任主義를 바탕으로 하여 운송인의 손해배상책임을 규정하고 있기는 하지만 헤이그 규칙과 같이 구체적인 주의의무를 부과하여 그러한 의무의 위반에 대하여

---

1) Hague Rules Art.3. 1.: The carrier shall be bound before and at the begining of the voyage to exercise due diligence to─(a) make the ship seaworthy. (b) properly man, equip and supply the ship. (c) make the holds, refrigerating and cool chambers, and all other parts of the ship in which goods are carried, fit and safe for their reception, carriage and preservation.
2) Subject to the provision s of Article 4, the carrier shall properly and carefully load, handle, stow, carry, keep, care for, and discharge the goods carried.
3) Hague Rules Art. 4.(a).
4) 運送人의 航海過失免責을 최초로 규정한 입법은 1893년 미국의 하터법으로 여기에는 船主가 船舶의 堪航能力에 관하여 상당한 注意를 다한 경우에는 航海過失에 대하여 면책된다고 규정하고 있다.(하터법 제3조)

책임을 지우는 형식이 아니라 운송화물에 관한 손해의 원인이 된 사고와 그 결과를 방지하는 데 필요한 합리적인 조치를 취하지 않음으로써 발생한 손해에 대하여 책임을 지우는 형식을 취하고 있다.[5] 이러한 함부르크 규칙상의 운송인의 의무를 損害事故防除措置義務[6]라고 부르고 있다.[7] 즉 함부르크 규칙상의 운송인의 손해배상책임의 원인이 損害事故防除措置를 취하지 않음으로써 발생한 화물손해인 경우에 過失내용이 商業過失이든 航海過失이든 관계하지 않고 운송인이 책임을 지는 것으로 규정하고 있다.

2. 損害事故防除措置義務

損害事故防除措置義務의 내용은 헤이그 규칙과 마찬가지로 선박에 관한 것과 운송화물에 관한 것으로 나누어 볼 수 있다. 선박에 관한 것으로 선박의 堪航能力의 유지확보의무는 헤이그 규칙에서는 航海의 개시 전이나 개시 시에, 우리나라 商法에서는 발항 당시에만 堪航能力

---

5) Hamburg Rules Art. 5.1: The carrier is liable for loss resulting from loss of or damage to the goods, as well as from delay in delivery, if the occurrence which caused the loss, damage or delay took place while the goods were in his charge as defined in Article 4, unless the carrier proves that he, his servant or agents took all measures that could reasonably be required to avoid the occurrence and its consequences.

6) 運送人이 당해 事故 및 그 결과를 방지하기 위하여 합리적으로 요구되는 모든 조치를 취하는 것으로 이러한 조치를 취하였다는 擧證의 책임은 運送人이 진다.

7) 李均成, 함부르크 規則에서의 航海過失免責主義의 廢止가 積荷保險關係에 미치는 影響, 無碍 徐燉珏博士 華甲紀念, 『保險法學과 保險學』, 韓國保險學會, 1980, p.74.

을 확보하면 되었지만 함부르크 규칙에서 전 항해 구간에 걸쳐 堪航能力을 확보할 것을 요구하고 있다. 운송화물에 관한 것으로는 헤이그 규칙하에서 운송인의 책임구간이 물품을 선적한 때로부터 양륙 시까지로 소위 Tackle to Tackle의 원칙이 적용되지만 함부르크 규칙하에서는 선적항에서 물품의 수령으로부터 양륙항에서 물품을 수하인에게 인도한 때까지로 'From Receipt to Delivery' 원칙이 적용된다.

第2節 主要 原因別 運送人의 責任과 P&I保險擔保

1. 甲板積貨物의 損害賠償責任

국제운송 분야에 컨테이너가 도입[8] 된 이래 운송혁명이라고 불릴 정도로 선적 및 하역을 비롯한 운송기술에 있어서 일대 변혁을 가져왔다. 컨테이너는 신속하고 안전한 換積을 가능하게 하고 선적과 하역을 기계화할 수 있을 뿐만 아니라 화물의 보호 기능까지 겸하고 있어 그야말로 국제운송의 核이라고 할 수 있다. 그러나 이러한 컨테이너에 의한 화물운송이 일반화되면서 운송인의 책임과 관련하여 무엇을 포장단위로 볼 것이며, 무사고 선하증권(Clean B/L)이 발급된 경우 운송인이 컨테이너 내부의 물품의 상태에 대하여 보장하는가 하는 문제 그리고

---

8) 국제간에 컨테이너운송은 1966년 4월에 미국의 Sea-Land사가 미국대서양－유럽 간의 북대서양 항로에 35feet 컨테이너 225개적의 Full Container선 4척을 투입한 때부터 시작되었다고 알려져 있다.

어떠한 조건하에서 甲板積 운송될 수 있는가 하는 문제점 등이 끊임없이 제기되어 왔다. 특히 화물의 甲板積과 관련하여는 몇 가지 법리적인 문제점을 가지고 있기는 하지마는 선적과 하역의 용이라는 측면에서 컨테이너의 甲板積은 일반적으로 행하여지고 있는 실정이다.

화물의 甲板積은 일반적인 船倉積[9])보다 더 많은 위험에 노출된다. 즉 선박이 惡天候(heavy weather)를 만나면 甲板流失(washing overboard)의 위험이 훨씬 높으며, 선박이 조난 시 投荷(jettison)의 대상 화물이 될 가능성이 클 뿐만 아니라 海水의 침입에 의한 화물의 손상위험 등이 더 많이 존재한다고 볼 수 있다.

이러한 甲板積 화물에 대하여 헤이그 규칙과 헤이그 - 비스비 규칙에서는 적용을 원칙적으로 제외하고 있으며,[10]) 함부르크 규칙에서는 특정무역에 甲板積의 慣習(usage)이 있거나 송하인과의 합의 또는 법령이나 규칙에 의한 경우에 운송인은 甲板積할 수 있다고 규정[11])하고 있기는 하지만, 甲板積과 관련된 많은 문제들을 완전히 해결하지 못하고 있는 것으로 지적되고 있다.[12])

또한 이렇게 위험이 한층 증가한 甲板積 화물에 대한 해상보험에서는 반대의 어떠한 慣習이 없는 限 특별조건으로 부보되어야 한다고 규정하고 있다.[13]) 그러나 오늘날 무역운송의 대부분을 차지하고 있는 컨테이너 운송에서는 선하증권상에 自由裁量權條項[14])을 삽입하여 甲

---

9) 船倉積은 船艙內積(under deck stowage)이라고도 하며, 船倉積은 船舶의 構造物에 의해서 완전히 보호받고 있는 상태로 貨物이 자연력에 노출되지 않는 것을 의미한다.(W. Tetly, *Marine Cargo Claims*,3rd ed., 1988, p.651)
10) Hague Rules Art.1(c).
11) Hamburg Rules Art.9.1.
12) W. tetly, *op.cit.*, p.669.
13) MIA 1906. RCP 17.
14) 甲板積載選擇權條項이라고도 하며 다음과 같다.

板積 화물에 대하여도 共同海損을 포함한 모든 위험에 대하여 船倉積 화물과 동등하게 취급하도록 규정하고 있다. 그러나 이러한 自由裁量權條項은 하나의 選擇權條項(option clause)으로 볼 수 있기 때문에 선하증권면상에 별도의 표시(statement)가 없는 경우에 운송인의 책임에 대한 법률적 해석에 있어서 문제가 발생할 수 있다. 따라서 이러한 운송인의 책임과 관련하여 P&I클럽에서의 擔保 여부도 문제가 될 수 있다. 통상적으로 甲板積이 행하여지는 경우에도 P&I클럽에서 운송인에게 담보하는가 하는 문제를 검토해 볼 필요가 있다.

한편 우리나라 商法에서는 운송계약을 증명하는 문서의 표면에 甲板積으로 운송할 취지를 기재하여 甲板積으로 행하는 운송에 대하여는 운송인의 의무 또는 책임을 경감 또는 免除하는 당사자 간의 특약을 인정하고 있다.

따라서 이러한 甲板積 화물에 대한 운송인의 책임을 국제운송관련 3대 국제규칙과 관련 판례를 중심으로 살펴보고, 이에 대한 적하보험자 및 P&I클럽의 擔保범위를 영국해상보험법과 新協會積荷約款상의 관련 규정 및 P&I클럽의 규칙 등을 통하여 비교검토하여 보고자 한다. 이를 통하여 운송계약과 적하보험계약의 당사자인 운송인과 화주로 하여금 甲板積 운송화물에 대한 손상의 위험에 적절히 대응할 수 있는 정보를 제공할 수 있을 것이다.

---

(1) The carrier has the right to carry the goods in container(s) under deck or on deck.

(2) When the goods are carried on deck, the carrier shall not be required to specially note , mark or stamping statement of 'on deck stowage' on the face thereof······.

(1) 甲板積 貨物의 危險

화물을 甲板積함으로써 생기는 대표적인 위험으로서는 甲板流失과 投荷 위험의 증가를 들 수 있다. 甲板流失은 항해 도중 악천후(heavy weather)를 만나 風雨나 波浪에 의하여 화물이 해상으로 휩쓸려 내려가는 위험으로서 컨테이너 운송의 경우 固定結縛裝置와 같은 안전장치가 제대로 기능을 발휘하지 못하여 발생하는 경우가 있다. 일반화물의 경우 惡天候에 의하여 甲板상에 유입된 海水에 의한 손상을 입을 수도 있다. 投荷위험의 측면에서 보면 선박이 좌초, 교사 등의 해난사고를 당하였을 경우 甲板積 화물이 船倉積 화물보다 관리하기가 용이하다는 측면에서 投荷의 대상이 될 위험이 훨씬 증가한다고 볼 수 있다. 甲板積 화물에 대한 위험은 甲板流失과 投荷위험의 증가 이외에도 海水의 침입에 의한 海水損, 직사광선에 노출됨으로써 태양열에 의한 뒤틀림손상 등의 위험을 생각하여 볼 수 있다.

(2) 甲板積 貨物에 대한 責任과 擔保範圍

1) 헤이그/헤이그-비스비 規則하에서의 運送人의 責任.

화물이 甲板積임을 표시하고 있고 실제로 甲板積 운송되는 경우에는 헤이그 규칙이나 헤이그-비스비 규칙이 적용되지 않는다. 따라서 운송인은 송하인과 운송조건을 자유롭게 약정할 수 있으며, 운송인은 이러한 경우에 甲板積 화물의 멸실이나 손상에 대하여 책임을 지지 않는다는 조항[15]을 삽입할 수 있다.

---

15) 예를 들면, "Carried on deck without liability loss and/or damage howsoever caused"와 같은 조항을 둘 수 있다.

헤이그 규칙이나 헤이그-비스비 규칙이 적용되는 경우는 다음과 같은 운송의 경우이다.16) ① 화물이 船艙積되고, 무사고 선하증권(Clean B/L)이 발급된 경우, ② 화물이 船艙積되고 선하증권은 甲板積을 표시하고 있는 경우, ③ 화물이 甲板積되고, 선하증권이 甲板積을 표시하고 있으나 특별조항에 의하여 동 규칙을 적용한다고 정하고 있을 때, ④ 화물은 甲板積하고 있으나 무사고 선하증권(Clean B/L)이 발급된 경우로서, ④의 경우는 根本的인 條件을 위반한 경우로서 운송인은 선하증권상의 면책조항이나 책임제한의 혜택을 누릴 수 없다.17)

운송인이 甲板積 운송을 할 수 있는 경우는 송하인과 명시적으로 합의한 경우와 특정 무역에서 甲板積의 慣習이 있는 경우에 한정된다.18) 그런데 운송인은 실제로 컨테이너를 적재할 때까지는 어떤 컨테이너가 甲板積되고 어떤 컨테이너가 船艙積될지를 잘 모를 수 있다. 따라서 화주로부터 물품을 인수 시 甲板積 여부를 결정하지 못하고 실제 선적을 완료하고 난 후에야 甲板積인지 船艙積인지를 정확하게 알 수 있다.19) 물품인수 시 발행한 受取船荷證券을 선적 후 행하는 '선적註記'(on board notation)는 甲板積인지 船艙積인지를 구별하지 않고 선적의 개념으로 하는 것이다. 따라서 甲板積에 대한 화주와 운송인 사이에 합의 여부를 나타내기 위해서는 선하증권상에 보다 명확한 표시를 하여야 한다. 헤이그 규칙이나 헤이그-비스비 규칙이 채택되기 이전의 慣習을 살펴보면 특정 무역에서는 甲板積이 慣例的으로 행하여졌기 때문에 선

---

16) W. Tetly, op.cit., p.654.
17) Royal Exchange Shipping Co. v. W. J. Dixon & Co.,(1886) 12 App.Cas.11.: Evans & Son v. Andrea Merzario Ltd(1976) 2 Lloyd's Rep.165.
18) J. Kingsley, Handbook on P&I Insurance, 3rd ed., 1988, p.162.
19) 그러나 積付計劃을 컴퓨터화하여 사전에 알 수 있다.

하증권에 별도의 기재가 요구되지 않았다.[20] 미국의 한 판례[21]에서도 이러한 입장을 취한 적이 있으나 비판을 받고 있으며 오늘날에는 이러한 입장을 취하는 나라는 거의 없다. 헤이그 규칙이나 헤이그-비스비 규칙하에서는 선하증권상에 그러한 효과를 가지는 기재를 하지 아니하고 甲板積 운송하게 되면 규칙의 위반으로, 이는 영법상의 계약의 근본적인 위반(fundamental breach of the contract)[22]을 구성하여 화주에게 손해배상청구권과 더불어 계약해제권을 부여할 수 있으며, 이러한 규칙의 위반으로부터 발생하는 모든 결과에 대하여는 운송인이 책임을 부담하여야 한다. 또한 同 규칙상의 면책조항의 혜택을 누릴 수도 없다. 이는 최근의 The Chanda 사건[23]에서 확인되었다. 즉 계약위반으로 갑판적하여 발생한 손상에 대하여 운송인은 헤이그 규칙상의 책임제한의 이익을 누릴 수 없는 것으로 판결되었다.[24] 미국법에서는 비지리적 離路[25]로 보아 운송인에게 책임 制限의 혜택을 주지 않고 있으며, 역시 화주에게 계약해제권과 더불어 손해배상청구권을 인정하고 있다. 세계의 법원들은 이와 같이 선하증권에 별도의 기재 없이 화물을 甲板積 운송하는 데 대하여 운송인에게 면책조항의 적용을 排除하는 원칙을 보통 따르고 있다.[26]

---

20) W. Tetly, op.cit., p.652.
21) Encyclopaedia Britannica v. Hong Kong Producer, 422 F.2d. 7, 1969 AMC 1741,(1969) 2. Lloy'd Rep.536(2 Cir.1969).
22) St-Simon Navigation Inc. v. A Couturier & Fils Ltee(1974), 44.D. L. R. (3d)478, p.480.
23) Wibau Maschinenfabrik Hartman S. A. v. Mackinnon Mackinnon Mackenzie & Co.(1989) 2 Llloyd's Rep.494.
24) Simon Poland & Tony Rooth, Gard handbook on P&I Insurance, Assuranceforeningen Gard, 1996, p.322.
25) 準離路(Quasi-Deviation)라고도 한다.
26) W. Tetly, op. cit., p.656.

i) 自由裁量權條項의 法律的 解釋

무사고 선하증권(Clean B/L)이 발행되면 화물은 船倉積되는 것이 기본적인 원칙이다. 그러나 규칙상에 명시적으로 무사고 선하증권 (Clean B/L)인 경우에 船倉積을 의미한다고 하는 명문의 규정은 없다. 단지 헤이그 규칙 제3조 제2항에 의거 적절히(properly) 적재하여야 한다는 규정으로부터 船倉積을 요구하는 것으로 추정할 수 있으며, 이는 판례에 의하여 지지되고 있는 慣習이다.27) 그런데 선하증권상에 Carrier has liberty to carry goods on deck와 같은 自由裁量權조항을 두고 있는 경우에 별도의 기재사항 없이 甲板積 운송하는 경우에 운송인의 책임은 甲板積에 대한 화주와의 합의가 이루어졌는가에 따라 달라질 수 있다. 그러나 附合契約的 性格이 강한 운송계약에서 裏面約款에 自由裁量權조항을 두고 있을 때 화주의 정확한 의사가 반영되기가 힘들 것이다. 따라서 이러한 自由裁量權조항을 해석하는 법률적 견지는 보다 엄격해야 할 것으로 여겨진다. 별도의 기재사항(statement) 없이 自由裁量權조항하에서 甲板積 운송되는 것은 다음과 같은 세 가지 견지에서 정당화될 수 없다.28) 첫째, 自由裁量權조항은 단지 甲板積 운송할 수 있는 하나의 選擇權(option)이다. 따라서 별도의 기재사항 없이 무사고 선하증권(Clean B/L)이 발행된 경우에는 船倉積의 選擇權이 행사되는 것으로 이해하여야 하며, 甲板積 운송을 하는 것은 계약위반(breach of contract)을 구성한다. 둘째, 선하증권면상의 타이

---

27) 이러한 慣習은 헤이그 규칙이나 헤이그-비스비 규칙 이전부터 있었던 慣習으로 Royal Exchange Shipping Co. Ltd. v. W. J Dixon & Co.(1886) 사건에서도 동 취지가 판결된 바 있다. 즉 아무런 註記가 없는 船荷證券은 船倉積으로 표시된 船荷證券과 동일한 의미를 가진다고 하였다.

28) W. Tetly, op.cit., p.659.

프 또는 手記文言은 인쇄되어 있는 문언보다 우선한다. 따라서 선하증권면상에 아무런 註記가 없는 무사고 선하증권(Clean B/L)은 船艙積을 나타내는 기재사항(statement)으로 볼 수 있기 때문에 인쇄되어 있는 自由裁量權조항을 무효화할 수 있다. 따라서 이러한 상황하에서 실제로 甲板積 운송하는 것은 계약위반이다. 셋째, 화물이 실제로 甲板積 운송될 것이라는 기재사항(statement) 없이 인쇄된 自由裁量權조항을 유효하게 하는 것은 선하증권 조항상에 운송인의 의무불이행에 대한 책임면제 또는 경감사항을 규정한 불책임조항에 효력을 가지게 하려는 시도로 볼 수 있으며, 이는 헤이그 규칙 및 헤이그-비스비 규칙 제3조 제8항에 위배되는 것으로 무효가 된다. 따라서 自由裁量權조항하에서도 무사고 선하증권(Clean B/L)이 발급된 경우에는 甲板積을 하게 되면 부적절한 적부(improper stowage)가 된다.

따라서 論者는 이와 같은 自由裁量權조항하에서 별도의 합의과정을 거치지 않고 운송인이 甲板積 운송하는 것은 엄격한 의미의 운송계약위반을 구성하기 때문에 바람직하지 못하다고 보며, 선하증권의 裏面約款에 自由裁量權조항이 포함되어 있을지라도 甲板積한 경우에는 선하증권의 전면상에 명확히 甲板積 표시를 하는 것이 합리적이며, 현행 信用狀統一規則상 이러한 甲板積의 명백한 표시를 한 선하증권을 수리거절한다는 조항은 실무관습을 수용하는 방향으로 개정이 요구된다고 본다.

ii) 船荷證券面上의 記載事項의 問題

선하증권의 기재사항과 甲板積의 실제 이행 여부에 따라 몇 가지로 나누어 생각해 볼 수 있다. 첫째 선하증권상에 甲板積으로 표시하고 있으나 물품은 船艙積 운송되는 경우, 둘째 선하증권상에 甲板積으로 표시되고 실제로 甲板積 운송이 되는 경우, 셋째는 무사고 선하증권 (Clean B/L)하에서 甲板積 운송되는 경우이다. 첫째의 경우는 보다 안전한 운송이라고 볼 수 있으므로 운송인의 책임은 문제가 되지 않을 것으로 보인다. 둘째의 경우는 원칙적으로 헤이그 규칙과 헤이그 - 비스비 규칙의 적용이 배제되는 경우로서 운송인은 화주와 별도의 특약에 의해 면책조항을 삽입할 수 있다. 문제는 세 번째의 경우로서 지금까지 살펴본 바와 같이 甲板積의 기재사항이 없는 무사고 선하증권 (Clean B/L)하에서는 비록 自由裁量權 조항이 裏面約款에 포함되어 있을지라도 이는 계약의 근본적인 위반 또는 부당한 離路로 보아 운송인에게 무거운 책임을 지우고 있다는 것을 판례[29]를 통하여 알 수 있다.

iii) 컨테이너 전용선의 컨테이너 甲板積問題

특수하게 제작된 컨테이너선에 의한 컨테이너의 甲板積은 오늘날 일반적으로 행하여지고 있는 慣習이 되었다. 그러나 이러한 컨테이너선에 의한 컨테이너의 甲板積에도 여전히 船倉積보다는 통상적으로 보다 많은 위험에 노출되고 있다고 볼 수 있다. 따라서 화주나 적하보험자의 입장에서는 관심의 대상이 될 수밖에 없다. 헤이그 규칙이나 헤이그 - 비스비 규칙하에서는 이러한 컨테이너의 甲板積에도 예외를 인정하지 않고 있다. 그렇다면 헤이그 규칙이나 헤이그 - 비스비 규칙을 準據法으로 채택하고 있는 선하증권하에서 컨테이너의 甲板積은 어떠한 根據를 가지고 오늘날 정당하게 행하여지고 있는가를 판례를 통하여 살펴보기로 한다. 실제적으로 컨테이너 전용선에 컨테이너의

---

29) ST: Simon Navigation Inc. v. Coturier & Files Ltee(1974)44 DLR(3d) 478.p.480.: Schooner ST. Johns NF 263 U.S.119.1923 AMC 1131(1923).

甲板積이 허용되지 않는다면 컨테이너운송은 많은 지장을 초래할 수밖에 없다. 이와 관련된 한 사례를 살펴보면, 1974년의 *Dupont De Nemours Internat. v. S. S. Mormacvega* 사건[30]에서 컨테이너선은 컨테이너를 甲板積할 수 있도록 완전히 개조된 선박이었다. 무사고 선하증권이 발행되었지만 컨테이너는 甲板積이 되었고, 운송 도중에 甲板流失되었다. 이에 대하여 미국의 2차 巡廻裁判所는 이것은 COGSA(U.S Carriage of Goods by Sea Act; 1936) 제4조 제4항[31] 하에서 불합리한 離路(unreasonable deviation)가 아니라고 판결했다. 이러한 판결은 컨테이너의 경우 甲板積이 특별히 船倉積보다 더 큰 위험하에 놓이지 않으며, 기술혁신과 선박의 구조가 船倉積 이외의 다른 적재방법, 즉 甲板積을 정당화할 수도 있다는 전제하에 내려진 것으로 보인다. 따라서 컨테이너 전용선에 의한 컨테이너의 甲板積은 컨테이너 전용선의 본래의 건조목적에 부합하는 운송으로서 불합리한 離路를 구성하지 않는다[32]고 보는 것이 일반적이다. 그러나 Tetly 교수는 아무리 기술적인 진보가 있었다고 하여도 컨테이너의 甲板積은 아직 안전하지 않으며, 또한 법원은 규칙을 해석할 수는 있어도 변경시키지는 못한다고 하면서 운송인의 엄격책임을 주장하고 있다.[33] 하지만 Tetly 교수도 규칙의 개정은 입법자들의 몫이라고 하고 있는 것

---

30) 493 F.2d 7,1969 AMC 67(1974) 1 Lloyd's Rep.296(2 Cir.1974).

31) Deviations. Any deviation in saving or attempting to save life or property at sea, or any reasonable deviation shall not be deemed to be an infringement or breach of this chapter or of the contract of carriage, and the carrier shall not be liable for any loss or damage resulting therefrom: provided, however, that if the deviation is for the purpose of loading or unloading cargo or passengers it shall, prima facie, be regarded as unreasonable.

32) 淸河雅孝, 海上物件運送法의 基礎理論, 中央經濟社, 1990, p.115.

33) W. Tetly, *op.cit.* p.645.

을 볼 때 컨테이너 전용선에 의한 컨테이너의 甲板積 운송에 대하여
는 예외를 인정할 수 있는 여지가 있는 것으로 보고 있다. 이렇게 볼
때 컨테이너 전용선에 의한 컨테이너의 甲板積에 대한 예외를 인정하
고 있지 않은 헤이그 규칙이나 헤이그－비스비 규칙은 시대에 뒤떨어
진, 그리고 현행의 商慣習을 수용하고 있지 못하는 규칙으로 볼 수 있
다. 이러한 商慣習을 잘 수용하고 있는 입법 예로는 프랑스의 국내
법[34]을 들 수 있다. 1986년에 개정된 同 법률은 甲板積 화물에 대하
여 3가지의 특별조항을 두고 있다. 제22조에서 甲板積 화물에 대하여
①프랑스 內國港 間의 운송(*petit cabotage*), ②甲板積을 규정하고 있
는 법률이 있는 경우(위험물과 같은 경우), ③화주가 선하증권상에 동
의를 표시한 경우를 제외하고는 甲板積 운송은 운송인의 過失이다. 그
러나 적절히 의장된 선박에 컨테이너의 甲板積의 경우는 화주의 承諾
이 推定[35]된다고 규정하고 있다. 제30조에서는 제22조에서 정의된 것
과 같은 허용되는 甲板積의 경우에는 불책임조항(non－responsibility
clauses)을 둠으로써 운송인은 면책을 향유할 수 있으며, 이 경우에
船倉積과 같은 취급을 받는 컨테이너의 甲板積은 제외된다고 규정함
으로써 컨테이너의 甲板積은 船倉積과 동일한 책임체계하에 두고 있
다. 또한 제37조에서는 선하증권상에 甲板積을 허용하는 일반조항을
포함하고 있는 경우에는 선하증권상에 화주가 서명함으로써 甲板積을
승낙한 것으로 推定한다고 규정하고 있다. 따라서 自由裁量權 조항이
포함되어 있는 경우에 甲板積에 대한 화주의 승낙을 필요로 하고 있
기 때문에 승낙 없이 甲板積하는 것은 운송인의 過失에 해당한다.

---

34) Law No.66－420 of June 18,1966, as amended by Law No.79－1103 of
   December21, 1979, and by Law No.86－1292 of December 23, 1896.
35) 물론 반증에 의해 뒤집을 수 있다.

2) 함부르크 規則하에서의 運送人의 責任

함부르크 규칙에서는 운송인이 甲板積 운송할 수 있는 경우를 명시적으로 규정하고 있다. 즉 제9조에서 운송인은 ①화주와 합의 (agreement)가 있고[36] 그 합의 내용이 선하증권상에 삽입된 경우,[37] ②특정무역에 甲板積의 慣習이 있는 경우[38] 그리고 ③甲板積을 요구하는 법령 또는 규칙이 있는 경우[39]에 甲板積할 권리를 가진다고 규정하고 있다. 만약에 甲板積에 대한 합의가 있었으나 선하증권상에 기재가 없는 경우에 擧證책임은 운송인이 부담한다.[40] 위의 경우를 제외한 경우에 甲板積을 하게 되면 운송인은 이것으로 인한 물품의 멸실 및 손상과 인도지연에 대해서 책임을 지며,[41] 船倉積의 명시적인 합의가 있었는데도 불구하고 甲板積을 하게 되면, 운송인의 作爲 또는 不作爲에 계약위반으로 책임제한의 이익을 향수할 수 없다. 여기서 문제가 되는 것은 합의(agreement)에 대한 정확한 의미를 어떻게 해석할 것인가이다. 이것은 명시적인 합의만을 의미하지는 않으며, 선하증권상에 自由裁量權 조항이 포함되어 있을 경우에 이를 합의된 것으로 해석하여여 하는가의 문제점도 있다. 앞에서 살펴본 프랑스의 立法 例에서 보았던, 즉 "선하증권상에 自由裁量權 조항이 있을 경우에 화주가 서명하게 되면 承諾한 것으로 推定한다"와 같은 합의에 대한 명시적인 규정이 없기 때문에 혼란을 야기할 수 있다. 그러나 동 규칙 제15조 제1항(m)[42]의 규정에서 물품이 甲板積되거나 될 수도(may be)

---

36) Hamburg Rules Art.9(1).
37) Hamburg Rules Art.9(2).
38) Hamburg Rules Art.9(1).
39) Hamburg Rules Art.9(1).
40) Hamburg Rules Art.9(2).
41) Hamburg Rules Art.9(3).

있다는 기재사항(statement)을 선하증권에 포함시키면 되는 것으로 규정하고 있어 기재사항의 요건을 엄격하게 요구하고 있지는 않은 것으로 보인다. 또한 합의와 관련하여 同 조항에서 "on the face of the bill of the lading" 대신에 "in the bill of lading"이라는 표현을 사용하고 있는 것으로 보아 이러한 自由裁量權 조항도 합의의 의미에 포함시키고 있는 것으로 볼 수 있다.[43] 그러나 이것은 附合契約的 성격이 강한 운송계약의 속성으로 미루어 보아 수많은 조항 중에 포함되어 있는 自由裁量權조항, 즉 운송인의 選擇權을 규정하고 있는 내용을 가지고 화주의 명시적인 합의가 있었다고 보기에는 충분하지 못하다. 그러므로 규칙상에서 합의에 대한 명확한 의미를 정의하여야 할 필요가 있다. 어쨌든 함부르크 규칙에서는 운송인이 甲板積 운송할 수 있는 기본적인 요건을 정하고 이러한 경우에 동일한 책임체계하에서 운송인의 책임을 규정하고 있다는 점에서 헤이그 규칙이나 헤이그-비스비 규칙에서보다 甲板積 화물에 대한 책임체계를 잘 설명하고 있다고 생각되며, 실무상의 慣習이 반영된 것으로 평가할 수 있다. 그러나 한편으로, 이 조항은 운송인에게 甲板積할 수 있는 권리를 확대시켜 주고 부적절한 甲板積 운송에 대한 제재를 감소시키는 결과를 가져올 수도 있다.

3) 甲板積 貨物에 대한 積荷保險者의 擔保範圍

영국해상보험법(Marine Insurance Act 1906; 이하에서는 MIA 1906이라고 칭함.)의 해석규칙[44]에서는 반대되는 慣習이 없는 경우에

---

42) Hamburg Rules Art. 15. 1 (m); the statement, if applicable, that the goods shall or may be carried on deck.
43) W. Tetly, *op.cit.*, p.670.

甲板積 화물은 특별히 부보되어야 한다고 정하고 있다. 甲板積 화물에 대하여 특별히 부보되어야 한다고 정하고 있는 이유는 船艙積 화물과 비교하여 추가적으로 발생할 수 있는 위험이 존재하기 때문에 이러한 추가적인 위험을 적절히 擔保할 수 있도록 부보되어야 한다고 주의를 환기시키고 있는 것으로 볼 수 있다. 즉 甲板積에 의한 운송화물은 보통의 방법에 의한 운송화물보다 더 커다란 위험에 노출되기 때문에 보통의 양식에 의한 일반적인 보험으로는 부보되지 않는다.[45] 이는 또한 반대되는 慣習이 있는 경우, 즉 甲板積 화물을 일반적인 명칭(general denomination)하에 부보하는 慣習이 있는 경우에는 일반적인 條件으로 부보하면 되는 것을 의미한다. 특정무역에서 일반적인 慣習에 의하여 甲板積으로 운송되는 화물에 대한 부보에 있어서 보험자는 별도의 통지가 없더라도 그러한 慣習을 알고 있는 것으로 推定되며[46] 그러한 甲板積 화물에 대한 위험은 보험자에 의해 정당하게 擔保된다.[47][48]

화물을 甲板積함으로써 추가적으로 발생할 수 있는 위험의 형태로서는 대표적으로 甲板流失과 投荷에 의한 損失을 들 수 있으며, 이 외에도 海水의 침입에 의한 손실, ROD(Rust, Oxidation, Discoloration)위험 등이 있을 수 있다.

甲板流失은 S·G증권[49]상의 위험약관에서 구체적으로 명시된 위험은

---

44) RCP 17.
45) M. J. Mustill and J. C. B. Gilman, *Arnould's Law of Marine Insurance and Average*, *Vol.1*, Steavens & Sons, 1981, p.197.
46) 따라서 이것은 告知를 요하지 않는다.
47) M. J. Mustil and C. B. Gilman, *op.cit.*, p.197.
48) Apollinaris Co. v. Nord Deutsche Ins.Co.(1904). 사건에서 甲板積의 일반적인 慣習이 있기 때문에 保險者는 그러한 貨物에 대하여 책임을 진다고 판결되었다.

아니다. 그러나 惡天候에 기인한 海固有의 위험(perils of the seas)에 포함된다.[50] 따라서 FPA조건이나 WA조건에서 擔保되는 위험이다. 그러나 신보험증권상에서 ICC(C)조건에서는 擔保하지 않는다. 따라서 ICC(C)조건에서는 甲板流失을 특약 부보하여야 한다. 만약에 船倉積을 전제로 한 화물이 甲板積이 되는 경우에는 ICC(B)조건 이상으로 부보한 경우에도 甲板積貨物約款(On-deck Clause)[51]에 의해 ICC(C)+WOB(washing overboard)조건으로 변경된다. 주의할 것은 ICC(B)조건에서도 惡天候 시 선박이 좌우로 흔들림(rolling)으로 인해서 甲板積 화물이 갑판 밖의 海水로 떨어지는 손해에 대하여는 擔保하지 않는다는 것이다.[52]

投荷의 위험은 共同海損(General Average)을 구성하는 경우와 共同海損이 아닌 投荷의 경우로 나눌 수 있다. 共同海損을 구성하는 경우에는 共同海損犧牲(General Average Sacrifice)으로 ICC(A), (B), (C)조건 모두에서 擔保된다.[53] 共同海損行爲가 아닌 投荷의 경우[54]

---

49) 영국해상보험증권으로 세계 거의 모든 나라가 이용하고 있는 보험증권이다. S. G는 Ship과 Goods의 약자이다.

50) R. H. Brown, *Marine Insurance Vol.2*, Witherby & Co. Ltd., 1985, p.110.

51) On-Deck Clause: Notwithstanding any average warranty(inclusive of coverage for any extraneous risks if granted hereunder) and the Clause8(8.3) of the Institute Cargo Clause, it is especially understood and agreed that in the event of the interest hereby insured or any part thereof being carried on deck, the conditions on such deckload shall be amended to "ICC(C)(Subject to Risks Clause contained in the Institute Cargo Clause(C) Including the risks of Washing Overboard" as from the commencement of this insurance.

52) R. H. Brown, *op.cit.*, p.110; R. H. Brown, *Analysis of Marine Insurance Clauses*, Witherby Co. Ltd., 1982, p.9.

53) ICC(B).1.2.1, ICC(C).1.2.1.

54) 船主가 自己의 貨物을 投荷하는 경우 共同海損行爲를 구성하지 못한다.

에도 ICC(A), (B), (C)조건 모두에서 擔保된다.[55] 또한 投荷는 S·
G증권상에서도 擔保되는 위험이다. 그러나 甲板積 화물의 投荷는 商
慣習上 통상적으로 甲板積載가 인정되는 경우에 한하여 보험자가 共
同海損으로 보상한다.[56]

海水 등의 침입에 의한 손실은 ICC(B)[57]조건에서는 擔保되는 위험이
지만 ICC(C)조건에서는 擔保되지 않는다. 즉 ICC(C)조건에서는 물
(water)에 의한 손해는 共同海損犧牲이나 投荷 및 화재·폭발·좌초·
침몰·전복·충돌·피난항에서의 揚荷 등[58]에 相當因果關係가 있는 경
우를 제외하고는 擔保되지 않는다. ICC(B)조건에서는 물(해수, 호수, 강
물 포함하여)에 의한 손해를 擔保한다. 이 경우에 실제로 물품은 선박이
나 컨테이너 내부 또는 보관창고 내에 있어야 한다. 따라서 甲板積 운송
되는 경우 컨테이너나 리프트밴 내에 있어야 擔保된다. 그러나 ICC(B)조
건하에서도 雨水(rainfall)에 의한 손해는 擔保되지 않는다.[59] S·G증권
상에서도 惡天候에 의한 海水의 침투는 위험약관으로 擔保되지만 WA나
FPA조건에서 雨水(rainwater)는 擔保하지 않는다.[60] 따라서 화물이 甲
板積되어 雨水에 노출되는 경우에는 특별한 주의를 요구한다.

ROD위험, 즉 甲板積으로 인한 녹(rust), 산화작용(oxidation), 변색
(discoloration)에 의한 손해는 어떠한 경우에도 擔保되지 않는다.[61]
실무에서는 화물적재 시 甲板積임을 안 경우에 FPA조건 이상으로 부

---

55) ICC(B).1.2.2. ICC(C).1.2.2.
56) York-Antewerp Rules, 1994, Art.1.
57) ICC (B). 1.2.3.
58) ICC(C).1.1.에 相當因果關係를 가진 위험.
59) R. H. Brown, *Analysis of Marine Insurance Clauses*, Witherby Co.
    Ltd., 1982, p.10.
60) R. H. Brown, *op.cit.*, p.110.
61) 金政秀, 전게서, p.307.

보한다면 50%의 추가보험료를 납입하는 것을 조건으로 하고 있다.[62] 이와 같이 甲板積 화물에 대하여는 보험자들은 엄격한 입장을 취하고 있다.

4) 우리나라 海運企業의 甲板積約款의 檢討

그러면 이제 우리나라 한 海運企業의 B/L상 甲板積에 관한 約款을 검토하여 보기로 한다. 원문[63]을 번역하여 그대로 옮기면 다음과 같다.

"(1) 운송인은 컨테이너에 적재된 물품을 선창 또는 甲板積할 권리를 가진다. (2) 물품이 甲板積 운송되는 경우에 운송인은 어떠한 반대되는 慣習에도 불구하고 특별히 註記, 스탬프 또는 어떤 기재를 선하증권면상에 할 것이 요구되지 않는다. 물품은 제2조에서 규정한 대로 헤이그 규칙이 적용되며, 그러한 적재는 共同海損을 포함하여 모든 목적에 대하여 船倉積을 구성한다. (3) 운송인은 운송인의 부주의 또는 선박의 不堪航에 기인했든지에 관계없이 甲板積 운송되고 그리고 특별히 甲板積 운송된다고 기재하고 있는 물품의 불인도, 착오인도, 지

---

62) 金政秀, 전게서, p.307.

63) (1) The carrier has the right to carry the goods in container(s) under deck or on deck. (2) When the goods are carried on deck, the carrier shall not be required to specially note, stamp, any statement of on deck stowage on the face thereof, any custom to the contrary notwithstanding. The goods carried shall be subject to the applicable Hague Rules Legislation as provided in Article 2 hereof, and the stowage of such goods shall constitute under deck stowage for all purpose including general average. (3) The carrier shall not be liable in any capacity whatsoever for any non-delivery, misdelivery, any delay or loss of or damage to the goods which are carried on deck and specially stated herein to be so carried, whether or not caused by carrier's negligence or the Vessel's unseaworthiness.

연의 어떠한 경우에도 책임을 지지 않는다."

(1)항에서는 운송인의 甲板積에 대한 自由裁量權조항을 포함하고 있다. (2)항에서 甲板積이 되는 경우에도 선하증권상에 별도의 명시를 하지 않는다는 宣言을 포함하고 있으며, 이러한 甲板積 화물에도 헤이 그 규칙이 적용된다고 宣言하고 있다. 그리고 (3)항에서 이러한 甲板積 화물의 모든 손상에 대하여 책임을 지지 않는다고 규정하고 있다. 이러한 내용을 하나씩 살펴보면, 自由裁量權 조항의 경우 오늘날 컨테이너 운송의 경우 慣例的으로 행하여지고 있기 때문에 이러한 自由裁量權조항을 삽입하여 운송인의 裁量權을 확대하는 것은 별문제가 없는 것으로 보인다. 그러나 (2)항에서 甲板積을 하고도 무사고 선하증권을 발급한다는 것으로 운송계약의 측면에서 보면 분명한 운송인의 계약위반의 요건을 구성한다는 문제점이 있다. 물론 信用狀去來하에서 甲板積 표시된 선하증권이 수리가 거절된다는 것과는 별개의 문제로 취급되어야 할 것이다.64) 컨테이너 운송의 경우 화주의 동의 없이 甲板積할 수 있는 권리는 운송인에게 주어진다고 할지라도 선하증권을 무사고(Clean)로 발행하는 것은 서류의 위조로 해석할 수도 있다. 이와 같은 관점에서 볼 때, 이 조항의 유효성을 법정에서 인정받기가 어려울 것으로 보인다. 따라서 헤이그 규칙하에서 운송인의 면책이나 책임제한의 혜택을 향유하기 위해서는 甲板積의 표시를 선하증권상에 하여야 할 것이다.65) 또한 (3)항의 내용도 문제점을 포함하고 있는 것으로 보인다. 즉 甲板積 화물에 헤이그 규칙을 적용한다고 선언하면서 동시에 그 甲板積과 관련하여 발생한 화물 손해에 대하여 운송인은 책임을 지

---

64) 오히려 컨테이너운송의 경우 甲板積 표시된 船荷證券도 은행이 수리하도록 信用狀 統一規則을 개정하면 이는 契約違反은 되지 않는다.
65) W. Tetly, *op.cit.*, pp.653-654.

지 않는다고 규정한 것은 헤이그 규칙 제3조 제8항의 규정, 즉 운송인의 過失에 대한 책임경감 조항은 무효가 된다는 규정에 따라 무효가 된다고 볼 수 있다. 헤이그 규칙을 甲板積 화물에 적용한다고 명시적으로 기재한 경우에 운송인은 헤이그 규칙에 일치하는 주의의무를 다하여야 한다. 따라서 이 조항도 국제거래법상 법적유효성의 인정 여부가 문제가 된다. 우리 商法에서는 제790조 제2항에서 운송계약을 증명하는 문서의 표면에 甲板積으로 운송할 취지를 기재하여 甲板積으로 행하는 운송에 대하여 운송인의 의무 또는 책임을 경감하는 특약을 인정하고 있다. 이것은 헤이그 규칙의 내용을 수용하고 있는 것이다.

5) 甲板積 貨物에 대한 P&I클럽의 擔保範圍

운송화물에 대한 P&I클럽의 擔保는 보상책임(indemnity)에 해당하는 것으로 이는 선주(운송인)가 화물의 멸실이나 손상 등에 대하여 운송계약 의무위반으로서 배상책임을 지는 경우에 이것을 P&I클럽에서 擔保하여 준다는 것이다.[66] 그러나 P&I클럽은 승인되지 않은 甲板積으로부터 초래되는 책임을 擔保하지 않는다.[67] 승인받지 않은 甲板積의 대표적인 경우로서는 무사고 선하증권(Clean B/L)하에서 甲板積을 행하는 것이다. 이러한 경우에 생기는 모든 클레임에 대하여 클럽이 제한을 가하고 있는 것은 다음 두 가지의 이유에서 당연하다.[68] 첫째, 운송이 개시되기 전에 운송계약의 위반이 확실하다는 점이며, 둘째, 선창적 선하증권의 발행은 권리증권의 故意的인 위조로서 선의의 취득자에 대한

---

66) 藤澤順, 海上保險のABC, 成山堂書店, 1990, p.131.
67) J. Kingsley, op.cit., p.162.
68) C. Hill et al, An Introduction to P&I, Lloyd's of London Press Ltd., 1988, p.95.

사기에 의한 不實表示(Fraudulent Misrepresentation)가 되기 때문이다.

승인되지 않은 화물의 甲板積 운송은 운송계약에서 합의된 선적방법으로부터 위반(departure)이 된다는 점에서 계약조건으로부터 離路(deviation)가 된다. 따라서 이러한 경우에 일정한 요건을 충족시키지 않으면 클럽에서 擔保를 제공하지 않는다. 즉 승인받지 않은 甲板積은 부당한 離路를 구성하며 이는 운송계약의 위반이 된다. 이러한 경우에 클럽은 離路가 있기 전 또는 사전에 이를 알지 못한 때는 정보 입수 후 즉시 통지할 것을 요구하고 있으며, 통지 후 클럽이 결정하는 조건에 따라 離路에 대하여 擔保될 것에 합의한 경우에 限하여 담보한다. 이때 클럽은 계속 擔保할 것인지 여부를 결정하고 추가보험료의 비용을 청구하기도 한다. 이와 같이 클럽이 승인한 경우에는 부당한 離路에 대하여도 담보받을 수 있다.

2. 海上運送人의 注意義務違反과 損害賠償責任

(1) 堪航性 注意義務違反에 따른 損害賠償責任

해상운송인의 堪航能力 담보책임에 대하여 헤이그 규칙과 헤이그-비스비 규칙에서는 별도의 조항[69]을 두고 堪航性擔保에 대한 통상적인 상당주의의무(due diligence)[70]를 규정하고 있으며, 함부르크 규칙

---

69) 헤이그 규칙, 헤이그-비스비 규칙 제3조.
70) 통상적인 注意義務만을 규정한 것은 통상의 注意를 기울여도 도저히 발견할 수 없고 또한 엄밀한 결함에 의한 기관고장까지 運送人에게 책임을 지우지 않으려는 데 있다(吳元奭, 國際運送論, 博英社, 1992, p.176).

에서는 별도의 규정은 없으나 제5조 제1항에서 일반적으로 정한 운송인의 책임원칙에 의하여 물품이 운송인의 관리하에 있는 동안 물품의 멸실, 손상 또는 인도지연으로 인한 사고가 발생하였을 경우에는 그러한 사고 및 결과를 방지하기 위하여 합리적으로 요구되는 모든 조치를 취하였다는 것을 증명하지 못하면 책임을 져야 한다고 규정하고 있다. 그리고 堪航能力의 담보시기와 관련하여 헤이그 규칙과 헤이그 -비스비 규칙에서는 航海의 전 및 航海 개시 시에 堪航能力을 갖추면 충분하나[71] 함부르크 규칙에서는 물품이 운송인의 관리하에 있는 전 기간에 걸쳐 堪航能力擔保義務가 요구된다.[72] 즉 航海 전이나 航海의 개시 시에 堪航性에 대한 상당한 주의를 기울이는 것만으로 충분하지 않고 물품이 운송인의 관리하에 있는 동안에 항상 堪航性에 대한 주의를 계속하지 않으면 안 된다.[73] 따라서 운송 중에도 堪航性을 갖추기 위하여 합리적인 조치를 취하였다는 것을 증명하지 못하면 운송인은 책임을 면할 수 없다.

한편 해상보험에서는 MIA 1906 제39조에서 항해보험에 있어서 항해 개시 시에 선박의 堪航擔保를 默示擔保로 규정하고 있기 때문에 이러한 默示擔保를 위반하게 되면 보험자는 보험계약을 해지할 수 있고 그 효력은 不堪航이 있었던 시점으로 소급하여 발생하기 때문에 보험자가 보상하지 않는다. 그러나 적하보험에서 화주, 즉 피보험자는 선박의 堪航性

---

71) The Cbyebassa(1966) 2 Lloyd's Rep.193.: 캘커타에서 로테르담으로 향하는 화물을 선적한 선박이 수단에서 선주의 고용인인 선내하역인부가 스톰밸브 뚜껑을 훔쳐 감으로 인하여 항해 도중에 海水에 의하여 화물이 손상을 입었다. 이 사건에서 영국 법원은 선박은 출항 당시에 堪航性을 갖추었기 때문에 운송인은 책임을 지지 않는다고 판결했다.

72) W. E. Astle, *The Hamburg Rules*, Fairplay pub., 1981, p.98.
吳元奭, 國際運送論, 전게서, p.187.

73) 吳元奭, 國際運送論, 전게서, p.187.

유지에 아무런 통제수단을 갖고 있지 않으므로 이러한 堪航性擔保를 엄격히 적용하는 것은 너무 가혹한 것으로 별도의 완화조항을 두고 있는데 그것이 新協會積荷約款 제5조 不堪航不適合免責約款(unseaworthiness and unfitness exclusion clause)이다. 동 約款에서 피보험자가 이러한 不堪航不適合 사실을 모르고 있었던 경우 보험자가 보상책임을 지도록 하고 있다. 그러나 이 約款은 적하보험자와 피보험자 간의 특약이며, 운송인의 不堪航74)이나 부적절한 환기 및 열로 인한 화물에 대한 책임을 P&I보험에서 擔保한다.75) 그런데 함부르크 규칙에서 강화된 운송인의 책임, 즉 운송 중 不堪航으로 인한 손해에 대한 운송인의 책임은 현재의 각 P&I클럽들의 규칙상으로는 상당히 제한적이라는 문제점이 있다. 不堪航性이나 不適合性으로 인한 화물에 대한 회원의 책임은 擔保된다고 규정하고 있으나76) 동시에 클럽 규칙77)상 화물이 헤이그 규칙이나 헤이그-비스비 규칙에 정해진 조건보다 불리하지 않은 조건으로 운송되거나 또는 운송이 가능하였다면 조합원이 부담하지 않았을 책임이나 손실은 클럽이 보상하지 않는다고 규정하고 있기 때문이다. 그러나 헤이그-비스비 규칙상의 기준을 초과하는 책임에 대하여 헤이그-비스비 규칙이 그 운송에 의무적으로 적용되지 않는 경우나 또는 특정무역에 있어서 사용되는 慣習적 계약조건이 아닌 경우에는 조합이 그러한 운송으로부터 생기는 화물에 관한 책임에 대하여 담보한다고 되어 있기78)때문에 함부르크 규칙 締約國의 운송인의 책임에 대해서도 P&I보험에서 擔保

---

74) 不堪航으로 인한 손해일지라도 운송인이나 그의 사용인 또는 대리인이 통상의 주의의무를 다하였다는 것을 증명하면 책임지지 않는다.
75) 1996년 일본P&I클럽규칙 제29조, 1996년 노르웨이 Gard Club Rule 34 등 참조.
76) 1996년 노르웨이 Gard Club 규칙 제34조.
77) 노르웨이 Gard Club Rules Article 10. c.
78) J. Kingsley, *op.cit.*, p.174.

될 수 있는 길을 터놓고 있다.[79] 그러나 기타 商業상의 이유로 헤이그－
비스비 규칙상의 책임기준을 초과하는 부분에 대하여는 당해 클럽과 상
담을 거쳐 추가擔保를 확보할 것이 요구된다.

(2) 運送貨物에 대한 注意義務違反에 따른 損害賠償責任

운송인은 자기 또는 그 사용인이 운송화물의 선적, 취급, 적부, 운송,
보관 및 揚荷를 적절하고 주의 깊게 할 의무가 있으며, 이를 게을리 함
으로써 생긴 운송화물의 손해에 대하여 책임을 진다. 즉 商業過失[80]에
대하여는 헤이그 규칙과 헤이그－비스비 규칙의 제2조 및 제3조에서
운송인이 책임을 진다고 규정하고 있으며 함부르크 규칙에서는 역시
제5조 제1항의 일반적인 운송인의 책임조항에 의거, 운송인이 책임을
지도록 규정하고 있다. 이와 같이 商業過失에 의한 운송인의 책임에 대
하여는 3가지 국제규칙에서 동일하게 규정하고 있으며 旣存의 P&I클
럽의 규칙이 이러한 운송인의 책임을 擔保한다고 규정하고 있다. 즉 회
원의 계약위반으로부터 발생하는 멸실에 대한 책임이나 적절히 적재
또는 취급, 적부, 보관, 관리상의 부주의, 過失 등으로 인하여 발생하는
화물에 대한 법적 책임을 擔保한다. 따라서 부족인도, 불량한 적재(bad
stowage),[81] 부적절한 깔개로 인하여 발생하는 손해에 대한 운송인의

---

79) 함부르크 규칙의 締約國은 헤이그 규칙이나 헤이그－비스비 규칙을 폐
   기하도록 규정하고 있기 때문에 헤이그－비스비 규칙이 강제적으로 적
   용되지 않는 경우로 볼 수 있다.
80) 商業過失(errors of cargo handling and custody)이란 물품의 선적, 적부,
   보관 또는 揚荷에 대한 운송인의 과실을 말한다.
81) 그러나 부적절한 積付(improper stowage)에 대해서는 클럽에 따라서 담
   보에서 제외시키는 경우도 종종 있다. Canada Shipping Company v.
   British Shipowners' Mutual Protecting Association(1889) 사건에서 적절

책임은 P&I보험에서 擔保된다.[82] 그러나 이러한 商業過失로 인한 적하의 손실 중에 추락손(sling loss)에 대하여 적하보험에서는 ICC(A), (B)조건에서는 擔保[83]하지만 ICC(C)에서는 擔保하지 않기 때문에 擔保條件에 따라서 商業過失로 인한 不擔保危險의 초래 시에 화주는 물품에 대한 완전한 보상을 받기가 어렵다는 문제점이 있다. 즉 추락손의 경우에 운송인의 책임 부분에 대하여는 P&I클럽에서 擔保하지만 ICC(C)조건하에서 적하보험자는 담보하지 않는다.

또한 화물클레임 중에 건수가 많은 것 중에 하나가 화물, 특히 산화물의 부족에 대한 클레임이다. 즉 선하증권에 기재된 수량[84]과 揚陸地에서 揚陸수량과의 차이가 있는 경우이다. 산화물의 경우 본선 적재 시 정확한 수량을 검증하기가 곤란한 경우가 많으며, 이러한 경우 실무에서는 통상 'said to weight, quantity unknown' 등의 소위 말하는 不知約款을 삽입하여 송하인이 신고한 수량을 기재한다. 이러한 不知約款은 여러 가지 문제점이 있을 수 있다.

먼저 헤이그 규칙 제3조[85]에서는 선하증권의 기재사항과 관련하여

하게 청소되지 않은 선박의 천정에 있는 불순물에 의해 積荷(밀)가 손상을 입었다. 당시의 선주가 가입하고 있던 P&I클럽의 규칙에는 부적절한 적재에 의한 손상은 담보하지 않는 것으로 되어 있었으며, J. Charles 경은 이와 같은 손해는 부적절한 航海에 기인한 것이 아니라 부적절한 積付에 기인한 것이라고 판시했다. 따라서 P&I보험에서 보상받지 못했다.(S. J. Hazelwood, *P&I Clubs Law & Practice*, Lloyd's of London Press, 1989.)

82) 1996년 노르웨이 Gard Club Rule 34.
83) 선적, 재선적, 揚荷 시 발생한 매 포장당 전손에 대해서만 담보한다.
84) 산화물의 용적과 중량을 말한다.
85) Hague Rules Art.3.3.: After receiving the goods into his charge the carrier or the master or agent of the carrier shall, on demand of the shipper, issue to the shipper a bill of lading showing among other things - (b)Either the number of packages or pieces, or the quantity,

송하인의 청구가 있은 경우에 송하인이 통지한 대로 수량을 선하증권에 기재하며, 이러한 경우 송하인은 수량의 정확성을 운송인에게 보증한 것으로 보며, 부정확성으로 인하여 발생하는 문제에 대해서 운송인에게 손해배상책임을 진다고 규정하고 있다. 그러나 송하인이 통지한 수량을 선하증권상에 일단 기재하게 되면 운송인은 그러한 기재사항에 구속되게 된다. 따라서 선적 시 수량의 검증이 곤란한 경우에 수량을 기재하지 않고 선하증권을 발행할 수도 있겠으나 수량의 기재가 없는 선하증권은 유통성에 문제가 발생하므로 적절한 방법이 아니다. 따라서 不知約款을 삽입하여 사용하고 있지만 이러한 不知約款의 효력의 인정에 대한 각국의 입장에는 다소 차이가 있다.

미국의 경우에는 송하인이 통지한 수량을 정확히 확인할 수 있는 방법이 없거나 또는 수량 등이 정확하지 않다는 정당한 이유가 있는 경우에는 선하증권상에 수량을 기재할 수 없다. 일단 선하증권상에 수량을 기재하게 되면 운송인은 기재된 수량에 대해서 선하증권의 소지인에 대하여 책임을 진다. 또한 不知約款을 삽입하게 되는 경우 선하증권의 유통성을 저해하게 되며, 일반적으로 不知約款의 효력은 인정되지 않는다.[86] 따라서 미국의 경우에는 不知約款이 삽입되어 있는 경우에도 선하증권상에 기재된 수량은 선적수량의 추정적인 증거가 된다고 하여 운송인에게 책임을 부담시키고 있다. Westway Coffee Corp. v. M/V Netuno 사건[87]에서 법원은 운송인은 수량을 확인할 수 없는 경우에 선하증권의 발행을 거절해야 한다고 판결하고 있다.[88]

---

or weight, as the case may be, as furnished in writing by the shipper.

86) 前原太志、ばら積み貨物の荷不足クレムへの對應策, 『海運』, 1992.2, p.87.

87) 675 F.2d 30, 1982 A. M. C.1640(2d Cir.1982).

88) 그러나 보다 최근의 美國 판례에서는 이러한 판결과 다른 요지를 밝히고 있어 不知約款의 효력을 인정하려는 시도를 하고 있다. 즉 Bally Inc.

또한 미국해상운송법(U.S. COGSA) 제11조[89])에 의하면 산화물인 경우에 제3자가 확인한 수량에 대하여 慣習상 그렇게 확인된 수량이 선하증권상에 기재되는 경우에 그러한 수량은 운송인이 수령하였다는 추정적인 증거로 받아들여지지 않는다고 규정하고 있다.[90]

영국의 경우에는 운송인은 송하인이 통지한 수량을 확인하기 위하여 모든 가능한 방법을 이용하여 검증하여야 하며, 검증결과 수량의 차이가 있는 경우에는 통상 송하인에 대하여 抗議書(note of protest)를 제출하여 두는 경우에 선하증권상에 不知約款의 삽입이 인정된다. 송하인이 통지한 수량이 검증 불가능한 경우에는 선하증권상에 不知約款의 삽입이 허용되며, 이러한 不知約款이 삽입된 경우에 禁反言의 적용이 배제되어 선하증권의 소지인에 대하여 선하증권의 기재수량은 추정적인 증거가 되지 않으며, 수량부족으로 운송인에게 클레임을 제기하는 선하증권 소지인은 선적된 정확한 수량을 입증하여야 하는 擧證책임을 진다. Chinese Antimony Co. Ltd.v. Ocea Steam Ship Co.Ltd 사건[91])에서 937

---

v. M/V Zim America 사건(22 F.3d 65, 1994 A. M. C. 2762)에서 運送人은 船荷證券上의 'Shipper's Load & Count'로 기재된 수량에 대해서 책임이 없다고 판결하고 있다. 그리고 논자도 개인적으로는 불가피한 경우 검증에 따르는 불필요한 비용을 줄이기 위하여 不知約款의 효력을 인정하는 것이 합리적이라고 생각한다.

89) Sec.11: Where under the customs of any trade the weight of any bulk cargo inserted in the bill of lading is a weight ascertained or accepted by a third party other than the carrier or the shipper, and the fact that the weight is so ascertained or accepted is stated in the bill of lading, then notwithstanding anything in this act, the bill of lading shall not be deemed to be prima facie evidence against the carrier of the receipt of goods of the weight so inserted in the bill of lading, and the accuracy thereof at the time of shipment shall not be deemed to have been guaranteed by the shipper.

90) Sencer Kellog v. SS Mormacsea and SS Mormacvega(1983 SMA 1524).

톤의 鑛物의 화물을 선적하고 선하증권상에 "weight, measurement, contents and value unknown"이라는 不知約款을 삽입한 경우에 그러한 수량은 선적수량의 추정적인 증거가 되지 않는다고 판결했다.

일본의 경우에는 이와 관련된 판례는 없으나 學者들의 견해에 따르면 대체로 영국과 동일한 입장을 취하고 있다.[92]

이와 같이 不知約款에 대한 미국의 판례는 엄격하여 인정을 하고 있지 않으며, 영국과 일본은 그 효력을 인정하고 있다. 따라서 운송인은 선적 시 이용가능한 모든 방법을 동원하여 정확히 검증된 수량을 기재하는 것이 가장 바람직하다고 할 것이다.

한편 대개의 P&I클럽 규칙에서는 조합원이 화물의 상태나 수량에 있어서 부정확하다는 사실을 알고서도 그러한 사실을 기재하지 않고 발행한 선하증권으로 인해서 발생하는 비용이나 책임은 보상하지 않는다.[93] 따라서 선적 시 검증한 수량이 송하인이 신고한 수량과 다른데도 불구하고 그대로 기재하여 선하증권을 발행한 경우에는 운송인은 클럽으로부터 擔保받을 수 없다. 물론 운송인이 그러한 사실을 알고 있었는지의 여부는 사실의 문제로서 법원의 판단에 남겨두고 있다고 할 수 있으며,[94] 조합원은 개인적으로 그러한 사실을 몰랐을지라도 선장이 그러한 사실을 알았더라면 클럽은 담보하지 않는다.

---

91) (1917)2K. B.664.
92) 前原太志, ばら積み貨物の荷不足クレムへの對應策, 『海運』, 1992.2, p.88.
93) S. Poland & T.Rooth, Gard Handbook on P&I Insurance, Assurance-foreningen Gard, 1996, p.259: Rule 34.
    1996년 Newcastle P&I Rules 19(17).
    1996년 일본선주책임상호보험조합규칙 제29조.
94) 확실히 클럽이 擔保를 제공하지 않는 경우는 ①運送人이 船荷證券上의 수량이 다르다는 것을 확실히 알고 있었던 경우, ②送荷人이 신고한 수량과 검증수량이 차이가 많이 나는데도 불구하고 어떠한 방어수단을 강구하지 않고 送荷人의 신고수량을 船荷證券上에 기재하여 발행한 경우이다.

3. 主要 免責事由에 대한 損害賠償責任

(1) 航海過失[95]에 대한 損害賠償責任

航海過失에 의해 생긴 화물의 손해에 대한 운송인의 손해배상책임
은 1893년 미국의 하터법에서 처음으로 법률로 제정된 것인데, 이 정
신은 그 후 국제적으로 확산되어 1924년 헤이그 규칙을 거쳐 각국의
해상운송법의 제정에까지 영향을 미치게 되었다.[96] 헤이그 규칙과 헤
이그-비스비 규칙 제3조 및 제4조에서는 航海過失을 운송인의 면책으
로 규정하고 있지만 함부르크 규칙에서는 운송인의 航海過失면책조항
이 삭제되었다. 따라서 함부르크 규칙하에서 운송인의 책임이 增加한
부분 중에서 이 航海過失에 대한 책임이 무엇보다도 중요한 항목으로
여겨진다. 그런데 적하보험에서는 이러한 航海過失에 대하여 S.G증권
의 위험약관(perils clause)이나 FPA, WA조건 등의 특약담보위험에도
규정하고 있지 않으며, 열거담보조건인 新協會積荷約款(B), (C)의 제1
조 危險約款(risks clause)에도 열거되어 있지 않기 때문에 포괄담보를
규정하고 있는 A/R조건이나 新協會積荷約款(A)의 경우를 제외하고는
적하보험자가 보상책임이 없다고 볼 수 있다. 그러나 영국해상보험법

---

95) 航海過失(errors of navigation and management of ship)이란 선박 자체
   의 취급에 대한 선장이나 선원의 과실을 말하는 것으로 선박운항상의
   과실과 선박 자체의 취급에 관한 과실을 말한다. 衝突의 경우에는 자선
   의 화주에 대하여는 航海過失로 면책될 수 있더라도 他船에 입힌 손해
   에 대하여는 배상책임을 부담하여야 하는데 이러한 배상책임의 3/4은
   선박보험의 3/4衝突損害賠償責任約款에 의해 담보되며, 1/4은 P&I보험
   에서 담보된다.
96) 韓東湖, 航海過失과 積荷保險에 관한 若干의 考察, 海運學會誌 제14호,
   1987.

(MIA, 1906) 제55조 제2항에서는 "보험증권에 반대의 규정이 있는 경우를 제외하고 보험자는 담보위험에 近因하여 발생한 일체의 손해에 대하여 비록 그 손해가 선장 또는 선원의 不法行爲나 過失이 없었다면 발생하지 않았을 경우라 하더라도 그 책임을 져야 한다"라고 규정하고 있어 운송인의 航海過失로 인한 擔保危險에 近因한 손해를 적하보험자가 담보하도록 규정하고 있다. 그러나 이러한 航海過失로 인하여 담보위험이 아닌 부담보위험에 近因하여 손해가 발생하거나 또는 航海過失이 직접적으로 화물에 손해를 입힌 경우에는 S.G증권과 WA, FPA의 특약조건 및 新協會積荷約款(B), (C)조건하에서는 적하보험자가 보상하지 않는다. 따라서 이러한 위험에 대하여 헤이그 규칙이나 헤이그-비스비 규칙하에서는 운송인도 면책되어 있고, 보험자도 擔保하지 않기 때문에 선박보험에서 사용하고 있는 인치마리約款(Inchmaree Clause)[97]과 같은 특별約款이 정형화되어 화주가 보험에 부보할 수 있도록 되어야 한다는 주장을 하는 學者[98]도 있다. 그러나 아직도 이러한 위험을 擔保하기 위한 約款이 적하보험에서 정형화되지 않고 있

---

97) Inchmaree約款은 1887년 Thames & Mersey Marine Insurance Co. v. Hamilton, Fraser & Co. 사건, 즉 Inchmaree호 사건에 대한 판결 결과 생긴 約款으로 그 개요는 다음과 같다. 1884년 3월 다이아몬드 섬 앞바다에 정박하고 있던 Inchmaree호가 출항준비를 위하여 海水를 주 기관(main boiler)에 넣고자 보조기관(donkey boiler)을 작동하였을 때 입구밸브가 닫혀 있었기 때문에 海水가 주 기관으로 들어가지 않고 보조펌프의 공기실에 들어가 공기압축실이 파열되었다. 이러한 기관의 파열이 海上保險證券 본문의 危險約款에 명시되어 있지 않다는 이유로 保險者가 면책을 주장하자, 被保險者가 법정에 提訴하였다. 法廷에서는 기관의 파열은 海上固有의 危險(perils of the seas)도 아니고 기타 일체의 위험(all other perils)에도 해당되지 않기 때문에 보험자에게 보상책임이 없다고 판시하였다. 결국 Inchmaree約款은 이러한 危險을 擔保하기 위하여 船舶保險에서 정형화된 約款이다.
98) 韓東湖, 전게논문.

는 것은 S.G증권하의 A/R조건이나 新協會積荷約款(A)조건에서는 擔保될 수 있는 위험이며, 또한 航海過失의 특성상 대부분이 간접적으로 손해가 발생하기 때문에[99] 현실적으로 실무적인 요구가 적은 데 기인한다고 본다. 예를 들면 航海操縱의 실수로 좌초, 침몰, 충돌과 같은 위험이 발생하고 이러한 위험으로 인하여 화물이 손해를 입게 되는 경우 이러한 위험은 擔保위험으로 보험자가 보상하게 된다. 한편 함부르크 규칙에서는 이러한 航海過失에 대한 면책조항이 없으므로 화주에게 보상한 보험자는 운송인에 대하여 代位求償權을 행사할 수 있으며 운송인은 그러한 사고 및 결과를 방지하기 위하여 합리적으로 요구되는 모든 조치를 취하였다는 것을 증명하지 못하면 면책될 수 없다.

이러한 함부르크 규칙하에서 운송인의 航海過失에 대한 책임은 旣存의 P&I보험에서 원칙적으로 擔保되지 않는다는 문제가 있으나 단서조항에 의거 擔保받을 수 있기 때문에 반드시 클럽과의 상담을 통하여 추가擔保를 확보하여야 한다.

(2) 火災[100]에 대한 損害賠償責任

헤이그 규칙과 헤이그-비스비 규칙하에서는 화재에 대하여 故意나

---

99) 즉 直接的으로 損害의 近因이 되는 경우가 발생하기 힘들다.
100) 火災의 定義
   1) 火災(fire)는 불꽃(flame)을 의미하며 단순한 열(heat)을 의미하지는 않는다: W. Tetly, *Marine Cargo Claims*, 3rd ed., International shipping publication, 1988, p.412.
   2) 일정한 화상을 벗어난 불 또는 일정한 화상 없이 발생한 불로서 스스로 확대될 우려가 있는 유해한 불: 李才卜, 積荷保險約款論, 保險監督院, 1991, p.176.
   3) 화재는 자연발화를 포함한다.: The American Tobacco co., v. SS Katingo Hadjipatera, 1949 A. M. C. 49(S. D. N. Y.1948).

過失의 경우를 제외하고는 운송인은 책임을 지지 않는다.101) 그러나 이러한 운송인의 故意나 過失에 대한 擧證책임을 누가 부담할 것인가가 명확히 제시되어 있지 않아 혼란을 초래할 수 있었다. 1985年의 Damodar Tanabe 사건102)에서 선박의 船艙에 화재가 발생하고, 화재발생 시 선창 내에 소화기가 비치되어 있지 않았다. 따라서 화재를 물로써 진압하는 과정에 적재하고 있던 펄프가 심하게 손상되었다. 그런데 화재로 인한 물품의 손상은 5%밖에 되지 않았으며, 화재의 원인은 알 수 없었다. 화주는 운송인을 상대로 訴訟을 제기했다. 이 訴訟에 대하여 법원은 적재된 화물은 높은 화재위험이 있었고, 선박은 소화기를 비치하지 않음으로써 不堪航상태에 있었다고 전제하면서도 원고인 화주에게는 소화기의 비치가 물을 사용하지 않고 화재를 진압할 수 있었을 것이라는 것을 증명하도록 擧證책임을 부담시켰다. 결국 원고인 화주는 擧證을 하지 못하였으며 법원은 피고를 지지함으로써 운송인은 화재면책을 향수할 수 있었다. 또한 Sunkist Growers Inc. v. Adelaide Shipping Lines 사건103)에서도 화주는 운송인이 堪航性을 갖추기 위하여 상당주의(due diligence)를 다하지 않은 경우에 비록 不堪航이 손해의 원인이 아닐지라도 운송인은 면책을 누릴 수 없다고 주장하였으나, 법원은 운송인이 화재면책을 향수하기 위하여 선박에 대한 堪航性의 擧證책임을 부담하는 것은 아니라고 하면서 이러한 주장을 받아들이지 않았다.

그러나 운송인이 이러한 화재면책을 향수하기 위한 전제조건으로써,

---

101) Hague rules 4.2.: Neither the carrier nor the ship shall be responsible for loss or damage arising or resulting from : (b) fire, unless caused by the actual fault or privity of the carrier.
102) P&I International 1991.3, p.16.
103) (1979) 603 F.2d 1327 -9th Circuit.

堪航性확보를 위한 상당주의의무에 대하여 미국과 영국에서 해석상의 차이를 보이고 있다. 즉 미국에서는 위 판례 Sunkist Growers Inc. v. Adelaide Shipping Lines 사건에서와 같이 운송인에게 상당주의의무를 다하였는지에 대한 舉證책임을 요구하지 않는 소극적인 입장을 취하고 있으나, 영국에서는 운송인에게 堪航性확보를 위하여 적극적으로 상당주의의무를 다할 것을 요구하고 있다. The Star Sea 사건[104]에서 기관실에서 화재가 발생한 당시에 선장이 이산화탄소 소화기시스템을 어떻게 사용하는지를 몰라서 초기 화재진압을 하지 못하고 선박의 나머지 부분에까지 화재가 번져 전손을 입은 경우에 적절히 훈련받지 못한 선장의 무능력은 선박의 不堪航을 구성한다고 하여 운송인에게 화재면책을 부여하지 않았다.

그러나 실무에서는 일반적으로 화재에 관한 不堪航 또는 운송인의 過失이나 부주의가 있었다는 舉證책임은 화주에게 주어진다. 따라서 화주가 이러한 것을 舉證하기란 용이하지 않으며, 결국 위 판례 Damodar Tanabe 사건과 같이 운송인이 면책을 누리게 되는 것이 일반적이다.

한편, 함부르크 규칙에서는 3가지의 해석기준과 함께 헤이그 규칙상의 화재면책조항과 동일한 내용을 규정하고 있다.[105] 여기에서 규정하고 있는 3가지 해석상의 기준은 첫째로, 손해배상청구권자가 운송인의 過失이나 부주의에 의하여 화재가 발생하였다는 것을 증명하여야 하고, 둘째로, 운송인 또는 그의 사용인 및 대리인의 過失이나 부주의로 발생한 화재에 대하여는 운송인이 책임을 져야 하며, 셋째로, 일단 화재가 발생한 후 진화 또는 방지 및 완화를 위하여 운송인이

---

104) Manifest Shipping & Co. Ltd. v. Uni-Polaris Insurance Co. Ltd(The Star Sea)(1995) Lloyd; s Rep.651.
105) Hamburg rule 5.4.

합리적인 조치를 취하지 않았다는 것을 손해배상청구권자가 증명하여
야 한다는 것이다. 그러나 이러한 입증책임을 사실상 화재발생 사실
및 경과에 대하여 잘 알 수 없는 손해배상청구권자에게 부여함으로써
현실적으로 운송인의 면책과 같은 효과를 가지고 있다고 볼 수 있다.
물론 적하보험에서는 新協會積荷約款(A), (B), (C)의 어느 조건에서
도 보험자가 擔保하도록 규정하고 있으며,106) 구증권하에서는 本文約
款에 擔保危險으로 열거되어 있어 擔保되고 있음을 알 수 있다. 그러
나 운송인의 故意 또는 過失이 있었음을 증명하거나 화재발생 후 합
리적인 조치를 취하지 않았다는 것이 입증되는 경우 적하보험자는 代
位求償權을 가지고 이러한 손해에 대하여 운송인을 상대로 배상을 청
구하게 된다. 이와 같은 운송인의 책임에 대하여 헤이그 규칙에서나
함부르크 규칙에서 모두 운송인의 책임을 규정하고 있기 때문에 旣存
의 P&I클럽규칙에 의하여 擔保된다.

(3) 海上救助活動에 대한 損害賠償責任

해상구조란 해상에서 위험에 처한 인명이나 재산을 보존하거나 보존
하는 데 기여하는 활동이라고 할 수 있으며, 헤이그 규칙 제4조 제2항(
1)107)에 해상에 있어서 인명 또는 재산의 구조 또는 구조의 시도로 인하
여 발생하는 손해에 대하여 운송인은 책임을 지지 않는다고 규정하고 있
으며, 同 규칙 제4조 제4항108)에는 이러한 구조를 위한 離路도 운송계약

---

106) ICC(A)조건에서는 包括擔保로 免責條項에 火災가 포함되어 있지 않으
    므로 擔保危險이며, ICC(B), (C)에서는 제1조 危險約款(risks clause)에
    서 擔保危險으로 열거하고 있다.
107) Hague Rules 4.2(1).: ……saving or attempting to save life or property at
    sea.

에 위반되지 않는 것으로 간주하고, 이러한 결과로 발생한 멸실 또는 손해에 대하여 책임을 지지 아니한다고 규정하고 있다. 한편 함부르크 규칙 제5조 제6항[109]에서는 운송인은 共同海損의 경우를 제외하고 멸실, 손상 또는 인도지연이 인명구조를 위한 조치 또는 해상에서의 재산의 구조를 위한 합리적인 조치로 인하여 발생한 것일 때는 그 책임을 지지 않는다고 규정하고 있어 해상구조로 인한 손해에 대하여는 헤이그 규칙, 헤이그-비스비 규칙, 함부르크 규칙에서 모두 운송인의 면책을 규정하고 있다.

이에 대하여 해상보험에서는 영국해상보험법(Marine Insurance Act, 1906) 제49조 제1항(e)[110]에서 인명을 구조하기 위하여 또는 인명이 위험에 빠질 염려가 있는 조난선을 구조하기 위하여 발생한 離路 또는 지연을 허용한다고 규정하고 있다. 따라서 이러한 인명구조를 위한 활동으로 인하여 발생한 손해는 보상한다고 할 수 있다. 한편, 新協會積荷約款의 제16조의 被保險者義務約款[111]이나 舊約款의 損害防止約款(Sue and Labour Clause)에서 被保險目的物의 손해를 방지 또는 경감시키기 위하

---

108) Any deviation in saving or attempting to save life or property at sea or any reasonable deviation shall not be deemed to be an infrigement or breach of this convention or of the contract of carriage, and the carrier shall not be liable for any loss or damage resulting therefrom.

109) The carrier not liable, except in general average, where loss, damage or delay in delivery resulted from measure to save life or from reasonable measures to save property at sea.

110) Deviation or delay in prosecuting the voyage contemplated by the policy is excused……(e) For the purpose of saving human life, or aiding a ship in a distress where human life may be in danger.

111) Duty of assured Clause: It is the duty of assured and their servants and agents in respect of loss recoverable hereunder 1) to take such measures as may be reasonable for the purpose of averting or minimising such loss, ……:

여 피보험자 및 그 대리인은 합리적인 조치를 취하여야 하고, 이를 수행하는 데 합리적으로 지출된 비용은 보험자가 보상하도록 규정하고 있기 때문에 자선박의 재산, 즉 被保險目的物을 위험으로부터 구조하기 위한 費用은 損害防止費用 또는 구조비로서 보험자가 보상한다. 그러나 단순히 타인의 재산을 구조할 목적으로 행한 활동으로 인한 손해는 특약이 없는 限 보험자가 보상하지 않는다. Scramanga v. Stamp 사건[112]에서 Olympias호는 조난당한 Arion호를 발견하고 遭難船에 타고 있던 사람들을 쉽게 구조할 수 있었는데도 불구하고 구조료(£1000)를 얻기 위하여 遭難船 자체를 예인하기로 하였다. 예인 도중에 폭풍우 속에서 좌초되어 화물이 손해를 입었다. 이 사건에서 Olympias호는 정당한 離路로 인정받지 못하였다. 결론적으로 헤이그-비스비 규칙 및 함부르크 규칙에서는 인명이나 재산을 구조하기 위한 활동으로 인한 손해에 대하여 운송인의 면책을 규정하고 있지만 해상보험에서는 인명을 구조하기 위한 활동으로 인한 손해 및 損害防止費用만 보상하며, 단순히 타인의 재산을 구조하기 위한 활동으로 인한 손해는 보상하지 않는다. 따라서 단순히 타인재산의 구조를 위한 활동으로 인한 손해는 被救助財産의 주인으로부터 운송인이 구조료로 청구할 수 있으나, 손해가액이 被救助財産價額보다 클 때나 또는 구조가 실패한 경우에는 'No cure No pay'원칙[113]에 의거 보상받을 수가 없으므로 별도의 특약이 없는 경우에 운송인의 부담이 불가피하다. 따라서 단순히 타인재산을 구조하기 위한 활동 중에 自船의 운송화물에

---

112) (1880) 4 C. P. D. 316.
113) No cure No pay원칙의 예외로 기름(油)을 적재한 탱크의 救助作業에 따른 유탁방제비용에 대하여서는 救助가 성공하지 못하더라도 15% 이내의 할증금을 더하여 청구가 가능하도록 LOF(Lloyd's Open Form)가 1980년에 개정되었다. 이 비용을 Safety Net라고 부르며, P&I클럽에서 지급한다.: 藤澤順, 前揭書, pp.56-57.

입힌 손해에 대하여는 적하보험이나 선박보험 및 P&I보험에서 擔保하지 않기 때문에 위험의 공백이 발생한다.

한편 P&I보험에서는 보험가입선에 승선하고 있던 者를 구조하거나 또는 구조를 시도함으로써 제3자에게 지급하여야 할 금액을 보상하지만 선박보험이나 적하보험에서 회수가 불가능한 부분을 擔保한다고 규정[114]하고 있어 自船의 인명구조에 대하여 제한적으로 擔保하고 있다.

4. 引渡遲延 및 離路에 대한 損害賠償責任

(1) 引渡遲延에 대한 損害賠償責任

헤이그 규칙이나 헤이그-비스비 규칙에서는 인도지연에 대한 별도의 규정이 없으며, 함부르크 규칙 제5조 제2항[115]에서는 "인도지연은 물품이 해상운송계약에 정해진 揚荷港에서 명시적으로 합의된 기간 내에, 그러한 약정이 없을 때는 주위의 사정을 고려하여 주의 깊은 운송인에게 요구되는 합리적인 기간 이내에 인도하지 않은 경우에 발생한다"라고 규정하고 제5조 제1항에서 이러한 지연에 대하여 운송인이 책임을 진다고 규정하고 있다. 또한 이러한 운송인의 책임에 대하여

---

114) J. Kingsley, op.cit., p.139.
115) Hamburg rules Art.5.2.: Delay in delivery occurs when the goods have not been delivered at the port of discharge provided for in the contract of carriage by sea within the time expressly agreed upon or, in the absence of such agreement, within the time which it would be reasonable to require of a diligent carrier, having regard to the circumstance of the case.

운송인에게 너무 가혹한 부담을 주지 않도록 하기 위하여 同 규칙 제6조 제1항 b호에서 인도지연에 대한 운송인의 책임을 지연된 물품의 운임에 2.5배에 상당한 금액으로 制限하고 있다. 그러나 지연으로 야기된 화물의 물리적 부패와 같은 손상은 운송인이 책임을 지되(同 규칙 제5조 제1항) 일반책임제한원칙(同 규칙 제6조 제1항 a)에 따라서 책임을 진다.[116)117)] 그리고 인도지연에 대하여 인도 기간의 만기일 이후 연속하여 60일 이내에 인도되지 않은 경우에 당해 화물이 멸실된 것으로 취급하여 운송인에 대하여 책임을 청구할 수 있도록 규정하고 있으나[118)] 손해배상 이후에 물품이 나중에 발견되었을 경우에 어떻게 하여야 할 것인지에 대한 해결책을 제시하고 있지 않다는 문제점을 가지고 있다.[119)]

아무튼 헤이그 규칙이나 헤이그-비스비 규칙에서는 인도지연에 대한 명시적인 규정이 없어 운송인은 국내법에 따라 책임을 지고 있기[120)] 때문에 운송계약 당사자 간의 국내법이 相異할 경우에 準據法 설정에 어려움이 있을 수 있으나 함부르크 규칙에서는 이러한 문제점은 해결되었다.

한편 적하보험에서는 영국해상보험법(MIA, 1906) 제55조 제2항 b호 및 新協會積荷約款 제4조 제5항에서 모두 航海의 지연으로 인한 손해에 대하여 비록 지연이 擔保危險에 近因한 경우에도 보험자의 면책을 규정하고 있다.[121)] 그러나 이러한 航海의 지연은 지연이 부당하

---

116) J. C. Sweeney, Article 6 of Hamburg Rules, The Hamburg Rules on the Carriage of Goods by Sea, 1978, p.162.
117) 2.5SDR/Kg or 835SDR/Package 기준.
118) 함부르크 규칙 제5조 3항.
119) CIM Art.30에서는 이러한 경우에 수하인은 운송인으로부터 보상받은 것을 환불하고 물품을 청구할 수 있도록 규정하고 있다.
120) 錢昌源, 貿易運送實務, 일신사, 1993, p.512.

게(unreasonable) 되었을 때부터 보험자를 면책시키며,[122] 특별히 지연이 허용되어 보험자가 책임지는 경우가 있다.[123]

P&I보험에서는 화물의 운송지연에 의해 생긴 손실에 대한 법률적인 책임을 擔保한다고 규정하고 있어[124] 화물의 인도지연에 따른 운송인의 법적책임은 P&I클럽으로부터 擔保받을 수 있다.

(2) 離路에 대한 損害賠償責任

1) 離路에 대한 運送人의 責任

離路의 문제는 육상의 도로운송이나 철도운송의 경우에는 별문제가 될 것이 없으나 해상운송의 경우에는 운송경로에 따라 해상위험의 정도가 심각하게 차이가 발생할 수 있기 때문에 중요한 문제이다. 따라서

---

121) 이와 같이 지연이 擔保危險에 近因하여 발생한 경우에도 보험자를 면책시키는 것은 다소 불합리가 있다고 생각할 수 있다. 그러나 영국해상보험법은 지연은 위험의 변동을 초래하기 때문에 보험자를 면책시킨다는 입장을 취하고 있다. 프랑스의 경우는 프랑스 신협회적하약관 제6조 제5항에서 선박이나 부선의 난파, 좌초, 화재, 폭발 등으로 인한 지연은 명시적으로 면책에서 제외하여 보험자에게 책임을 지우고 있다.

122) MIA 1906 Art.48.

123) MIA 1906 Art.49.에 의하면 遲延이 허용되는 경우는 (a) 保險證券上의 特約에 의하여 인정된 경우 또는 (b) 船長 및 그의 雇用主의 지배를 벗어난 사정으로 인하여 일어난 경우 또는 (c) 명시 또는 묵시담보를 충족하기 위하여 합리적으로 필요한 경우 또는 (d) 船舶 또는 保險의 목적의 안전을 위하여 합리적으로 필요한 경우 또는 (e) 人命을 救助하기 위하여 또는 人命이 위험에 빠질 염려가 있는 조난선을 救助하기 위한 경우 또는 (f) 선상에 있는 자에게 내과적 또는 외과적인 의료를 시행하기 위하여 합리적으로 필요한 경우 또는 (g) 선장 또는 선원의 악행이 被保險危險의 하나일 때 이러한 惡行에 의하여 일어난 경우이다.

124) J. Kingsley, op.cit., p.142.

離路에 대한 운송인의 책임문제는 주로 해상운송법 분야에서 다루어지고 있다. 離路에 대한 규정으로서는 하터법 제3조에서 "해상에서 인명이나 재산의 구조를 행하거나 또는 그러한 시도 또는 그러한 활동을 하는 데 있어서의 離路로부터(saving or attempting to save life or property at sea, or deviation in rendering such service) 발생하는 損失에 대하여는 선주운송인은 책임을 지지 않는다"고 규정하고 있으며, 헤이그/헤이그-비스비 규칙 제4조 제4항[125]에서도 인명 혹은 재산의 구조 혹은 구조의 기도를 위한 離路 또는 상당한 이유가 있는 離路는 운송인이 책임을 지지 않는다고 규정하고 있다.[126] 이와 같이 상당한 이유가 있는(any reasoable) 離路에까지 면책의 범위를 확대하고 있다. 여기에서 무엇이 상당한 이유가 있는 離路인가 하는 문제에 대해서 라이트(Wright) 판사[127]는 선주와 화주 모두에게 이익이 되는 離路라고 설명하고 있다. 즉 선주만이 이익이 되는 離路는 상당한 이유가 있는 離路로 인정될 수 없다는 것이다. 합리적인 離路가 어떤 것인지에 대한 代表的인 판례는 Stag Line Ltd v. Foscolo Mango & Co Ltd 사건[128]이다. 동 사건에서 아트킨(Lord Artkin) 경은 합법적인 離路에 대한 기준으로 "계약항해로부터의 逸脫은 어떤 특정인의 이익을 고려할 의무

---

125) Hague Rules Art.4(4)： Any deviation in saving or attempting to save life or property at sea or any reasonable deviation shall not be deemed to be an infringement or breach of this convention or of the contract of carriage, and the carrier shall not be liable for any loss or damage resulting therefrom.

126) 영국의 해상운송법은 동일하게 규정하고 있지만 미국의 해상운송법은 "화물의 선적이나 양하 및 여객의 승선이나 하선을 위한 이로는 상당 이유가 없는 것으로 간주된다"고 부언되어 있다.

127) A Newcastle Century(1886-1986), Newcastle P&I Association, 1987, p.138.

128) (1931) 41 LL.L. Rep.165.

없이 모든 관계 당사자의 이익과 계약조건을 포함하여 당시에 존재하는 모든 관련 상황을 참조하여 신중한 사람이 통제하는 航海이다"라고 하였다. 따라서 합리성의 판단문제는 사실의 문제(question of facts)로서 다루어져야 할 것이다.[129]

또한 용선계약의 경우에는 선박은 정상적인 속도로 항행할 것이 요구되며 航海 도중 항진을 위한 2개의 보일러 중 연료의 절감을 위하여 1개만을 작동시켜 속도를 줄이는 것도 離路에 해당한다. 그러나 함부르크 규칙 제5조 제6항[130]에서는 운송인은 共同海損의 경우를 제외하고 멸실, 손상 또는 인도지연이 인명의 구조를 위한 조치 또는 해상에서 재산의 구조를 위한 합리적인 조치일 경우에 책임을 지지 않는다고 규정하여 離路라는 용어를 사용하지 않으면서 그 결과에 대하여 언급하고 있다.

해상운송인은 운송계약상 채무이행의 당연한 것으로 선적항에서 도착지의 양륙항까지 예정된 항로를 변경함이 없이 直航할 의무가 있다. 즉 운송인은 반대되는 명시적인 약정이 없는 경우에 특정 航海를 위한 정기선이든 용선선박이든 불문하고 부당한 離路나 불합리한 지연 없이 통상

---

129) 합리성 여부에 대한 예로서, ①부패성 있는 물품을 船積하고 있는 경우에 航海를 연장시키는 모든 항해의 변경은 불합리한 離路이다. ②어떤 항구가 체선상태가 심한 줄 알면서도 당해 항구로 향하는 물품을 인수하고 그 항구에서 물품을 揚荷하는 것은 불합리한 離路이다. ③船長이 특정항로가 악천후를 피하기 위한 항로변경을 함에 있어서 판단착오로 잘못 선택된 항로는 離路가 아니지만 航海過失로 인한 航路變更은 불합리한 離路이다. ④연료보충을 위한 離路는 합리적이지만 이러한 것은 항해개시 전 또는 개시 시에 不堪航을 구성한다. ⑤超過運送은 고의적이지 않는 限 離路가 아니다. ⑥파업을 피하기 위한 離路는 合理的이다.
130) Hamburg Art.5(6); The carrier is not liable, except in general average, where loss. damage or delay in delivery resulted from measures to save life or from reasonable measures to save property at sea.

적이고 합리적인 경로를 이용하여 航海를 할 것을 묵시적으로 약정하고 있다.[131] 이 경우의 離路는 지리적인 離路[132]를 말하는 것으로 離路란 선박이 특정의 목적상 故意的으로 계약항로로부터 지리적으로 벗어나는 행위를 말한다. 이러한 계약항로의 판단은 과거에 정기선에 의해 관습적으로 행해진 항로이거나, 항해 전에 통지되거나 광고된 항로, 船腹確約書(booking note)나 특별약정에 포함되어 있는 항로, 선하증권상에 기재된 항로를 기준으로 결정될 수 있다.[133]

예정항해를 종료하는 데는 연료가 충분하지만 그 이후 항해에 필요한 연료를 보충하기 위해서 예정되어 있지 않은 항구를 기항하는 것도 비합리적인 離路를 구성하게 된다. 따라서 이러한 연료보충을 위한 기항(bunkering call) 도중에 膠沙(grounding)로 인하여 물품이 손상을 입는 경우에 운송인은 비록 기항(bunkering call)과 膠沙 사이에 명백한 원인관계가 없는 경우에도 그리고 비록 교사가 航海過失로 인하여 발생한 경우에도 헤이그 규칙상의 면책을 원용할 수 없다.[134]

2) 離路에 의한 滅失이나 損傷에 대한 P&I保險擔保

지금까지 살펴본 바와 같이 운송인은 계약항로를 변경 없이 航海할

---

131) A. A. Moctta, op.cit., p.259.
132) 미국에서는 離路의 개념이 발전하여 非地理的 離路라는 개념이 널리 사용되고 있는데, 非地理的 離路의 예로는 초과운송(overcarriage), 화물을 적재한 채로 시험항해하는 경우, 화물의 착오인도, 항해개시의 불합리한 지연, 용선계약에서 선박의 대체, 동의 또는 관습이 없는 화물의 갑판적 운송, 출항하기 전에 적당한 주의를 기울인 경우에 발견할 수 있었던 不堪航性, 발항항으로의 화물의 회송을 들 수 있다.: Sedco Inc v. Strathewe, 800 F.2d 27, 1986 AMC 2801(2 Cir.1986).
133) W. Tetly, Marine Cargo Claims, 3rd ed., International Shipping Pub., 1988, p.740.
134) P&I International, 1991.3, p.3.

의무가 있으나 離路를 행한 경우에 발생하는 멸실이나 손상에 대하여 상당한 합리적인 이유가 없는 한 책임을 부담한다. 이러한 離路에 대하여 영국보험법상[135])에서는 선박이 적법한 이유 없이 보험증권에 정해진 航海에서 이탈하였을 경우 보험자는 離路한 시점으로부터 책임이 해지되며 선박이 손해발생 전에 본래의 항로로 복귀하는 것은 중요하지 않다고 규정함으로써 離路에 대하여 엄격하게 보험자의 면책을 규정하고 있다. 따라서 운송인은 이러한 離路로부터 발생한 멸실이나 손상에 대하여 보험자로부터 보상받을 수 없으며, 운송인이 스스로 부담하여야 한다. 이러한 운송인의 책임에 대하여 P&I클럽에서도 담보하지 않는다. P&I클럽에서는 단지 自船 또는 다른 선박상의 인명의 구조를 위하여 離路를 행한 경우에 한하여 연료비, 보험료, 임금, 비품, 식량 및 항비 등의 순 비용을 擔保한다.[136]) 물론 이러한 비용을 보상받기 위해서는 합리적으로 발생된 비용이어야 하며, 클럽규칙에 명시된 원인에 의한 離路이여야 한다. 그러나 이러한 離路에 대하여 사전에 클럽의 承諾을 득한 경우에는 클럽이 요구하는 추가보험료를 부담하고 담보받을 수 있다.[137]) 클럽은 離路에 대한 사전 통지가 있는 경우에 추가擔保 여부를 충분히 검토한 후 회원에게 擔保 여부를 결정한다. 즉 수권된 離路의 경우에는 클럽의 규칙에 따라서 擔保된다. 따라서 운송인은 특별한 목적상 離路가 요구될 경우에는 사전에 클럽과 충분한 상담을 거쳐 담보받을 수 있는 방법을 찾아야 할 것이며, 그렇지 않을 경우에 위험의 공백이 발생한다는 점을 명심하여야 한다.

---

135) MIA 1906 Art.46(1).
136) C. Hill, et al, op.cit., p.76.
137) Newcastle P&I Association Rules 19(17)(ii).

第3節 衝突損害 및 共同海損에 대한 運送人의 利害關係와 P&I保險

1. 衝突損害와 共同海損에 대한 運送人의 利害關係

선박충돌에 의하여 화물손해가 발생한 경우에 이러한 화물손해에 대한 손해배상책임은 본질적으로 운송계약상 운송인의 책임이 아니라 선주의 책임항목에 속한다. 즉 선박의 충돌원인은 대개가 航海過失에 속하는 것으로 헤이그 규칙 체계하에서 운송인은 自船의 화주에 대하여 면책되며, 또한 상대선박의 화주에 대한 손해배상책임은 운송계약상 운송인으로서의 책임이 아니라 선주의 자격으로서 不法行爲責任을 지는 것이다. 그러나 충돌의 원인이 航海過失이 아니고 堪航性 미비로 인한 경우에는 운송인으로서 주의의무위반에 의한 손해배상책임이 성립할 수도 있다. 또한 함부르크 규칙체계하에서는 航海過失면책이 폐지되었으므로 同 규칙 제5조에서 정하고 있는 당해 사고 또는 그 결과를 방지하기 위하여 합리적으로 요구되는 모든 조치를 취하지 않은 경우에 自船의 화주에 대하여 손해배상책임이 성립하는 것으로 해석된다. 그런데 선주가 自船으로 타인의 화물을 운송하는 경우에 선주의 자격과 운송인의 자격을 동시에 가지게 되며, 이러한 경우에 충돌이 발생하게 되면 제3자에 대한 不法行爲責任은 선주로서의 손해배상책임이지만 결국은 실제로 운송인과 동일한 主體가 가지는 책임일 뿐만 아니라 P&I보험의 중요한 擔保내용의 하나이므로 여기서 다루어 보기로 한다. 마찬가지로 共同海損의 경우에도 운송계약상 운송인의 계약책임은 아니지만 선주의 책임으로 P&I보험과 밀접한 관계를 가지고 있으므로 여기에서 검토하여 보기로 한다.

2. 衝突損害賠償責任과 P&I保險

(1) 船舶衝突과 損害賠償責任의 發生

선박해난 사고 중 충돌은 선주와 화주 모두에게 심각한 손해를 가져다주는 해상사고로서 점유율도 침몰, 좌초와 같은 해난사고보다 더 높다.[138] 또한 일단 사고가 발생하게 되면 손해의 규모가 너무 크기 때문에 선주가 단독으로 책임을 지기에는 과중한 책임이라 할 수 있으며, 해운의 정상적인 발전을 위해서도 바람직하지 못하다. 따라서 이러한 선박의 충돌 시에 발생하는 손해에 대하여 선박보험자 및 적하보험자가 적극적으로 그 책임을 분담하고 있다.[139] 즉 선박의 충돌에 의해서 他船에 손해를 입힌 선주의 책임은 不法行爲에 의한 不法行爲責任[140]이므로 피해자에 대한 손해배상책임이 발생하게 되는데 이러한 배상책임은 直接損害補償의 원칙이 적용되는 선박보험과 적하

---

138) 1986년 교통부 통계에 의하면 과거 10년간 海難事故 중 衝突에 의한 사고가 33.4%를 차지하고 있는 것으로 나타났다.

139) 선박충돌 시 선박보험자가 책임을 분담하는 조항은 선박약관상의 제8조 3/4衝突損害賠償責任約款(3/4 collision liability)이며, 적하보험자가 책임을 분담하는 조항은 신협회적하약관의 제3조 雙方過失衝突約款(both to blame collision clause)이다.

140) 自船의 화주에 대하여는 債務不履行에 의한 손해배상책임이 성립되나 一方過失에 의한 충돌인 경우에 航海過失로 선주는 100% 면책되며, 雙方過失의 경우 自船의 비율만큼은 航海過失로 인정되어 면책된다.

보험에서는 보험자가 책임을 지지 않는 것이 원칙이다. 또한 不法行爲에 면죄부를 제공하는 것은 불합리하다는 비판이 있을 수 있다. 그러나 오늘날 자동차책임보험이 당연한 사회적 제도로 받아들여지는 것과 마찬가지로 선박의 충돌로 인한 제3자에 대한 손해배상책임을 선박보험과 P&I보험에서 담보하고 있다. 해상충돌은 원인별로 보면 不可抗力 또는 원인불명에 의한 충돌,[141] 一方過失에 의한 충돌,[142] 雙方過失에 의한 충돌[143]로 나누어 볼 수 있다. 不可抗力에 의한 경우, 즉 태풍이나 지진, 화산의 폭발로 인하여 선박이 충돌하는 경우로서 이 경우에는 충돌선박의 어느 편에도 過失이 있었다고 보기 힘들다. 따라서 이 경우에는 '天災는 소유자가 부담한다'(resperit domino)는 일반원칙에 따라 피해자는 손해배상청구를 할 수 없는 것이 원칙이며 운송계약상 운송인은 면책된다.[144] 또한 一方過失의 경우에는 가해선박이 피해선박에게 손해를 배상하여야 할 것이다. 물론 이 경우에도 보험자에게 배상책임의 손해를 전가시키고 있다. 그러나 雙方過失의 경우에는 각 국가의 海商法 및 1910年의 브뤼셀 충돌협약[145]의 내용이 상이하여 책임분담의 문제가 다소 복잡한 양상을 띠게 된다. 따라서 여기에서는 선박의 雙方過失로 인한 충돌 시 발생하는 손해 중에서 주로 화물손해를 중심으로 이해관계 당사자 간에 어떻게 책임이

---

141) 우리나라 상법 제844조, 브뤼셀 충돌협약 Art.2.

142) 우리나라 상법 제845조, 브뤼셀 충돌협약 Art.2.

143) 우리나라 상법 제846조, 1910년 '브뤼셀 충돌협약(International Convention for the Unification of Certain Rules of Law in regard to Collision)'에서도 이와 같이 구분하고 있다.

144) Hague/Visby Rules Art.4.1.(d)

145) 1905년부터 1910년 사이에 벨기에의 브뤼셀에서 개최된 외교회의에서 채택된 협약으로 원명은 'International Convention for the Unification of Certain Rules of Law in regard to Collision'이다.

분담되는가에 대하여 운송계약과 적하보험계약, 선박보험계약 및 P&I
보험계약의 총괄적인 연구·분석을 통하여 선주와 화주 그리고 보험
자들 사이의 이해관계를 살펴보기로 한다.

(2) 船舶衝突로 인한 損害賠償責任의 問題

1) 船舶衝突의 解釋상의 問題

충돌(collision)이라고 할 때 그 의미는 경우에 따라서 달리 해석될 수
도 있다. 즉 新協會積荷約款에서는 선박뿐만 아니라 기타 타물과의 접
촉도 충돌과 같은 위험으로 擔保한다고 규정하고 있으며,[146] 協會船舶
保險約款에서는 타 선박과의 충돌(collision with any other vessel)[147]
이라고 하여 피보험선박과 타 선박의 현실적인 충돌을 의미하는 것으
로 두 선박의 선체가 현실적으로 접촉하는 것뿐만 아니라 한 선박의 선
체 일부분이 다른 선박의 선체 일부분과 접촉하는 것까지 포함하는 것
으로 해석한다. 우리나라 商法 제843조에서도 선박 간의 충돌로 한정해
서 규정하고 있다. 즉 우리나라 商法상의 충돌은 항해선 상호 간의 충
돌은 물론 항해선과 내수항행선 간의 충돌도 같이 규정하고 있다. 그러
나 항해선, 기타 영리선 및 내수선 이외의 선박 예를 들면 군함, 경비정
또는 공용선과의 충돌은 商法상의 충돌로 보지 아니한다.[148] 이와 같은
경우에는 民法상의 不法行爲責任에 의해 다루어질 수 있을 것이다. 또
한 內水航行船 간의 충돌도 商法상의 충돌이 아니다. 그러나 동일한 선
박소유자가 소유하는 선박 간의 충돌의 경우에도 선박의 각 이해관계

---

146) 新協會積荷約款(B)1.1.4.
147) ITC-Hulls(1995) Art.8.1.
148) 朴容燮, 船舶衝突損害와 保險補償에 관한 硏究, 海洋韓國, 1995.7, p.129.

자가 반드시 동일하지 않을 수 있음으로 충돌이 성립된다고 본다.[149]
여기에서는 충돌의 의미를 타 선박과의 현실적인 충돌로 한정하여 살
펴보기로 한다.

2) 雙方過失衝突로 惹起되는 損害에 대한 責任의 分擔

충돌손해를 배분하는 방법으로는 영국의 慣習法상으로는 寄與
過失의 原則(Contributory Negligence Rule), 過失均分原則(Devided
Damages Rule), 過失比例原則(Proportionate Damages Rule)이 있
다.[150] 寄與過失의 原則은 雙方過失이 있는 경우에 양 당사자는 상대
방에 대하여 손해배상을 청구할 수 없다는 원칙이다. 이것은 너무나
경직되고 불공평한 것으로 받아들여져 폐지되거나 많은 제한이 가하
여지고 있다. 과실균분원칙은 손해를 언제나 균분하는 원칙으로 미국
이 1975년까지 취하여 왔던 원칙이다.[151] 이는 과실비율 판정상의 번
거로움이 없어서 편리하기는 하나 실제 과실의 정도를 반영하지 못한
다는 측면에서 불합리하다는 비판을 면할 수 없다. 過失比例原則은
1910년 브뤼셀 충돌협약에서 채택하고 있는 원칙으로서 과실비율에
따라 상대선박에게 배상책임을 지는 원칙이다.[152] 이러한 過失比例原

---

149) 崔基元, 海商法, 博英社, 1993, p.232.에서는 동일한 所有者의 船舶의 衝突
은 衝突로 보지 않는다고 새기고 있으나 동일한 所有者의 船舶의 衝突의
경우에도 貨主는 다를 수 있기 때문에 損害賠償問題가 성립하며, 따라서
衝突로 解釋하여야 할 것이다.

150) W. Tetly, *Marine Cargo Claims*, International Shipping Publications,
Canada, 1988, p.621.

151) 미국은 1855년 The Schooner Catharine v. Dickinson 사건에서 과실균
분원칙이 채택되어 적용돼 오다가 1975년 United States v. Reliable
Transfer Co., 421 U.S. 397, 1975 AMC 541(1975)의 판결에서 미국대
법원이 과실비율원칙을 채택 적용하기로 함.

則하에서 배상책임의 분담 방법을 單一責任主義로 하느냐 아니면 交叉責任主義로 하느냐에 따라서 양 선박의 손해부담액은 동일하나 선박보험 및 P&I보험과 관련해서는 상당한 차이가 발생한다.153)

---

152) 이러한 3가지 방법에 의한 손해액의 분담은 다음과 같이 된다.

   (예) A선박의 과실: 3/4, B선박의 과실: 1/4

     A선박의 손해: 1,000,000원, B선박의 손해: 2,000,000원

  (1) 寄與過失原則: A, B 양 선박은 각각 자기의 손해를 부담하며, 상대방에 대하여 배상청구 불가.

  (2) 過失均分原則: A선박은 B선박에게 B선박손해의 1/2을 배상, 즉 1,000,000원을 배상. B선박은 A선박에게 A선박손해의 1/2을 배상, 즉 500,000원을 배상한다. 결국 총 손해의 1/2씩을 각각 부담한다.

  (3) 過失比例原則:

   單一責任主義

   A선박은 총 손해 3,000,000원 중 3/4을 책임지고, B선박은 1/4을 책임진다. A선박은 B선박에게 1,250,000원을 배상한다.

   交叉責任主義

   A선박은 B선박에게 B선박 손해의 3/4을 배상, 즉 1,500,000원을 배상. B선박은 A선박에게 A선박손해의 1/4을 배상, 즉 250,000원을 배상한다.

   두 가지 責任主義에 의한 양 선박의 손해부담액은 같으나 선박보험 및 P&I보험과 관련하여서는 상당한 차이가 발생할 수가 있다.

153) 앞의 주에서 설명한 예에서 單一責任主義와 交叉責任注意에 의한 保險者의 責任分擔上의 차이는 다음과 같다.

  單一責任主義

┌A선의 船舶保險者 負擔: ① 자선의 손해: 1,000,000원

│   ② 3/4충돌배상책임: 1,250,000*3/4=937,500원

│   소계 1,937,500

└B선의 船舶保險者 負擔: ① 자선의 손해: 2,000,000원

                   ② A선으로부터 대위 구상 : -1,250,000원

                   ③ 3/4충돌배상책임: 0

                   소계 750,000원

선박이 雙方過失로 충돌하게 되는 경우 우리나라 商法[154])에서는 雙方의 過失의 경중에 따라 책임을 지며, 過失의 경중을 판정할 수 없는 경우에는 손해배상의 책임을 균분하도록 규정하고 있다. 이는 브뤼셀 충돌협약의 내용[155])을 반영한 것이다. 영국은 우리나라와 마찬가지로 1911년 Maritime Conventions Act에서 브뤼셀충돌협약의 내용을 수용하고 있다. 그러나 미국은 이 협약을 비준하지 않음으로써 과실비율에 따라 雙方의 배상책임을 결정하지 않고 균등하게 각각 50%씩 균분하도록 하고 있었다.[156]) 그러나 일반적으로 過失의 경중을 밝힐 수 있

  ┌A선의 P&I클럽 負擔 ① 1/4충돌배상책임 1,250,000*1/4=312,500원
  └B선의 P&I클럽 負擔 ① 0

  交叉責任主義
  ┌A선의 船舶保險者 負擔: ① 자선의 손해: 1,000,000원
  │   ② 3/4충돌배상책임: 1,500,000*3/4=1,125,000원
  │   ③ B선으로부터 대위 구상: −250,000원
  │   소계 1,875,000원
  └B선의 船舶保險者 負擔: ① 자선의 손해: 2,000,000원
                ② 3/4충돌배상책임: 250,000*3/4=187,500원
                ③ A선으로부터 대위구상: −1,500,000원
                소계 687,500원

  ┌A선의 P&I클럽 負擔 ① 1/4 충돌배상책임: 1,500,000*1/4=375,000원
  └B선의 P&I클럽 負擔 ① 1/4 충돌배상책임: 250,000*1/4=62,500원

154) 商法 第846條
155) 브뤼셀충돌협약 Art.4.: If two or more vessels are in fault the liability of ech vessel is in propotion to the degree of the faults respectively committed. Provided that if, having regard to circumstances, it is not possible to establish the degree of the respective faults, or if it appears that the faults are equal, the liability is apportioned equally.
156) 미국의 균분주의가 확립된 판례는 1855년 The Schooner Catharine V. Dickinson: 58 U.S. (17 How) 170 (1854)이다.

는 경우에는 過失의 비율에 따라 책임을 분담하는 것이 보다 합리적일 것이라고 생각된다. 미국에서도 그러한 균분주의가 비판을 받자 1975년 United States v. Reliable Transfer Co. 사건에서 미국연방대법원은 균분주의를 폐지하고 過失比例主義를 채택할 것을 판시했으나 아직까지 브뤼셀 충돌협약은 조인하지 않고 있다.

雙方過失에 의한 충돌의 경우 충돌선박 상호 간에 책임을 분담하는 방법으로 交叉責任主義와 단일책임주의가 대립되고 있다. 단일책임주의는 충돌이라는 법률요건은 하나이기 때문에 이것으로 인하여 발생하는 손해도 일체로서 포괄적으로 파악하여야 한다는 주장이며, 交叉責任主義는 충돌이라는 사실은 하나이지만 이론상으로는 過失 있는 雙方에게 違法行爲의 요건이 충족되어 그것으로 인하여 생기는 손해배상청구권도 2개라고 주장한다. 비록 사고는 하나라고 하더라도 過失 있는 雙方의 선주에게 각각 不法行爲의 요건이 갖추어진 이상 그 책임도 雙方의 선주에게 개별적으로 인정하는 것이 타당하다고 본다. 우리나라에서는 雙方過失의 경우 交叉責任主義가 통설로 받아들여지고 있다.157)

제3자에 대한 충돌선박의 책임문제에 대하여 브뤼셀충돌협약에서는 제3자의 선박이나 화물손해에 대하여 過失比例原則에 따라 각 충돌선박이 책임을 지도록 규정하고 있다.158) 따라서 3선박의 충돌의 경우 선의의 제3의 선박은 과실비율에 따라 충돌선박으로부터 손해를 배상

---

157) 李均成, 海商法判例硏究, 海運産業硏究院, 1989, p.212.
158) 1910년 충돌협약 Art.4.: The damages caused, either to the vessels or to their cargoes or to the effects or other property of the crews, passengers, or other persons on board, are borne by the vessels in fault in the above propotions, and even to third parties a vessel is not liable for more than such propotion of such damages.

받을 수 있다. 그러나 우리나라 商法에서는 제3자의 사상의 경우에만 연대책임을 규정하고 있을 뿐 제3자의 선박이나 화물손해에 대해서는 언급이 없다. 그러나 이 경우에도 제3자에 대하여 충돌선박은 雙方의 過失의 경중에 따라 책임을 분담하되, 그 過失의 경중을 판정할 수 없는 경우에 책임을 균분한다고 확대 해석한다.[159] 한편 영국이나 캐나다는 브뤼셀 충돌협약을 수용하면서 제3자(third parties)에 대한 언급을 하지 않고 있다.[160] 그러나 일반적인 過失比例原則에 따라 선의의 제3의 선박은 過失 있는 양 선박으로부터 완전한 배상을 받을 수 있을 것이다. 하지만 선의의 화주는 완전한 배상을 못 받을 수도 있다.[161] 즉 제3의 선박이나 충돌선박상의 화주는 모두 충돌과 직접적인 관련이 없는 선의의 제3자이지만 제3의 선박은 過失 있는 양 선박으로부터 완전한 배상을 받을 수 있지만 선의의 화주는 自船의 과실비율에 해당하는 부분을 운송인의 航海過失면책으로 인하여 회수할 수 없다는 것이다. 물론 선의의 제3의 선박상의 화주는 過失 있는 양 선박으로부터 전 손해(whole damage)를 회수할 수 있다.[162]

---

159) 孫珠瓚, 商法(下), 博英社, 1993, p.879.
160) U.K.'s Maritime Convention Conventions(1911) Sect.1.(1)(a) ; Canadian Maritime Conventions(1914) Sect.2(a)(Canada Shipping Acts 638(1) (2)) ; (1) Where, by the fault of two or more vessels, damages or loss is caused to one or more of those vessels, to their cargoes or freight, or to any property on board, the liability to make good the damage or loss shall in proportion to the degree in which each vessel was in fault. (2) Where, having regard to all the circumstances of the case, it is not possible to establish different degrees of fault, the liability shall be apportioned equally.
161) W. Tetly, op.cit., p.626.
162) Russel v. The Gloria(1927) Ex. C. R. 162.

3) 船舶衝突에 따른 貨主의 請求權

不可抗力에 의한 충돌의 경우에는 화주는 선주에게 배상청구를 할수 없다는 것은 앞에서 언급한 바와 같다. 한편 일방과실의 경우에도충돌선박 自船의 화주는 선주에 대해서 화물의 손해에 대한 배상청구를 할 수 없다. 이것은 충돌이 대개의 경우 선장이나 선원의 航海過失에 의하여 발생되는 경우로서 헤이그-비스비 규칙에서 면책조항163)으로 되어 있기 때문이다. 그러나 화주는 선박의 堪航性을 갖추기 위하여 상당주의를 다하지 않은 것과 같은 운송인이 면책되지 않는 원인에 기인한 충돌이라는 것을 주장함으로써 손해를 회복할 수도 있다.

雙方過失의 경우에 영국에서는 선의의 화주는 자기화물의 적재선과상대선박으로부터 손해배상금으로 자기화물의 반액만큼만 회수할 수 있다는 慣行을 채택하고 있었다.164) 그러나 1910년 브뤼셀 충돌협약을 수용한 1971년 Maritime Conventions Act에 의해 상대선박으로부터 과실비율에 해당하는 만큼을 회수할 수 있게 되었다. 이것은 브뤼셀 충돌협약을 수용하고 있는 우리나라의 商法도 동일하게 규정하고 있다. 물론적재선박의 過失에 해당하는 부분에 대하여서는 航海過失免責조항에 의하여 배상받을 수 없다.

그러나 미국법하에서는 적재선박(carrying vessel)의 화주는 과실비율에 관계없이 共同不法行爲者의 연대책임(joint and several liability)165)을 인정받아 비적재선박(non-carrying vessel)인 상대선박으로부터 100% 손해를 배상받을 수 있다. 이러한 원칙은 1899년 *The*

---

163) Hague/Visby Rules 4(2)(a).
164) 金政秀, 海上保險論, 博英社, 1992, pp.231-232.
165) J. Buglass, *Marine Insurance and General Average in the United States*, 2nd ed., Cornell Maritime Press, 1981, p.342.

Chattahoochee 사건[166]에서 확립된 것으로 1975년 미국 대법원에서 채택한 過失比例原則에 의하여 변화되지 않았다.[167] 이렇게 상대선박의 화주에게 배상한 선주는 상대선박의 선주에게 상대선박의 過失에 해당하는 부분만큼을 求償 청구한다. 결국 선주는 자기가 적재한 화물에 대하여 자기과실비율에 해당하는 부분을 부담하게 된다. 이 부분에 대하여 선주는 선박보험은 물론 P&I보험에서도 보상받을 수 없었다.[168] 따라서 당시 영국의 P&I클럽에서는 미국으로 출·입항하는 선박에 대하여 雙方過失衝突約款을 삽입할 것을 권고하였다.[169]

한편, 미국의 1893년 Harter Act 및 미국의 COGSA 1936 그리고 Hague/Visby Rule에서도 航海過失은 면책이므로 航海過失에 의한 충돌의 경우 自船의 화주에 대해서는 면책되는 것이 원칙이다. 따라서 일방과실의 경우에는 航海過失로 면책이 되고 雙方過失의 경우 자기과실에 해당하는 부분을 책임지게 된다는 불합리한 문제가 발생한다. 이와 같은 모순 속에서 운송인들의 이익을 보호하기 위하여 미국의 선하증권상에 雙方過失衝突約款(Both to Blame Collision Clause)을 삽입하게 되었다. 즉 雙方過失하에서 적재선박의 화주가 비적재선(상대선박)에 청구한 손해배상금 중에서 비적재선박이 적재선박에게 求償 청구한 적재선의 과실비율에 해당하는 부분에 대하여 적재선의 화주가 적재선박에게 보상하여야 한다는 내용의 約款이 선하증권상의 雙方過失衝突約款이다.

---

166) 173 U.S. 540 p.552.(1899)
167) W. tetly, *op.cit.*, p.631.
168) V. Dover, *A handbook to marine Insurance*, Witherby & Co. Ltd., 1975, p.558.
169) V. Dover, *op.cit.* p.558.

(3) 船舶衝突 관련 각종 約款의 內容과 그 問題

1) 船荷證券상의 雙方過失衝突約款

선하증권상의 雙方過失衝突約款은 雙方過失에 의한 선박충돌의 경우 1910년 브뤼셀 충돌조약을 비준한 영국을 비롯한 기타의 국가들과 미국의 慣習法(판례)의 내용이 상이하기 때문에 미국의 운송회사들에 의하여 선하증권상에 삽입된 約款으로, 1935년 Toluma호 사건[170]의 판결 이후에 Toluma Clause로 알려진 雙方過失衝突約款이 삽입되기 시작하였다. 그 내용은 화주는 그의 화물손해액 중에서 운송인이 비적 재선에 지급한 금액을 그의 운송인에게 상환하여야 한다는 내용으로 되어 있다. 다음은 전형적인 雙方過失衝突約款[171]의 내용이다.[172]

"만일 본 선박이 상대방 선박의 過失과 본 선박의 선장, 선원, 도선 사 또는 기타 운송인의 사용인이 선박의 航海 및 관리상의 모든 행위, 부주의 및 過失에 의하여 타 선박과 충돌하였을 경우에 상인은 직접

---

170) Toluma-Sucarseco(1935) 294 U.S. 394, AMC 412. 이 사건에서 共同 海損分擔金도 衝突에 의한 損害로서 貨主가 非積載船으로부터 회수할 수 있다고 판시함.

171) If the vessel comes into collision with another ship as a result of the negligence of the other ship, and any act, neglect, or default of the master, mariner, pilot or the servants of the owner of the vessel in the navigation or in the management of the vessel, the merchant shall indemnify the carrier against all loss or liability which might be incurred directly or indirectly to the other or non-carring ship or her owners in so far as such loss or liability represents loss of or damage to his goods or any claim whatsoever of the merchant paid or payable by the other or non carring ship or her owners to the merchant and set off, recouped or recovered by the other or non carring ship or her owners as part of their claim against carring vessel or the owner thereof.

172) 韓進海運(株) 船荷證券上의 約款임.

또는 간접으로 발생된 모든 멸실이나 책임에 대하여 상대방 선박, 즉 비적재선에게 청구하는 그 자신의 화물의 멸실 및 손상에 대한 모든 클레임에 대해서 상대방 선박이나 그 소유자가 상인에게 지급하였거나 지급하여야 할 금액 중에서 상대방 선박, 즉 비적재선과 그 소유자가 적재선 및 본 운송인에 대하여 청구하는 클레임을 본 운송인에게 보상하여야 한다."

이러한 선하증권상의 雙方過失衝突約款은 화주가 비적재선박에 대하여 100% 손해를 배상청구할 수 있고 비적재선박은 적재선박으로부터 과실비율에 해당하는 부분을 회수할 수 있을 때 비로소 효력을 발휘할 수 있는 約款이다. 선하증권상의 雙方過失衝突約款은 그것의 유효성에 대한 결정이 없이 오랫동안 사용돼 왔으나, 1952년 *Esso Belgium* 사건173)에서 미국 대법원에 의하여 免責約款금지를 규정한 COGSA 및 Harter Act에 위배된다는 이유로 무효로 판결되었다. 결국 운송인은 자기선박의 過失비율에 해당하는 만큼을 책임지게 되는데 이는 P&I보험과 관련될 수 있는 문제로서 여기에 대하여서는 후술하는 P&I클럽의 擔保규칙에서 다시 다루기로 한다. 따라서 미국에서는 정기선과 같은 공공운송(public carriage)의 경우에는 雙方過失衝突約款의 효력을 인정받을 수 없으며 화주는 상대선박에 대하여 손해를 전액 배상받을 수 있다. 그러나 용선계약과 같은 사적운송(private carriage)에서는 雙方過失衝突約款은 유효한 것으로 지지되고 있다.174)

또한 航海過失면책을 규정하고 있는 함부르크 규칙하에서는 선주는 自船의 화물에 대해서도 운송인 자신이나 사용인 및 대리인이 그러한

---

173) United States v. Atlantic Mutual Insurance Co.: 343 U.S 236, 1952 AMC 659(1952).
174) W. Tetly, *op.cit.,* p.632.

사고를 방지하기 위해서 합리적으로 요구되는 모든 조치를 취하였다는 것을 증명하지 못하면 손해배상의 책임을 지게 된다. 따라서 함부르크 규칙하에서는 航海過失로 인한 일방과실충돌의 경우는 물론, 雙方過失衝突의 경우에 自船의 화주에게도 배상책임을 져야 하는 결과를 가져오게 된다.

한편 우리나라에서 정기선사에서 발행되는 선하증권에도 예외 없이 雙方過失衝突約款이 삽입되어 있으나 미국의 법원으로부터 지지받을 수 없다는 것은 판례[175])를 통해서 알 수 있다. 그러나 용선운송의 경우에는 운송인의 면책내용이 수정될 수 있으므로 雙方過失衝突約款이 요구될 수 있으며, 또한 미국 이외의 법원에서는 유효하게 인정받을 수 있으므로 雙方過失衝突約款은 여전히 존재가치가 있다고 볼 수 있다.

2) 積荷保險約款상의 雙方過失衝突약款

운송계약상의 雙方過失衝突約款에 의해 화주가 상대선박으로부터 받은 배상액 중 自船의 과실비율에 해당하는 부분을 自船의 선주에게 보상하여 줌으로써 실제로 화물의 損失을 전액 보상받지 못하는 결과가 된다. 이러한 문제점을 해결하기 위하여 런던보험자협회에서 1936년 8월 1일부터 雙方過失衝突約款을 제정하여 시행하였다. 그 이후 1943년 6월 1일자로 舊協會積荷約款의 제11조에 삽입되어 사용되다가 1982년 新協會積荷約款의 제3조로 변경되어 사용되고 있다. 물론 적하보험약관상의 雙方過失衝突約款은 미국의 판례에서와 같이 선하증권상의 雙方過失衝突約款이 무효가 되면 그 효력을 상실할 수밖에 없다. 그러나 용선계약서의 雙方過失衝突約款은 계속 유효한 것으로 지지되고 있기 때문에 적하

---

175) 앞의 주 35. 참조.

약관상의 雙方過失衝突約款은 계속 유지될 필요가 있다. 한편 적하보험자는 이 約款의 유효성에 대해서 거절할 수 있는 권리를 유보한다.[176) 왜냐하면 선하증권상의 雙方過失衝突約款의 효력의 인정 여부에 따라 보험자의 보상책임 여부가 결정되기 때문이다.

선주가 화주에게 이러한 청구를 한 경우 피보험자는 보험자에게 그 뜻을 통지하여야 하고 또한 보험자는 선주의 피보험자에 대한 청구에 대하여 자기의 비용으로 피보험자를 방어할 권리를 유보하고 있다.[177)

新協會積荷約款상에 나와 있는 내용은 다음과 같다.[178)

"이 보험은 손해보상의 범위를 확대하여 해상운송계약의 雙方過失衝突約款에 의한 피보험자의 부담액 중 이 보험증권상에서 보상을 받을 수 있는 손해에 관한 부분을 지급하여 준다. 위 約款에 따라 선주로부터 청구를 받았을 경우에 피보험자는 그 취지를 보험자에게 통보할 것을 약속하고 보험자는 자기의 비용으로 선주의 청구에 대하여 피보험자를 보호할 권리를 가진다."

적하보험에서 보상하여 주는 것은 원래 물질적 손상이나 멸실이지만 雙方過失衝突約款에 의한 보상은 운송계약상 배상책임을 보상하여 주는 것으로 피보험자가 선주에게 법률적 지급의무가 있는 경우에 限한다. 따라서 법원에서 인정되는 금액에 한하여 적하보험자에게 보상책임이 있으며 선하증권상의 그러한 조항에 대하여 무효판결이 있는 경우

---

176) J. Buglass, op.cit., p.345.
177) 吳元奭, 海上保險論, 三英社, 1995, p.216.
178) 雙方過失衝突約款: This insurance is extended to indemnify the Assured against such proportion of liability under the contract of affreightment 'Both to Blame Clause' as is in respect of a loss revocable hereunder. In the event of any claim by shipowners under the said Clause the Assured agree to notify the Underwriters who shall have the right, at their own cost and expense, to defend the Assured against such claim.

에는 적하보험자는 지급책임이 없다. 또한 보험자가 보상하는 손해와 관련된 배상책임이므로 충돌은 擔保危險에 의한 것이어야 한다. 즉 면책위험에 의한 충돌의 경우에는 적하보험자에게 보상책임이 없다.

3) 船舶保險約款상의 3/4衝突損害賠償責任約款

선하증권상의 雙方過失衝突約款과 적하보험증권상의 雙方過失衝突約款은 충돌 시 발생하는 화물의 손해를 둘러싼 운송인과 화주 및 적하보험자 사이의 책임분담 문제를 다루고 있는 반면에 선박보험 約款상의 雙方過失衝突約款은 선박충돌 시 필연적으로 발생할 수 있는 선주 또는 운송인의 제3자에 대한 손해배상책임에 대하여 추가적으로 보상하여 주는 문제를 다루는 約款이다. 이 約款은 1836년의 De Vaux v. Salvador 사건[179] 이후에 제정되어 1888년 ITC-Hulls에 Running Down Calause라는 명칭으로 삽입되었다. 이것이 1983년 約款 개정 시에 3/4ths Collision Liability로 변경되어 제8조에 규정되어 있으며, 1995년 11월 개정 시에 오염에 다른 충돌책임면책범위에 환경에 대한 손상을 추가하여 제8조에 규정되어 있다.

이러한 제3자에 대한 배상책임의 책임한도는 보험증권상에 명기된 보험금액의 3/4을 초과하지 않는 범위 내에서 他船에 지급한 법적배

---

179) (1836) 4 Ad & EI 420: 사건의 개요는 다음과 같다.: 통상의 海上保險證券으로 附保된 한 선박이 Hooghly강에서 다른 기선과 衝突하여 雙方에 막대한 손실을 입혔다. 仲裁 결과 각 선박은 양 선박의 합계손해액의 반반씩을 부담하도록 되었다. 따라서 被保險船主는 이것을 海固有의 危險에 의하여 발생한 單獨海損으로 간주하고 保險者로부터 회수하려고 했으나 이는 "海固有의 危險의 필연적인 결과도 아니며 또한 직접적인 결과도 아니고 국제법의 단독적인 규정에서 생긴 것"이라고 하여 船主는 保險者로부터 회수할 수 없다고 英國王立裁判所가 판결을 내린 것이다.

상책임금액의 3/4으로 피보험선박 자체의 손해액에 추가하여 보상한다. 이러한 배상책임에도 공제액[180]이 적용되며 피보험선박이 전손을 입었을 경우에도 충돌손해 배상금에는 공제액이 적용된다.[181] 이 約款하에서 보상받지 못하는 법적배상책임의 1/4은 선주나 운송인이 부담하도록 한 것은 선주나 운송인으로 하여금 충돌이라는 不法行爲가 발생하지 않도록 하기 위하여 최대한의 관심을 기울이도록 하기 위한 것이다. 물론 이 경우에 선주나 운송인은 P&I클럽을 통하여 이러한 제3자에 대한 손해배상책임을 擔保받게 된다.

만약에 피보험선박이 나용선인 경우에는 선원이나 선장은 용선자가 채용한 사람이며, 따라서 이러한 사람들의 過失에 의한 충돌의 경우 선주가 부보한 선박보험에서는 용선자의 제3자에 대한 배상책임을 보상할 수 없다. 이러한 경우에 선주가 보험에 가입하기로 용선계약에서 정하고 있다면 선주는 보험계약 시 'Assured' 뒤에 'and or Charterer'라는 용어를 추가적으로 삽입함으로써 용선자의 제3자에 대한 배상책임도 擔保받을 수 있을 것이다. 그러나 용선자가 직접보험에 가입하는 경우에는 이러한 문제가 발생하지 않는다.

본 約款에서 손해배상이라는 개념은 법률상의 不法行爲에 의한 배상책임을 의미하며 계약에 의하여 피보험자가 상대선박에 대하여 부담한 손해배상은 擔保되지 않는다.

---

180) 控除額은 선박보험에서 全損을 제외한 모든 손해배상에서 적용되는 것으로 지급할 보험금에서 보험증권에 명시된 控除額을 차감하고 지급하는 제도이다.

181) R. H. Brown, Marine Insurance – Vol.3, Witherby & Co.Ltd. 1978, p.153.

(4) P&I클럽의 衝突損害賠償責任

선박의 충돌이 발생하면 충돌선박의 선주는 제3자에 대하여 손해배
상책임을 부담하는데 이를 충돌책임이라고 한다. 이는 不法行爲책임으
로서 법적 배상책임의 성격을 가지게 된다. 충돌책임은 상대선박의 선
주나 상대선박 내의 화물의 화주 및 승무원 및 승객에 대하여 생기게
된다. 여기서는 승무원 및 승객에 대한 충돌책임은 논외로 하고 상대
선박의 선주나 화주에 대한 충돌책임을 검토하기로 한다.

선박의 충돌에 의한 상대선박 및 재산의 멸실에 대하여 법적 배상책임
의 3/4을 선박보험에서 擔保하고 있다는 것은 앞에서 살펴보았다. 따라서
선박보험증권으로 擔保되지 않는 1/4충돌배상책임은 P&I클럽에서 담보
하고 있다.[182] 선박보험증권에서 공제금액으로 정하고 있는 부분은 역시
P&I클럽에서도 擔保되지 않으며 선주가 부담하여야 한다. 이것 또한 선
주로 하여금 사고에 대한 주의를 기울이게 하기 위하여 최소한의 부담을
지우고 있는 것이다. P&I클럽에 선박을 가입시킬 때 클럽은 선박보험증
권과 연계하여 보험료를 산출하기 때문에 선박보험증권에서의 擔保내용
은 P&I보험료에 직접적인 영향을 미친다. 많은 선박보험증권에서는 충돌
책임에 대하여 1회의 충돌사고당 선박보험금액의 3/4을 한도로 정하고 있
다. 따라서 상대선박에 대한 법적 배상책임액이 당해 선박보험증권상의
보험금액의 3/4을 초과하는 경우에 이러한 초과 부분[183]은 선박보험에서
보상해 주지 않기 때문에 이를 P&I클럽에서 擔保하는 것으로 규정하고
있다.[184] 이러한 문제는 소형선박, 즉 보험가액이 낮은 선박이 대형선박

---

182) 日本船舶保險에서는 4/4를 모두 擔保하고 있다.
183) 이를 超過衝突責任이라고 한다.
184) The London Steam-ship Owners' Mutual Insurance Association Ltd.,
   Rules Book. Rule 9.13.1.3.: Gard Club Rule 12.b.

과 충돌을 일으켜 상대선박에게 自船의 보험가액보다 더 큰 충돌손해배상책임을 부담하는 경우에 발생할 수 있는 것으로, 이 역시 선박이 선박보험에 어떠한 조건으로 가입되어 있는가에 따라서 P&I클럽이 부담하는 금액이 달라지기 때문에 P&I클럽의 규칙에서는 선박의 전가액에 대해서 보험가입을 의무화하고 있으며 또한 선박의 협정보험가액은 선박의 시장가액을 밑돌지 않도록 할 의무를 지우고 있다.[185] 물론 P&I클럽에서는 선박이 전가액에 대하여 보험에 부보되지 않음으로써 선박보험에서 보상되지 않는 부분에 대해서는 담보하지 않기 때문에 클럽의 회원인 선주는 가입시에 클럽과 협의를 거쳐 擔保범위를 확실히 해두어야 할 것이다.

한편 미국의 慣習法하에서 선하증권상의 雙方過失衝突約款은 무효가 됨으로 雙方過失衝突인 경우에 적재선박의 화주가 비적재선박으로부터 화물손해의 100%를 배상받고, 비적재선박은 그 배상액 중 적재선박의 과실비율에 해당하는 만큼을 적재선박에게 求償 청구하게 됨으로써 결과적으로 적재선박은 자기선적화물의 손해에 대해서 자기과실비율에 해당하는 만큼을 우회적으로 부담하게 된다. 이것은 航海過失면책을 규정하고 있는 미국의 COGSA 등에도 위배된다는 문제점을 가지고 있기는 하지만 미국의 법원에 의하여 지지되고 있음으로 충돌사건의 심리가 미국의 법정에서 다루어지는 경우에는 선주는 航海過失에 의한 自船의 화물손해에 대하여 우회적으로 배상책임을 질 수밖에 없으며 이것을 자기가 가입하는 P&I클럽에서 擔保할 수 있도록 사전에 클럽과 상담하여야 한다.

그런데 P&I클럽규칙[186]에서는 선하증권상에 반드시 雙方過失衝突

---

185) J. Kingsley, *Handbook on P&I Insurance*, 3rd ed., Assuranceforeningen Gard, 1988, p.195.
186) J. Kingsley, *op.cit.*, p.288.

約款을 삽입하도록 규정하고 있기 때문에 이러한 계약조건을 사용하지 않음으로써 선주가 부담하게 되는 손해배상책임에 대하여는 擔保하지 않는다. 즉 클럽이 금지하고 있는 계약조건을 사용하거나 클럽이 정하는 계약조건을 사용하지 않는 경우에는 이것으로 인하여 발생하는 책임에 대하여 클럽이 담보하지 않는다는 것이다. 문제는 이러한 雙方過失衝突約款을 선하증권상에 삽입했을지라도 법정지의 準據法에 따라 효력을 인정받을 수 없는 경우에 선주는 배상책임을 부담할 수밖에 없다는 것이다. 따라서 이러한 배상책임은 클럽에서 擔保되도록 하여야 할 것이다. 그러나 클럽의 규칙을 살펴보면 이와 같은즉 雙方過失衝突約款의 무효판정으로 인하여 선주가 부담하게 되는 배상책임에 대하여 담보한다는 규정은 별도로 정하고 있지 않다. 따라서 이러한 배상책임은 충돌책임 중 상대선박의 선주에 대한 책임으로 P&I클럽에서 擔保받을 수 있도록 사전에 클럽과 상담을 해야 한다.

3. 共同海損과 P&I保險

(1) 共同海損에 대한 船主의 責任

共同海損은 영국해상보험법 제66조에서 공동의 해상사업의 수행과정에서 위험에 놓인 재산을 보호할 목적으로 자발적으로 그리고 합리적으로 이례적인 희생을 치르거나 이례적인 비용을 지출하는 경우에 共同海損行爲(General Average Act)가 있는 것으로 하고 이러한 행위로 인하여 발생한 손해 또는 이러한 행위의 직접적인 결과로 생긴 손해를 共同海損損害라고 한다. 이러한 共同海損損害에는 共同海損費

用(General Average Expenditure)과 共同海損犧牲(General Average Sacrifice)을 포함한다고 규정하고 있다. 해상운송 중에 공동의 위험이 발생하게 되면 선주는 운송화물을 처분할 수 있는 권한을 가지게 되며, 이러한 처분으로 인하여 손해가 발생하게 되는 경우에 共同海損에 의하여 혜택을 받은 자와 피해를 입은 자 사이에는 이해관계의 상충이 발생하게 되고 이러한 이해관계의 조정을 위하여 필요한 것이 共同海損 정산의 문제이다. 共同海損의 정산은 共同海損 단체에 부담을 분담시키는 문제로서 그 기준은 York‐Antewerp 규칙(1994)[187]이 이용되고 있다. 共同海損 단체에는 공동항해사업에 이해관계를 가진 화주와 선주가 포함되기 때문에 선주도 共同海損 분담청구권자가 될 수도 있으며 분담의 의무자도 될 수 있다. 共同海損의 분담청구권자가 되는 경우에 선주는 그 분담액이 지급될 때까지 또는 적절한 擔保가 제공될 때까지 화물에 대하여 留置權을 행사할 수 있다.[188]

선주가 共同海損의 분담의무자인 경우에 선주는 선박보험자에게 보상청구를 할 수 있다. 이때 共同海損費用 손해에 대하여 보험자에게 피보험자의 분담 부분만을 청구할 수 있으며, 共同海損犧牲 손해는 전액을 보험자에게 청구할 수 있다. ITC‐Hulls(1995) 제10조에서도 共

---

187) York‐Antwerp규칙은 共同海損의 성립과 범위 및 정산에 대한 국제적인 통일 규칙으로 세계적인 승인을 받고 있는 규칙이다. 동 규칙은 1877년에 제정된 이후에 1890년, 1924년, 1950년, 1974년에 개정되어 최근까지 사용돼 오다가 1989년에 救助에 관한 國際協約(International Convention on Salvage, 1989)이 성립됨에 따라 國際海事委員會(Comite Maritime International: CMI)에서 YAR 제6조(救助費의 補償: Salvage Remuneration)를 개정하여 York‐Antwerp, 1990을 1990년 10월부터 시행해 왔으나, 1994년 시드니에서 열린 CMI회의에서 전반적인 개정을 하여 York‐Antwerp, 1994기 현재 시행 중이다.

188) J. Kingsley, *op.cit.*, p.228.

同海損犧牲 손해에 대하여는 사전에 전액을 보상받을 수 있는 것으로 규정하고 있다.[189] 그러나 실무에서 영국보험업자들은 共同海損費用의 경우에도 共同海損犧牲과 동일하게 피보험자가 지급한 전액에 대하여 보험금을 지급하고 代位에 의하여 제3자에 대한 共同海損 분담청구권을 취득한다. 실무적으로는 이렇게 처리하더라도 보험자의 권리에는 아무런 영향을 받지 않기 때문이다.[190] 한편, 선박보험의 경우에 ITC-Hulls(1995) 제10조 제4항[191]에서 擔保危險을 회피하기 위하여 또는 擔保危險을 회피하는 것과 관련하여 발생한 損失이 아닌 경우에는 본 조의 어떠한 보상청구도 허용되지 않는다고 하여 擔保危險과 관련된 共同海損의 분담금에 대하여 담보하는 것으로 규정하고 있다. 따라서 선주는 선박보험계약에서 擔保危險이 아닌 不擔保危險으로 인하여 共同海損이 발생하고 그러한 共同海損 분담금은 스스로 부담할 수밖에 없다. 또한 운송인이 선박의 堪航性 미비와 같은 운송계약의 위반으로 인하여 共同海損行爲가 발생한 경우에 화주는 債務不履行을 이유로 共同海損 분담금의 분담을 거절하게 될 것이다. 이것도 역시 운송인이 스스로 부담할 수밖에 없는 비용이다. 이와 같이 선주인 운송인이 스스로 부담하여야 하는 共同海損의 분담금을 P&I클럽에서 담보하고 있는지 여부를 살펴보기로 한다.

---

189) ITC-Hulls(1995) Art.10.(1): _, but in case of general average sacrifice of the Vessel the Assured may recover in respect of the whole loss without first enforcing their right of contribution from other parties.

190) 여성구, "공동해손 손해 및 분담금에 대한 보험자의 보상책임에 관한 연구", 중앙대학교 박사학위논문, 1993, p.102.

191) No claim under this clause 10 shall in any case be allowed where the loss was not incurred to avoid or in connection with the avoidance of a peril insured against.

(2) 船主의 共同海損 分擔金에 대한 P&I保險擔保

원칙적으로 선주의 共同海損 분담금에 대하여 선박보험자가 담보한
다. 그러나 위와 같은 선박보험에서 擔保하지 않는 不擔保危險을 회피
하기 위한 共同海損의 경우의 선주 자신의 분담금 및 운송인의 운송
계약위반으로 인한 共同海損의 경우에 이해관계자들에 대한 분담청구
권의 상실로 인한 共同海損의 분담금은 선주 자신이 부담하여야 할
몫이다.

그런데 P&I클럽의 규칙[192]에서 정하고 있는 내용을 살펴보면 회수
불가능한 共同海損 分擔金(unrecoverable general average contribution)
에 대하여 클럽에서 담보하는 것으로 규정하고 있다.[193] 즉 "화주나 또
는 해상사업의 다른 당사자에 의하여 지급돼야 하는 共同海損犧牲의 분
담금이나 구조료 및 특별비용이 단지 운송계약의 위반이라는 것을 이유
로 모든 법적 조치를 다 취한 후에도 지급되지 않는 경우에는 클럽이 담
보한다"고 규정하고 있다. 그러나 클럽규칙에서는 不擔保危險에 기인한
共同海損 시 선박의 분담금, 즉 선주가 부담하여야 하는 共同海損 분담
금에 대하여는 담보 여부가 불확실하다. 또한 회수 불가능한 共同海損

---

192) Gard Assuranceforeningen Club Rules 17(1988), Newcastle P&IClub
Rules 19(1996), UK P&I Club Rules 2 Sec. 19(1995), The London
steam-ship owners' Mutual Insurance Assiciation Ltd. Rules Class 5
9.20 등에 규정되어 있다.

193) NewCastle P&I Club Rules 19(18) B; The cost to the Member of
that proportion of General Average expenditure, salvage and special
charges which should be paid by Cargo or by some other party to
the the maritime adventure but which are not so paid after the
exhaustion of all legal remedies solely by reason of a breach of the
contract of carriage.

분담금에 관한 규칙에서 단서조건을 삽입하고 있다. 즉 표준운송계약 조건의 미준수,194) 離路, 甲板積 화물이나 生動物 및 단지 클럽 理事會의 裁量權에 의하여 지급될 수 있는 청구금(claims payable only at the discretion of the directors)의 경우195)에는 회수 불가능한 共同海損 분담금에 대하여 擔保되지 않는다. 따라서 선주는 이러한 경우에 어떻게 대처할 것인지 자구책을 나름대로 모색하여야 한다. 물론 이러한 경우에는 반드시 사전에 클럽과 상담을 통해 담보 여부를 결정하든지 아니면 제3의 위험담보 방법을 선택할 수 있겠으나 일반적으로 클럽과 상담을 통하여 擔保하는 것이 효율적인 방법이 될 것이다.

한편 가입선의 共同海損 분담금이 가입선박이 가입하고 있는 선박보험의 보험금액을 초과하여 선박보험으로부터 회수할 수 없는 경우에도 담보한다.196) 그러나 실제로는 이러한 경우는 잘 발생하지 않는다.197)

---

194) 기존의 각 클럽의 規則에서는 헤이그/헤이그-비스비規則상의 運送人의 責任을 標準運送契約條件으로 채택하고 있다.

195) 이러한 경우에는, (a) 運送契約上에 약정된 항구나 장소 이외의 항구나 장소에서 貨物을 揚荷하는 경우, (b) 유통가능한 船荷證券이나 유사한 權利證券下에서 船荷證券이나 權利證券의 제출 없이 그러한 사람에게 貨物을 인도한 경우, (c) 船荷證券, 運送狀 또는 기타 運送書類가 실제 積載, 船積 수령한 날짜보다 앞에 또는 뒤의 날짜를 기록하고 있는 경우, (d) 船荷證券, 運送狀 또는 기타 運送書類가 貨物의 명세나 수량 또는 그 조건에 대해서 부정확하게 되어 있는 것을 船長이나 船員이 알고 있었던 경우, (e) 加入船舶이 선적항구에 도착하지 못하거나 늦게 도착하는 경우 또는 어떤 특정화물을 선적하지 못하는 경우이다. Newcastle P&I Association Rules 19(17).

196) Newcastle P&I Association Rules 19(18): the Entered Ship's proportion of general average expenditure, salvage and sue and labour expence not recoverable under Hull policies by reason of the value of the Ship being aassessed for contribution to general average or salvage at a sound value in excess of the insured value under such policies.

197) J. Kingsley, op.cit., p.226.

또한 共同海損行爲가 선주의 過失(fault)에 의하여 발생하는 경우에는 선주는 共同海損 분담금을 청구할 수 없다.[198] 예를 들면 수권되지 아니한 離路(unauthorized deviation)의 결과 발생한 共同海損犧牲이나 費用은 선주가 분담청구를 할 수 없다.[199] 물론 離路를 행한 경우에는 P&I보험에서도 담보하지 않는다는 것은 전술한 바와 같다. 대개는 共同海損의 분담금을 청구할 수 없는 경우는 청구권자가 법적으로 책임을 져야 하는 경우다. 즉 선주인 운송인은 헤이그/헤이그-비스비 규칙하에서는 航海過失은 운송인의 면책이므로 航海過失에 의한 共同海損의 경우 법적책임이 없기 때문에 共同海損 분담금을 이해관계자에 대하여 청구할 수 있다. 그 하나의 판례로서 The Carron Park[200] 사건을 살펴보면, 어느 한 기사에 의하여 기관실의 밸브가 열려져 있음으로 인하여 화물이 적재되는 동안에 海水가 선박에 들어와 화물을 다시 揚荷하여야 하는 사고가 발생했다. 이 판결에서 한넨(J. Hannen)은 "共同海損의 분담청구권은 선주가 책임 있는 어떠한 過失로부터 발생하였을 때는 유지될 수 없지만 선주에게 책임 없는 어떠한 過失로 인한 경우에는 유지될 수 있다"고 하고 화주들에게 청구권을 행사할 수 있다고 했다.

過失로 인하여 법적책임을 지기 때문에 분담청구할 수 없는 共同海損의 경우에는 그러한 過失이 선박보험에 擔保된 擔保危險인가 또는 不擔保危險인가에 따라서 전가가능 여부가 판단될 수 있으며 不擔保危險인 경우에 P&I클럽의 담보받기 위하여 사전에 상담을 거쳐야 할

---

198) R. J. Lambeth, *Templeman on marine Insurance*,6th ed., Pitman, 1986, p.305.
199) Reardon Smith Line v. Black Sea & Baltic General Insurance Co. C. A.(1938) 60 Ll.L. Rep.353.: Drew Brown Ltd. v. The Orient Trader and Owners Can. Sup. Ct.(1973) 2 Lloyd's Rep.174.
200) The Carron Park(1890) 59 L. J. Adm. 74; 6 Asp. M. L. C.543.

것이다.

共同海損犧牲이나 費用이 선주인 운송인의 사용자인 선장이나 선원의 過失로 인한 경우에도 그러한 過失이 운송계약상의 특약이나 제정법에 의하여 면책되지 않는 限 선주인 운송인은 共同海損 분담금을 청구할 수 없다.[201] 더욱이 선주운송인은 선장이나 선원의 過失에 대하여 면책될 수 있지만 航海 개시 시의 不堪航性의 경우에는 면책될 수 없다.[202] 항해사업이 선장이나 선원의 過失과 不堪航性의 두 가지 원인에 의하여 위험에 처하게 되는 경우로서 비록 不堪航性 그 자체로서는 위험을 초래하지 않지마는 선장이나 선원의 過失이 어떠한 선행의 위험을 초래하고 그것이 不堪航性과 연계되어 不堪航性이 직접적인 원인이 되는 共同海損의 경우에도 선주운송인은 共同海損 분담금을 청구할 수 없다.[203]

미국의 경우에는 1893년 하터법 제3조[204]에서 선주운송인이 堪航性의 확보를 위해서 상당한 주의를 다한 경우에 航海過失에 대해서는 책임을 지지 않는다고 규정하고 있는데도 불구하고 1897년의 Irrawaddy 사건[205]에서 하터법은 共同海損犧牲이나 費用이 航海過失 또는 선박의 관리상의 부주의에 의하여 발생한 경우에 선주운송인에게 共同海損 분담금

---

201) R. J. Lambeth, *op.cit.*, p.306.
202) 헤이그/헤이그-비스비 規則下에서 航海 개시 시에 船舶의 堪航性確保 의무가 주어진다.
203) Smith, Hogg & Co.Ltd. v. Black Sea and Baltic General Insurance Co, Ltd. H. L.(1940) 67 L1.L. Rep.253.
204) Sec.3: If the owner of any vessel transporting merchandise or property to or from any port in the United States of America shall exercise due diligence to make the said vessel in all respects seaworthy and properly manned, equipped, neither the vessel, her owner, or owners, agent, or charters shall became or beheld responsible for damage or loss resulting from faults or errors in navigation or in the management of said vessel, nor -.
205) (1897) 171 U.S. 187.

을 청구할 수 있는 권리를 주기 위한 의도가 있는 것은 아니라고 판시했다.[206] 이 판결의 영향을 받아 미국의 선하증권에는 위와 같은 경우에, 즉 航海過失로 인한 共同海損의 경우에 선주운송인은 화주로부터 共同海損분담금을 청구할 수 있다는 내용의 約款을 삽입하게 되었다. 이러한 約款의 유효성에 대하여 The Jason호 사건[207]에서 미국의 대법원은 유효하다는 판결을 하였다. 이를 Jason Clause라고 하며 이는 하터법과 USCOGSA, 1936[208] 사이에 상이점으로 인하여 개정할 필요가 있어 개정을 하여 사용하고 있는데 이를 New Jason Clause[209]라고 한다. 따라서 미국의 경우에도 New Jason Clause가 선하증권상에 삽입되어 있는 경우에는 航海過失의 경우에 共同海損 분담금을 청구할 수 있기 때문에 선주운송인이 법적인 책임을 져야 할 경우를 제외하고는 共同海損 분담금을 회수할 수 있기 때문에 별도의 P&I擔保가 필요하지 않지만 회원인 선주운송인이 발행하는 선하증권에는 이러한 New Jason Clause를 삽입할 것을 권고하고 있으며, 따라서 이러한 約款을 사용하지 않음으로써 발생하는 어떠한 책임에 대하여도 擔保하지 않는다.[210]

---

206) R. J. Lambeth, *op.cit.*, p.307.

207) (1912) 225 US. 32.

208) United Nations Carriage of Goods Act by Sea.

209) New Jason Clause : "in the event of accident, danger, damage or diaster before or after commensement of the voyage resulting from any cause whatsoever, whether due to negligence or not, for which, or for the consequence of which, the shipowner is not responsible, by statute or contract or otherwise, the shippers is not responsible, by statute or contract or otherwise, the shippers, consignees or owners of cargo shall contribute with the shipowner in general average to the payment of any sacrifices, losses or expences of a general average nature that may be made or incurred and shall pay salvage and special charges incurred in respect of the cargo"

210) J. Kingsley, *op.cit.*, p.289.

第5章

海上運送人의 責任限界와
P&I保險의 擔保限界

第1節 海上運送人의 責任制限[1]

1. 個別的 責任制限制度

해상운송인의 과실책임에 의하여 운송화물에 물리적 손해가 발생하면 운송인은 유한책임을 향수한다. 즉 선박을 이용하여 해상운송기업을 경영하는 主體[2]에 대해서는 기업상의 채무에 대하여 두 가지 면에서 책임을 제한하는 해사법상의 특수한 제도가 인정되고 있다. 즉 어느 특정의 항해 또는 사고와 관련하여 총채권자 또는 총청구권자에 대한 선주 등의 해상기업자의 채무를 일괄하여 총체적으로 제한하는 총체적인 책임제한

---

1) 채권자를 위한 채권의 담보가 되는 것이 채무자의 일정한 재산에 한정되거나 또는 일정한 금액으로 한정되는 경우, 바꾸어 말하면, 채무자의 일정한 재산에 대해서만 또는 일정한 한도로 하여서만 강제집행을 할 수 있는데 지나지 않는 경우를, 널리 유한책임 또는 責任制限이라고 한다. 그리고 이러한 責任制限에 대한 한 대법원 판례(1977년 12월 13일, 75다 107)에서 운송인의 責任制限은 債務不履行責任에만 적용되고 不法行爲로 인한 손해배상책임에는 적용이 없다고 한 것은 해상법상의 규정 특히 선주책임규정이 모두 債務不履行에 관한 규정으로 잘못 인식하고 있는 데서 나온 결과라고 李均成 敎授는 비판하고 있다.: 李均成, "現行船主責任制限制度의 解釋上의 몇 가지 問題", 『韓國海法會誌』, 第4卷 第1號, 1982, p.39 - 43.
2) 자기 선박을 이용하여 해상기업을 경영하는 자를 자선의장자라고 하고, 他人선박을 이용하여 해상기업을 경영하는 자를 타선의장자라고 하며 여기에는 船舶賃借人이나 定期傭船者 등이 포함된다. 본 연구에서는 자선의장자나 타선의장자나 모두 운송인으로 간주한다.

(global limitation of liability)[3]과 운송계약상 운송인의 책임을 제한하는 개별적 책임제한(package limitation)이 그것이다. 이러한 선주인 운송인에 대하여 이중적인 책임제한제도의 합리적인 존재근거에 대하여는 부정적인 견해를 나타내는 학자도 있으나[4] 우리나라 商法에서는 이중 제한이 인정되고 있다.[5]

이러한 선주책임제한제도는 오늘날에 와서 여러 가지 상황의 변화로 인하여 존재의의가 약화되고 있기는 하지만 전적으로 부정할 수는 없을 것이다. 즉 당장 선주가 무한책임을 진다고 가정하면 선주운송인이 가입하고 있는 P&I클럽의 책임 보험료의 인상이 불가피하게 될 것이고, 이것으로 인한 화주부담의 증가 등 무역질서에 혼란을 초래할 수밖에 없기 때문에 적절히 조화를 이루는 선에서 존속 유지되어야 할 것이다. 또한 이러한 선주책임제한제도는 정의보다는 공서양속(public policy) 차원의 사고를 기초로 하고 있다.[6] 즉 해운업의 발전과 국가의 국방 목적상 선주에게 책임을 제한하는 특권을 부여하고 있다.

헤이그 규칙의 경우에는 물품의 성질 및 가격이 화주에 의하여 선적 전에 신고되고 그 신고금액이 선하증권상에 기재된 경우를 제외하고 1포장당 또는 1단위당 100스터링파운드로 책임한도액을 규정하고 있다.[7]

---

3) 총체적인 책임제한의 내용은 1976년 海事債權責任制限條約에 따르면 선박의 톤수별로 운송화물에 대한 책임은 500톤 이하인 경우 167,000SDR, 501톤에서 30,000톤까지는 톤당 167SDR이 추가되며, 30,001톤에서 70,000톤까지는 톤당 250SDR이 추가되고, 70,001톤부터는 다시 83SDR이 추가된 금액을 한도로 정하고 있다.

4) 孫珠瓚, 商法(下), 博英社, 1993, p.709.(日本의 石井照久는 個別的 責任制限이 인정되는 船主의 契約責任의 경우에는 總體的 責任制限은 부정되어야 한다고 주장한다.(石井照久, 海商法, 有斐閣, 1964, p.153.))

5) 1991년 商法 제789조 제2항 4호.

6) J. Kingsley, op.cit., p.264.

7) Hague Rules Art. 4.(5).

이와 같이 책임한도액을 규정한 것은 통상 해상운임이 중량이나 용적을 기준으로 부과되기 때문에 화물이 손해를 입은 경우에 가액에 따라 배상하게 되면 운송인에게 너무 가혹하다는 점을 고려한 것이다. 그러나 가액이 별도로 신고되는 경우에는 從價운임이 부과되기 때문에 이 규정은 적용 배제된다.[8] 그 이후 컨테이너가 무역운송에 본격적으로 이용되기 시작하였다. 헤이그 규칙에서는 컨테이너나 파레트와 같은 용구에 화물을 혼재한 경우에 포장단위를 어떻게 해석할 것인가에 대한 기준이 없어서 논란의 대상이 되었다. 따라서 이러한 문제를 해결하기 위하여 헤이그-비스비 규칙을 제정하였다. 헤이그 규칙에서는 해상운송인의 개별적 책임한도액으로 1포장당 10,000프랑과 Kg당 30프랑 중 많은 금액으로 상향조정하였다. 그리고 그동안 문제가 되었던 컨테이너와 관련한 포장단위의 문제도 별도의 조항을 신설하여 해결하였다.[9] 이러한 개별적 책임한도액은 해상운송인의 免責 조항을 삭제하는 등 운송인의 책임을 대폭 강화한 함부르크 규칙에 와서도 그대로 그 체계를 유지하고 있다. 함부르크 규칙에서 이러한 개별적 책임한도액은 상향조정되어 1포장당 835SDR 또는 Kg당 2.5SDR 중 많은 금액으로 한다고 규정하고 있다.[10] 함부르크 규칙에서는 免責 조항이 사라졌기 때문에 책임한도액은 航海過失의 경우에도 적용된다. 따라서 해상운송인의 개별적 책임제한의 범위가 질적 및 양적으로 증대되었다.

---

8) 吳元奭, 國際運送論, 博英社, 1994, pp.166-167.
9) Hague-Visby Rules Art.4(5).
10) Hamburg Rules Art.6(a).

2. 總體的 責任制限制度

총체적인 선주책임제한제도는 영국에서는 1734년의 법률[11]과 이 법의 1786년 개정법[12]에서 채택되어 선가와 운임을 한도로 하는 선가책임주의를 채택하였고, 1854년 상선법(Merchant Shipping Act, 1854)에서는 인적 손해의 경우에 선박 매 톤당 15파운드 이하로 할 수 없다고 규정하여 금액주의를 취하였으며, 1862년과 1894년의 상선법에서 인적 손해 및 물적 손해에 대해서 모두 금액주의를 채택하였다. 한편 미국에서는 1851년의 선주책임제한법(Limitation of Liability Act of 1851)에서 선가와 운임을 한도로 하는 한편, 海産[13]을 수탁자에게 委付하고 선주가 免責될 수 있는 선가책임주의를 채택하였으나 그 후 1935년의 법개정을 통하여 선택적 委付權을 폐지하고 금액책임주의를 병용하였다.

이러한 총체적인 선주책임제한에 대한 최초의 국제적인 입법은 1924년의 선주책임제한조약이다. 이 조약은 1931년 6월에 발효하였으며 선가책임주의와 금액책임주의를 병용하였다. 그러나 2차대전 이후 선박톤당 8파운드를 한도로 한 책임제한액은 영국이 金本位制를 폐지한 이후에 국제적통일을 위한 수단으로서 적합하지 못하다는 이유 등으로 인하여 1957년에 새로운 조약이 탄생하였다. 1957년 조약은 금액주의로 일원화하였으며, 책임액을 사고마다 정하는 사고주의를 채택하여 단순화시켰다. 이 조약에서는 ① 법정사고가 물적 손해만을 발생시킨 경우에는 매 톤당 1,000금프랑[14]의 비율에 따른 책임기금을 제공

---

11) 7 Geo. 2, c.15(1734).
12) 26 Geo 3, c.86(1786).
13) 선박, 운임 등을 말한다.
14) 프랑은 순분 1000의 900에 대한 65.5밀리그램의 金을 단위로 한다.

하고 책임을 제한할 수 있으며, ② 인적 손해만이 생긴 경우에는 매 톤당 3,100금프랑, ③ 동일 사고에 의하여 인적 손해와 물적 손해가 동시에 발생한 경우에는 매 톤당 3,100금프랑으로 책임을 제한할 수 있으나, ③ 인적 사고와 물적 사고가 동시에 발생한 경우에는 매 톤당 3,100금프랑을 한도로 하되 매 톤당 2,100금프랑은 인적 손해에 대한 채권의 辨濟에 충당하며 나머지 1,000금프랑은 물적 손해에 대한 채권의 辨濟에 충당하도록 되어 있었다. 이 경우에 인적 손해에 대한 채권이 완전히 충당되지 못하는 경우에 그 부족액을 다시 물적 손해의 채권과 경합하도록 되어 있었다.[15] 그러나 1957년 조약이 성립한 후 貨幣價値의 하락에 따르는 책임한도액의 인상과 선박을 사용하지 않고 구조활동을 하는 구조자 등의 책임제한이 필요하다는 지적에 따라 UN의 정부간해사협의기구(IMCO)와 국제해사위원회(CMI)에서 개정작업을 하였다. 국제해사위원회는 1974년 함부르크회의를 거쳐 1976년 11월에 런던에서 정부간해사협의기구(IMCO)에서 1976년 해사채권에 대한 책임제한조약(Convention on Limitation of Liability for Maritime Claims, 1976)을 성립시켰다.

3. 1976년 海事債權責任制限條約과 P&I保險

1957년 조약의 보완을 목적으로 하여 성립한 1976년 조약은 1986년 12월 1일 발효했다. 이 조약은 책임한도액을 인상한 것[16]과 물적 손해와 인적 손해에 대하여 각각 기금을 별도로 설정하도록 하였으며, 선박

---

15) 1957년 조약 제3조 제1항 c.
16) 1976년 조약 제6, 7조.

의 톤수가 커질수록 한도액의 증가가 줄어드는 遞減式 積量 톤수제를 채택하였다.[17] 또한 구조선을 떠나서 구조작업에 종사하는 해난구조자에게도 책임제한을 인정하고 있다.[18] 그리고 책임제한 主體와 비제한채권의 범위를 확대하였으며, 책임제한의 배제사유를 故意 또는 그러한 손실이 초래될 것이라는 것을 알고서 무모하게(recklessly) 행한 作爲 또는 不作爲가 있었던 경우로 한정하고 있다.[19] 그러나 1976년의 책임제한조약은 다음과 같은 문제점이 있다.[20] 첫째, 同 조약은 국제적 통일성을 기한다는 것을 목적으로 한 것이지만 각국의 법체계를 통일한다는 것은 사실상 곤란하고 또한 조약의 해석이 반드시 일치하지 않으므로 본래의 목적을 달성하지 못하였다. 둘째, 同 조약의 성립과정에 있어서 선진국의 해운업자 및 보험업자의 영향력이 크게 작용하여 피해자 보호에는 미흡하다. 그 이유로, 예컨대 선주가 침몰된 선박의 인양비용채권 등 지나치게 많은 종류의 채권에 대하여 책임제한을 할 수 있다는 점이다. 또한 해상교통에 있어서 지장이 되는 침몰선 등의 인양제거작업을 장려하기 위해서는 이러한 채권에 대하여 무한책임을 인정하여야 한다. 셋째, 이 조약에 의하면 책임제한의 배제사유가 극히 제한되고 있어서 사실상 손해배상청구권자가 선주의 책임제한을 부인한다는 것이 곤란하다는 것이다. 즉 책임제한의 배제사유로서 '무모하게'(recklessly)의 의미가 분명하지 않고 또한 그 배제사유의 입증책임을 청구권자에게 부담시키고 있으나 이는 가혹하다는 점이다. 넷째, 이 조약에 의하면 책임한도액은 체

---

17) 1976년 조약 제6조.
18) 1976년 조약 제1조.
19) 1976년 조약 제4조: A person liable shall not be entitled to limit his liability if it is proved that the loss resulted from his personal act or omission, committed with the intent to cause such loss, or recklessly and with knowledge that such loss would probably result.
20) 崔基元, 海商法, 博英社, 1993, pp.69-70에서 재인용.

감기준[21]에 따라 결정되기 때문에 선박의 톤수가 클수록 톤당 책임한도액이 적어지는데 톤당 추가되는 책임한도액이 자의적이다. 결과적으로 이 조약에 의하면 대형선박 소유자가 상대적으로 부당한 이익을 보게 된다. 대형선박은 소형선박보다 더 대규모의 손해를 야기할 수도 있고 그 선가도 고액이며 대형선 소유자는 자금부담능력도 소형선박의 경우보다 크다는 점 등을 고려할 때, 선박톤당 동일한 책임한도액을 정함으로써 대형선에 보다 무거운 책임한도액을 부과하여야 한다.

同 조약에서는 책임제한을 누릴 수 있는 권리자로서 선주뿐만 아니라 용선자와 관리자[22] 및 운항업자까지 포함시키고 있으며[23] 구조자를 추가로 책임제한권자로 규정하고 있다.[24] 이는 1965년 토조마루(The Tojo Maru) 사건[25]에서 선박을 떠나 작업을 하다가 피구조선에 피해를 입힌 구조자에 대하여 책임제한을 인정하지 않았던 것과 대비되는 조항이다.[26] 따라서 구조선박에 의한 구조자가 위험부담 없이 작업을 수행할 수 있도록 하여 구조를 장려하고, 선박을 이용하지 않고 구조를 행하는 구조자도 선박을 이용하는 구조자와 동일한 책임

---

21) 예를 들면, 동 조약 제6조에서 ① 人的 事故에 대하여, ⓐ 500톤까지의 선박에 대해서는 333,000SDR, ⓑ 500초과 시 ⅰ) 501톤에서 3,000톤까지는 톤당 500SDR, ⅱ) 3,001톤에서 30,000톤까지는 톤당 333SDR, ⅲ) 30,001톤부터 70,000톤까지는 톤당 250SDR, ⅳ) 70,000톤 초과 시 톤당 167SDR을 가산한 것을 責任限度로 하고, ② 기타 物的 事故에 대해서는 ⓐ5 00톤까지의 선박에 대해서는 167,000SDR, ⓑ 500톤을 초과하는 선박에 대해서는 ⅰ) 501톤에서 3,000톤까지는 톤당 167SDR, ⅱ) 3,001톤부터 30,000톤까지는 매 톤당 125SDR, ⅲ) 30,001톤부터 70,000톤까지는 톤당 83SDR을 가산한 금액을 責任限度로 한다고 규정하고 있다.
22) 선박공유자로부터 선박의 이용을 위임받은 船舶管理人을 말한다.
23) 동 조약 제1조 제2항.
24) 동 조약 제1조 제1항 및 제3항.
25) (1971) 1 Lloyd's Rep.341.
26) 물론 貴族院(House of Lords)의 이 판결은 1957년 조약을 근거로 한 것이다.

제한권이 인정되고 있다.

또한 조약의 규정에 따라 제한을 받은 채권에 대한 책임보험자도 동일한 책임제한을 누릴 수 있다고 규정하고 있기[27] 때문에 선주책임을 擔保하고 있는 P&I보험자도 이러한 책임한도액의 범위 내에서 擔保한다.[28]

同 조약에는 1996년 현재 독일, 프랑스, 일본, 영국 등 주요 해운국들이 가입하고 있으나 미국은 가입·비준하지 않았다. 한편 우리나라도 비준하지 않았으나 1991년 商法 개정 시에 1976년 조약의 내용을 수용하였다.

대개의 국가의 법률은 선주의 총체적인 책임제한의 문제는 訴訟이 심리되는 장소의 법률인 법정지법(lex fori)에 따른다고 규정하고 있기 때문에 클레임이 특정국가의 법정에서 심리된다면 클레임 그 자체는 다른 나라의 법률에 의하여 규율될지라도 그 국가의 법률이 보통은 총체적 책임제한의 문제를 규율한다.[29] 따라서 1976년 책임제한조약을 비준하고 있는 국가나 이를 국내법으로 수용하고 있는 우리나라의 경우에는 同 조약의 책임한도액으로 책임을 제한할 수 있다. 그러나 同 조약에 가입도 비준도 하고 있지 않은 미국의 경우에는 1851년 책임제한법의 규정에 따라 규율된다. 미국의 1851년의 책임제한법에서는 책임제한권자로서 선박의 소유자 및 공유자(shareholder) 그리고 나용선자(bareboat or demise charterer)만으로 한정하고 있다. 따라서 정기용선자나 선박운항자 및 관리자뿐만 아니라 구조자와 책임보험자[30]도 1976년 조약에서와는 달리 책임제한의 혜택을 누릴 수 없다. 따라

---

27) 동 조약 제1조 제6항.
28) The London Steam-Ship Owners' Mutual Insurance Association Ltd. Rule 10., Newcastle P&I Association Ltd. Rule 28.
29) J. Kingsley, op.cit., p.264.
30) 다만 船舶이 責任을 제한할 수 있는 금액까지 擔保를 制限하는 保險證 券上의 조항은 유효할 수 있다.(J. Kingsley, op.cit., p.274.)

서 미국법하에서는 제3자로부터 직접청구를 받는 경우에 P&I클럽은 책임제한을 누릴 수 없을 것이나,[31] P&I클럽은 규칙에서 제3자의 직접청구를 인정하지 않기 때문에[32] 결국 피보험자인 선주운송인의 책임한도액으로 擔保된다.[33]

한편 1976년 조약을 수용한 우리나라의 상법에서는 책임제한 주체로서 책임보험자를 직접 규정하고 있지 않지만 책임보험의 경우에 제3자에 의한 직접청구권에 관한 규정을 인정하고 있다.[34] 따라서 경우에 직접청구를 받은 책임보험자는 원래의 피보험자에 대하여 가지는 抗辯으로서 제3자에게 대항할 수 있으므로 책임보험자도 피보험자와 마찬가지로 책임제한을 주장할 수 있다. 따라서 우리나라가 법정지가 되는 경우에 P&I보험자도 책임제한액의 혜택을 누릴 수 있다.

第2節 貨物損害賠償責任의 時間的 · 空間的 限界

1. 期限 內 損害發生 通知義務

운송인의 손해배상책임의 경우에 집단 · 반복적인 대량의 운송관계

---

31) 미국법하에서는 책임보험자도 책임제한의 혜택을 받지 못하기 때문이다.
32) 소위 선지급규칙에 의하여 直接請求는 곤란하다. 그러나 특별한 경우에 直接請求가 法院에서 인정되는 경우도 있어 문제의 소지가 있기는 하다.
33) 선주운송인은 책임제한의 혜택을 누리게 되며, P&I클럽은 선주운송인이 배상한 부분을 담보하게 된다.
34) 商法 제724조 제2항.

를 처리하여야 하는 운송인을 장기간 불안정한 상태로 두는 것은 바람직하지 않다. 따라서 책임의 消滅事由와 除斥期間을 설정하여 운송인을 책임으로부터 면제해 줄려고 하는 시도가 국제해상운송 관련 규칙 및 우리나라 商法에서 나타나고 있다. 이에 따라서 화물에 손해가 발생하였을 때 가장 먼저 受荷人 또는 선하증권의 소지인은 그 손해 사실을 운송인이나 그 대리인에게 통지할 것을 규정하고 있다. 헤이그 규칙[35]에서는 운송화물이 受荷人의 관리하에 이전되기 이전이나 이전 당시에 양륙항에서 운송인이나 그 대리인에게 서면으로 멸실 또는 손상에 대한 통지를 하여야 하며, 외관상 멸실 또는 손상의 내용이 분명하지 않을 경우에는 인도로부터 3일 이내에 통지하지 않으면 운송인이 행한 인도는 선하증권에 기재된 대로 운송인이 화물을 인도하였다는 추정적인 증거가 된다. 한편 함부르크 규칙[36]에서는 멸실이나 손상이 외관상 확인될 때는 인도일 다음의 영업일 내에 손해의 통지를 하여야 하고, 외관상 확인될 수 없을 때는 인도일의 익일로부터 연속 15일 이내 손해의 통지를 할 것을 요구하고 있다. 그리고 인도지연에 대한 손해배상청구의 경우 인도일로부터 60일 이내에 손해의 통지가 없으면 운송인의 손해배상금을 지급하지 않는다.[37] 이에 대하여 우리 나라 商法에서는 헤이그 규칙의 내용에 좇아서 受荷人이 운송물의 일부멸실 또는 훼손을 발견한 경우에는 수령 후 지체 없이, 그러한 훼손이 즉시 발견할 수 없는 경우에는 수령한 날로부터 3일 이내에 서면에 의한 통지를 의무화하고 있다.[38] 그러나 이러한 통지의무를 해태하였다고 하여 손해배상청구권 자체가 소멸하는 것은 아니며, 提訴期

---

35) Hague Rules Art.3,6.
36) Hamburg Rule Art.19.
37) Hamburg Rule Art.19.5.
38) 우리나라 商法 제800조 제2항.

間 內 訴訟을 제기하여 그러한 손해가 운송인이 물품을 인도하기 이전에 발생하였다는 것을 청구권자가 입증하면 손해배상을 받을 수 있다. 즉 그러한 손해의 통지가 없었다는 것은 멸실이나 손상 없이 인도되었다는 단지 추정만이 성립하기 때문이다.[39]

2. 提訴期間[40] 內 訴訟의 提起

헤이그 규칙에 따르면 운송화물에 대한 운송인의 책임은 어떠한 경우에도 운송화물의 인도일로부터 1년 이내에 손해배상의 청구 訴訟이 없는 경우에 소멸한다.[41] 이 경우에 1년이라는 기간의 법률적 성질은 除斥期間에 해당하며, 운송인은 이러한 기간의 이익을 화주에게 유리하도록 미리 약정함으로써 포기할 수도 있다.[42] 또한 여기서 말하는 訴訟이라는 것은 반드시 정규적인 법원에의 提訴를 포함하여, 운송계약상에 仲裁에 관한 조항이 포함되어 있는 경우에 仲裁判定을 받기 위한 절차를 밟는 것도 포함한다.[43] 그리고 이 헤이그 규칙상의 提訴期限 1년은 화물에 직접적으로 발생한 손실(loss & damage)뿐만 아니라 화물과 관련하여 발생하는 비용에 대한 클레임에도 적용된다는 것이 최근의 영국 判例에서도 재차 확인되었다.[44]

---

39) 推定의 法理는 反證에 의해 번복될 수 있다.
40) 예정 기간이라고도 하며, 일정한 권리에 관하여 법률이 예정하는 존속 기간이다. 消滅時效와는 달리 권리 기간 내에 권리자의 주장이 있어도 기간이 갱신되지 않는다. 따라서 기간 내 권리행사가 있어야 한다.
41) Hague Rule Art.3.6.: Hague-Visby Rule에서는 當事者의 합의에 의하여 연장할 수 있다고 개정하고 있다.
42) Hague-Visby 규칙에서 제3조 제6항의 개정내용.
43) 李均成, 國際海上運送法硏究, 三英社, 1984, p.42.

한편, 이러한 提訴期限에 관하여 함부르크 규칙에서는 인도일 또는 인도하여야 될 마지막 날로부터 2년으로 연장하고 있다.[45] 한편 우리나라 商法에 의하면 운송인이 受荷人에게 운송화물을 인도한 날 또는 인도할 날로부터 1년이 除斥期間이며, 이 기간은 당사자 간의 합의에 의하여 연장할 수 있다.[46] 그런데 국제해상운송관계에서는 해상운송인의 책임의 확보를 위한 提訴 또는 仲裁申請 등의 절차를 밟는 데에는 국내의 육상운송의 경우보다 상당히 장기간을 요구하는 것이 일반적이기 때문에 함부르크 규칙에서와 같이 2년 정도로 하는 것이 적절하다고 본다.

3. 貨物損害賠償責任區間과 P&I保險의 擔保

헤이그 규칙체계 아래서 해상운송인의 화물손해배상책임구간은 'Tackle to Tackle'원칙에 따라 본선의 Tackle이 사용되는 경우에 물품이 본선의 Tackle에 들려 올려졌을 때부터 개시하여 양륙항에서 화물을 부두에 놓았을 때까지가 책임구간이며, 부두의 Tackle이 사용된 경우에는 물품이 본선의 난간을 통과한 때부터 양륙항에서 부두의 Tackle이 선창이나 갑판 상에서 화물을 들어올렸을 때까지가 책임구간이다.[47] 이러한 책임구간은 함부르크 규칙에서 상당히 확대되어 소

---

44) Cargill International SA v. CPN Tankers(Bermuda) Ltd.(1993) : P&I International, 1994.12.
45) Hamburg Rule Art.20.1.
46) 우리나라 商法 제811조.
47) 趙宗柱, 海上運送人責任의 問題點에 관한 比較研究, 成均館大學校 博士學位請求論文, 1995.2. pp.75-79.

위 말하는 'From Receipt to Delivery'원칙이 적용된다. 즉 운송인이 화주로부터 화물을 수령한 때로부터 양륙항에서 인도한 때까지로 화물이 현실적으로 운송인의 관리하에 있는 기간 동안 책임이 존속한다.

이러한 운송인의 책임 기간에 발생하는 화물손해배상책임은 당해 기간 중에 운송인이 P&I클럽의 회원으로서의 자격을 유지하고 있는 限 P&I보험 담보상에는 걸림돌이 있을 수 없다. 단, 그러한 화물손해배상책임이 발생한 시점에 보험료의 미납 등으로 인하여 일시적으로 클럽으로부터 회원의 자격을 박탈당하고 있는 경우에는 擔保받을 수 없다는 것을 유의하여야 한다.

第3節 P&I保險의 擔保限界

1. P&I保險의 擔保體系

전통적으로 P&I보험은 유류오염위험을 제외하고 나머지 모든 위험에 대하여 무한(unlimited)擔保를 하는 것으로 클럽규칙에서 정하고 있다.[48] 이러한 무한담보는 P&I보험이 타 보험과 구별되는 대표적인 특징 중에 하나로서 비영리상호보험체계로서 타 보험이 가지고 있지 않은 독특한 재보험체계로서 가능하게 되었다. 실제로 P&I보험에서 이러한 무한담보를 제공할 수 있는 이론적인 근거는 보험료(calls)의

---

48) U.K 클럽규칙 5(B). 유류오염손해의 경우 1997년 현재 5억 달러를 한도로 하고 있으며, 기타의 경우에는 법적 책임을 담보한다.

체계에서 찾을 수 있다. 상호보험의 원리하에서 회원들에게 무한의 보험료(unlimited calls)를 징수할 수 있기 때문이다. 실제로 선급보험료(advanced calls)로 클레임의 充當이 되지 않는 경우에 클럽은 선급보험료의 비율대로 추가보험료(additional calls or supplementary calls)를 회원들로부터 징수할 수 있다. 이와 같이 추가보험료를 무한으로 회원들로부터 징수함으로써 無限擔保가 이론적으로는 가능하다 할지라도 실제에 있어서는 각 회원의 보험료 부담능력 또는 능력이 있는 경우에도 회원의 부담의사 등에 따라 운용상에 어려움에 봉착한다. 실제로 초기의 클럽들은 이러한 원인으로 인하여 파산한 사례가 있다.[49] 따라서 각 클럽은 재보험제도를 이용함으로써 효율적으로 이러한 거대클레임에 대처하고 있다. P&I보험이 가지고 있는 재보험체계로는 국제그룹P&I클럽에 의한 1차 재보험과 일반사영보험시장인 Lloyd's 보험업자에 의한 2차 재보험과 국제그룹에 의한 3차 재보험으로 크게 구성되어 있다.

(1) 국제그룹에 의한 제1차 再保險

국제그룹에 의한 1차 재보험은 원수P&I클럽에서는 일정한도[50]까지 자기 회원에 대한 직접적인 擔保를 하고 그 한도를 초과하는 클레임에 대하여는 개별P&I클럽을 회원으로 하고 있는 국제그룹[51]에서 1

---

49) C. Hill & et al, *An Introduction to* P&I, Lloyd's of London Press Ltd., 1988, p.133.
50) 원수클럽이 회원에게 1차적으로 직접 제공하는 담보한도로서 1997년 2월 말 현재 5,000,000 $까지로 되어 있으며, 이는 1척당 1클레임당 금액이다.
51) 국제그룹의 회원 수는 1997년 2월 말 현재 17개 클럽이다. 17개 클럽은 아래와 같다.
   1. Assuranceforeningen Gard

차적으로 특정한도[52])까지 추가擔保한다. 국제그룹은 런던에 있는 6개[53]) 클럽이 1899년에 런던그룹을 조직하여 개별클럽이 독자적으로 감당할 수 없는 대형클레임(catastrophe claim)을 공동연대하여 처리

---

2. Assuranceforeningen Skuld
3. The Britannia Steam Ship Insurance Association Ltd.
4. The Japan Ship Owner's Mutual Protection and Indemnity Association
5. Liverpool and London Steamship Protection and Indemnity Association Ltd.
6. The London Steam-ship Owner's Mutual Insurance Association Ltd.
7. The Newcastle Protection & Indemnity Association
8. The North of England protecting and Indemnity Association Ltd.
9. The Shipowner's Mutual Protection and Indemnity association
10. The Standard Steamship Owners' Protection and Indemnity Association Ltd.
11. The Standard Steamship Owners' Protection and Indemnity Association (Bermuda) Ltd.
12. The Steamship Mutual Underwriting Association Ltd.
13. The Steamship Mutual Underwriting Association(Bermuda) Ltd.
14. Sveriges Angfartygs Assurans Forening
15. The United Kingdom Mutual Steam Ship Assurance Association (Bermuda) Ltd.
16. The West of England Ship Owners Mutual Insurance Association
17. American P&I Club.
52) 국제그룹P&I클럽의 1차재보험한도도 점차 상향조정되고 있으며, 1997년 2월 말 현재는 25,000,000$이며, 클레임 1건당 금액이다.
53) 6개는 다음과 같다.
   * The Britannia Steamship Insurance Association Ltd.
   * The London Steamship Owners' Mutual Insurance Association Ltd.
   * The Newcastle Protection and Indemnity Association.
   * The Standard Steamship Owners' Protection and Indemnity Associastion Ltd.
   * The United Kingdom Mutual Steam Ship Association Ltd.
   * The Sunderland Steamship Protection and Indemnity Ltd.

하기로 하는 풀 협정(pooling agreement)을 체결한 후 주요 P&I클럽이 여기에 참가하게 되어 1997년 2월 말 현재 17개 클럽의 회원으로 구성되어 있다. 국제그룹에 가입하고 있는 船隊는 世界總商船隊의 95% 이상을 차지하고 있다.[54] 우리나라가 신규의 P&I클럽을 설립하고자 하는 경우에도 이러한 국제그룹에 의한 재보험의 확보가 보장된다면 별 어려움이 없을 것이다.[55]

국제그룹에서는 풀 협정에 따라 특정한도를 초과하는 클레임에 대해서 1차적으로 擔保를 하는데, 이때 각 회원클럽에 부담금을 분담하는 방법은 초기에는 각 회원들의 가입톤수의 비율대로 분담했으나 현재는 클레임 전체를 3등분하여 1/3은 가입톤수[56]로 분담하고, 1/3은 수입보험료[57]의 비율로 분담하며 나머지 1/3은 개별클럽의 클레임 비율[58]로 분담한다. 이와 같이 국제그룹은 클럽 자체에서 일정수준의 재보험을 확보하고 있는데, 이는 일반사영보험에서의 재보험가격보다 훨씬 저렴한 원가로 재보험을 확보할 수 있다는 장점이 있다. 즉 동일한 조건으로 두고 보았을 때, P&I클럽은 상호주의원칙에 따라 이익의 요소가 감안되지 않기 때문에 낮은 원가로 재보험의 擔保가 가능할 수 있다는 것이다.

국제그룹은 풀 협정 이외에도 회원클럽 간의 비합리적인 경쟁을 제한함으로써 개별 회원클럽들이 안정적으로 영업을 할 수 있도록 하기

---

54) Http: //www.npandi/about htm/
55) 공식적으로 새로운 P&I클럽이 설립 이후 5년이 경과하고 재정적으로 안정되고 명성이 있을 경우에 가입신청을 할 수 있다.(趙東五, "主要 P&I클럽의 再保險體制와 競爭要因分析", 韓國貿易商務學會, 貿易商務硏究, 1996.2, p.192.)
56) 개별클럽의 가입톤수/국제그룹의 총 톤수.
57) 개별클럽의 수입보험료/국제그룹의 총 가입보험료.
58) 개별클럽의 클레임액/국제그룹의 총 클레임액.

위하여 별도의 협정을 체결해 두고 있는데 그것 중에 하나가 국제그룹협정(International Group Agreement)이다. 회원 간의 과당경쟁은 국제 풀 협정의 상호주의 원칙을 훼손하여 국제그룹의 재보험체계의 존속을 어렵게 할 염려가 있기 때문에 제한되어야 한다는 것으로 이 협정의 내용은 다음과 같다.[59] 첫째, 국제그룹협정은 단지 신규가입의 경우에만 적용되는 것으로 기존 다른 클럽에 가입하고 있는 선박을 새로운 클럽으로 옮기고자 하는 경우에는 새로운 클럽은 그 선박에 대해서 불합리하게 낮은 보험료율을 제시하지 못한다. 만약에 보다 낮은 보험료를 제시하고자 하는 경우에는 기존의 가입클럽에 통지해야 하며, 마찬가지로 기존의 가입클럽(holding club)도 기존의 보험료보다 낮은 보험료에 동의한다면 이를 새로운 클럽에 통지를 해야 하고, 이러한 일련의 통지는 엄격한 제한시간 이내에 이루어져야 하며, 어떠한 경우에도 회원에게 제시되기 이전에 이루어져야 한다.[60] 둘째, 새로운 선박이 어느 한 선단을 구성하는 경우에 전체 선단이 한 단일의 클럽에 가입되어 있을 경우에 다른 클럽은 이 새로운 선박에 대해서 불합리하게 낮은 보험료를 제시 못 한다. 즉 기존의 선단이 가입되어 있는 클럽은 기존클럽(holding club)이 되며, 위 첫 번째의 규칙이 유효하게 적용된다. 그런데 만약에 기존의 선단이 2개 이상의 클럽에 분산되어 있는 경우에는, 분산 가입되어 있는 각 클럽이 기존클럽으로서 권리를 가지고 각 클럽은 그 선박에 대해서 자유롭게 견적할 수 있지만 회원의 기록을 제공해 줄 것을 다른 클럽에 요청할 수 있다.[61] 또한 본 협정하에서 참고사항을 심리하기 위하여 위원회를 두고 있다. 이러한 국제그룹협

---

59) C. Hill & et al, *op.cit.*, p.139.

60) S. J. Hazelwood, *P&I Clubs Law & Practice*, Lloyd's of London Press Ltd. 1989, p.320.

61) S. J. Hazelwood, *op.cit.*, p.320.

정은 클럽상호 간에는 잘 작용하고 있는 것으로 보이나 자유경쟁과 관련하여 로마조약(Treaty of Rome)의 규정에 반한다고 지적하고 있다.[62] 따라서 이것을 1995년 2월에 국제그룹은 EC경쟁위원회에 면책갱신을 신청하였다. 이러한 국제그룹의 요청에 대하여 EC 경쟁위원회 DGIV[63]는 ① 국제그룹협정(International Group Agreement)의 견적절차는 클럽의 자유경쟁에 제한을 가하는 것으로 P&I클럽의 운영에 필수불가결한 것이 아니며, ② 1996년 2월에 발효한 1976년 조약의 책임제한금액의 20%라는 한도는 많은 선주들의 요구를 충족시키지 못하고 있다. 따라서 국제그룹의 견적절차(quotation procedure)와 擔保 한도를 수정하도록 요구하였다.[64] 이것을 1997년 7월 국제그룹 클럽이사회에서 검토한 후 ① 국제그룹협정의 견적절차는 P&I시스템을 유지하기 위한 최소한의 제한이며, ② 책임한도는 1998년 2월부터 42억 5천 미달러로 하향 조정하여 적용하기로 합의하였다. 이러한 결정사항을 DGIV에 통지하고, 또한 그들의 지지를 받았다.[65]

(2) 一般私營保險市場에서의 第2次 再保險

P&I클럽이 재보험을 외부의 일반사영보험에서 구하게 된 것은 1951년 이후이다. 그동안 자체적으로 재보험을 운용하여 왔으나 역시 거대 클레임의 발생 시 상호조합의 형태로서 무한담보를 하는 데는

---

62) 그러나 국제그룹의 1984년 개정국제그룹협정(Modified IGA 1984)을 1995년 2월 재검토 시까지 일단 수용하기로 함.(C. Hill & et al, *op.cit*, p.139.)
63) National Competition Authorities and other Related Ministries within EU-EEA. Eurpeon Commissions Competition Directorate.
64) 1997.6월.
65) Http://www.isso.com/, 1997.9.4 Maintenance data.

한계가 있다고 느꼈기 때문이다. 뿐만 아니라 근래에 들어 대형클레임의 빈발은 클럽으로 하여금 제3의 재보험 수단을 강구하지 않고는 안되는 상황으로 몰고 갔다. 구체적으로 계기가 되었던 것은 미국 텍사스 주 휴스턴항의 대폭발사고[66]이다.[67] 국제그룹은 그룹의 제1차 재보험擔保금액[68]을 초과한 금액을 특정한도[69]까지 Lloyd's보험업자에게 재보험을 附保하고 있다.

(3) 국제그룹에 의한 第3次 再保險[70]

일반사영보험시장에서 상당히 높은 금액의 재보험을 附保하고 있지만 무한담보의 특질상 이러한 2차 재보험의 擔保範圍를 넘어서는 클레임에 대한 대책이 별도로 필요하다. 그래서 이러한 제2차 재보험의 擔保範圍를 넘어서는 초과클레임[71]에 대하여는 다시 클럽이 자체적으로 상호보험의 원리하에 재보험을 제공한다. 이때 각 클럽의 분담비율은 가입톤수의 비율로 정하도록 되어 있었다.[72] 이러한 오버스필(overspill)클레

---

66) 휴스턴 항에서 미국 국적선 그랜드캠프호에서 하역 중이던 질산암모늄이 인화하여 폭발하면서 인근의 프랑스 선박 하이플라이어호의 질산암모늄에도 인화되어 연쇄 폭발한 사고로 사망 468명, 실종 100명, 부상 3,000여 명의 인명피해와 3척의 선박이 폭발되는 재산피해로 被害補償請求額이 무려 2억 5천만 달러에 달하는 금세기 최고의 항만위험물 사고로 기록되고 있음.

67) 趙東五, 전게논문, p.196.

68) 1997년 2월 현재 25,000,000US $.

69) 1997년 2월 현재 20억 달러.

70) 국제그룹으로서는 두 번째 재보험의 제공이지만 P&I보험 전체 재보험 체계상 제3차 재보험이다.

71) 이러한 클레임을 Overspill Claim이라고 한다.

72) 1996년 2월 25일 이전에는 가입선박의 총 톤수 비율로 분담했으나, 1995년 10월 23일 국제그룹매니저회의에서 Overspill Claim에 대한 有限擔保

임[73]에 대하여는 각 클럽들이 자체적으로 대응방안을 마련해야 한다. 이러한 대응방안으로는 3가지가 있다.[74] 첫째, 오버스필(overspill)클레임에 대비한 기금[75]의 적립이다. 둘째, 초과손해율재보험특약(stop loss policies)을 가입하는 것이다. 초과손해율재보험특약이란 클럽이 특정비율의 추가분담보험료(supplementary calls)의 청구를 받는 경우에 특정비율 이상은 재보험자가 擔保를 제공하는 것이다. 이것은 클럽의 회원으로 하여금 특정비율 이상의 추가분담보험료의 부담을 주지 않기 위하여 이용 재보험특약이다. 셋째는 가입 가능한 한도까지 특별재난재보험(special catastrophe reinsurance)에 가입하는 것이다.

2. P&I클럽 規則上의 擔保限界

(1) 不擔保貨物損害 및 費用

운송 중에 발생하는 화물의 멸실이나 손상 등에 따르는 선주의 책임에 대하여 P&I보험에서 擔保한다. 그러나 이러한 P&I보험의 擔保에도 클럽규칙상 명시적으로 擔保하지 않는다고 규정하고 있는 비용이나 화물손해가 있다. 그 대표적인 것들을 살펴본다.

制度를 도입하게 됨에 따라 그 분담기준이 가입선박의 1976년 海事債權制限金額의 비율로 변경되었다.(Simon Poland & Tony Rooth, Gard Handbook on P&I Insurance, Gard Association, 1996, p.688.)
73) 일반사영보험에서의 제2차 재보험금액(20억 달러)을 초과하는 클레임을 말한다.
74) C. Hill, op.cit., p.135.
75) 이를 Catastrophe Reserve Fund라고 한다.

1) 會員인 船主運送人의 故意의 不法行爲(WilfulMisconduct)에 의한 貨物損害 및 費用[76]

회원의 故意에 의한 불법행위는 의도적인 行爲(intentional acts)와 은밀한 作爲 또는 不作爲(deliberate acts or omissions)를 포함하는 개념이다. 즉 명백하게 손상이 예상되는 상황에서 故意는 아닐지라도 作爲 또는 不作爲함으로써 손상을 초래하였다면 클럽으로부터 擔保받을 수 없다. 회원의 행위 중에서 故意에 의한 不法行爲와 부주의는 명확하게 구분되어야 한다. 단순한 부주의에 의한 손해나 비용은 클럽에서 擔保하지만 故意에 의한 경우에는 擔保하지 않는다.[77] 즉 회원은 자신의 故意에 의한 불법행위로부터 어떠한 혜택도 받을 수 없다는 원칙에 따른 것이다. 대개의 클럽규칙은 故意로 발생시킨 손해와 비용에 대해서는 擔保하지 않는다고 명시적으로 규정하고 있다.[78] 이러한 내용은 영국해상보험법[79] 제55조 제2항[80][81]에서 정하고 있는 내용과

---

76) 노르웨이 Gard 클럽규칙 72(Conduct of Member) 참조.
77) Simon Poland & Tony Rooth, Gard Handbook on P&Iinsurance, Assurancefore -ningen Gard, 1996, p.547.
78) 1996년 日本 P&I規則 第35條, 1996년 Gard Club規則 第72條 등 參照.
79) 英國海上保險法은 保險料에 대한 예외규정(第55條)을 제외하고는 相互保險인 P&I保險에 적용될 수 있다. 클럽규칙에서 별도로 정하고 있는 경우에는 규칙이 우선 적용되며, 정하고 있지 않은 경우에는 英國海上保險法이 적용된다.
80) The insurer is not liable for any loss attributable to the wilful misconduct of the assured, but, the policy otherwise provides, he is liable for any loss proximately caused by a peril insured against, even though the loss would not have happened but for the misconduct or negligence of the master or crew.
81) 영국해상보험법 제55조의 내용에 따르면 보험증권에 별도의 규정이 없는 한 선장이나 선원의 不法行爲나 과실이 있는 경우에도 보험자가 보상책임을 진다고 규정되어 있다. 그러나 본 조항의 내용은 적하보험의

동일한 것으로 클럽규칙에서 별도로 정하고 있지 않더라도 보험자의 법정면책위험으로 피보험자는 보상받을 수 없다.

그런데 클럽에 가입되어 있는 회원이 회사형태나 법인인 경우에는 그 회사나 법인의 이사(director)는 이러한 클럽규칙의 해석에 있어서 회원으로 간주된다. 뿐만 아니라 선박에 관한 중요한 임무를 수행하기 위하여 임명된 선원관리자(crew managers)도 회원으로 간주된다.[82] 따라서 이러한 자들의 故意에 의한 불법행위로 인한 손해나 비용은 擔保받지 못한다.

그러나 실제로 중대한 過失(gross negligence)과 故意에 의한 불법행위는 실무상 구분은 매우 힘들다. 단순한 過失(negligence or carelessness)은 擔保되지만 중대한 過失은 擔保되지 않는다. 이 경우 중대한 過失은 손실 또는 손상의 결과가 예견되는데도 불구하고 무모하게(reckless) 행하는 경우를 예로 들 수 있으며, 인식 있는 過失[83]도 중대한 過失의 범주에 포함된다 할 것이다. 그러나 선장으로서 선박의 운항과 관련된 航海過失이 중대한 경우에도 免責되어 클럽의 擔保에 영향을 미치지 않으나 故意로(intentionally) 제3자에게 손해를 입힌 경우에는 클럽은 擔保하지 않는다. 더욱이 클럽은 이러한 경우에 사전에 통지 없이 보험계약을 일방적으로 解止할 수 있는 권리를 가

경우에는 적합하나 P&I보험에는 적용될 수 없다고 보아야 할 것이다. 클럽규칙에서 명시적으로 회원의 故意에 의한 不法行爲를 담보하지 않는다고 정하고 있기 때문에 제55조 단서조항(별도의 규정)으로 해석하면 될 것이다.

82) Simon Poland & Tony Rooth, *op.cit.*, p.548.
83) 인식 있는 過失(privity)은 어떤 者가 알고 있으면서도 그 사실을 故意로 감추고 있는 知識으로 인해 결과적으로 事故가 발생했다든지 또는 그 事實을 미리 알았더라면 事故를 방지할 수 있었던 내용을 알려 주지 않은 過失 등을 말한다.

진다.[84] 물론 1976년 해사채권책임제한조약하에서도 이러한 경우 제한이익을 상실한다.[85]

2) 禁輸品의 運送과 같은 不法貿易에서 발생한 貨物損害[86]

특정 국가의 법으로 수출입이 금지되어 있는 물품의 운송은 명백하게 不法行爲에 해당하는 것으로 이러한 운송과정에서 발생한 화물의 손해에 대해서는 클럽은 擔保를 제공하지 않는다. 가입선박을 위법한 목적에 사용하지 않는 것은 영국해상보험법[87]에서 정하고 있는 默示擔保이다. 따라서 이러한 默示擔保를 위반하게 되면 피보험자는 擔保를 제공받을 수 없다. 클럽에 가입한 선박이 전시에 禁輸品을 운송하는 과정에서 발생하는 화물손해나 비용은 擔保되지 않는 것도 마찬가지이다. 클럽규칙에서는 이러한 默示擔保를 수용하여 규정하고 있다.[88] 또한 일부 클럽들은 '부적절한'(improper), '신중치 못한'(imprudent) 항해사업으로부터 야기된 손실에 대해서도 擔保하지 않는다고 규정하고 있다. 이러한 경우에 어느 정도가 신중하지 못하거나 부적절한 것으로 간주

---

84) 노르웨이 Gard Club Rule 24.2a.
85) 1976년 海事債權責任制限條約 第4條: A person shall not be entitled to limit his liability if it is proved that te loss resulted from his personal act or omission, committed with the intent to cause such loss, or recklessly and with knowledge that such loss would probably result.
86) U.K.클럽규칙5(J).참조.
87) MIA 1906 제41조.
88) U.K. P&I Club Rule 5(j): No claim shall be recoverable from the association if it arises out of or is consequent upon an entered ship carring contraband, blockade running or being employed in an unlawful trade or if the directors, having regard to all the circumstances, shall be of the opinion that the carriage, trade or voyage was imprudent, unsafe, unduly hazardous or improper.

될지는 이사들의 裁量에 따르는 것이기 때문에 이러한 항해사업을 개시하기 전에 클럽이사회의 동의를 구하는 것이 바람직하다.[89] 또한 클럽이 사전에 위험한 항해라고 하였으나 주의를 결여하여 신중하지 못한 항해에서 발생한 화물손해 손해 및 비용도 擔保하지 않는다.[90]

3) 他 保險과 竝存保險[91]인 경우의 貨物損害 및 費用[92]

P&I클럽에서 擔保하는 동일한 위험의 일부 또는 전부를 다른 보험에서 동일하게 擔保를 제공하고 있는 경우에 클럽은 擔保하지 않는다.[93] 이와 같이 타 보험과 병행해서 타 보험에서 擔保를 제공하고 있는 부분에 대하여 클럽이 擔保를 하지 않는다는 조항은 Escape Clause, Non-Contribution Clause, Other Insurance Clause 등이다.[94] 이는 본래 P&I보험이 선박보험의 보완적인 기능을 가지고 출발한 데서 그 의의를 찾아볼 수 있다. 이러한 타 보험約款은 적하보험에서도 찾아볼 수 있다.[95] 그러나 P&I보험과 竝存보험의 문제는 주로 선박보험과의 관계를 염두에 두고 있는 조항으로 그 擔保範圍에 중첩(overlap)[96]이 있는 경우에 문제가 된다. 그런데 선박보험은 선박충돌

---

89) S. J. Hazelwood, P&I Clubs Law and Practice, LLP, 1994, p.214.
90) 일본 P&I클럽 규칙 제35조.
91) 일본클럽규칙에서는 重複保險으로 표기하고 있으나 P&I보험은 보험가액이 결정되지 않는 책임보험으로 규칙이 정하고 있는 내용은 사실상 竝存保險인 경우를 설명하고 있다.
92) U.K 클럽규칙 5(I).참조
93) 일본P&I클럽 규칙 제35조 제2항. Newcastle P&I Club Rule 27, U.K P&I Club Rule 5(I).
94) 辛建勳, P&I保險의 擔保範圍에 관한 硏究, 成均館大學校 博士學位請求論文, 1996, p.132.
95) 1982년 新保險證券의 本文約款 參照.
96) 重複保險이라고 하는 것은 保險金額이 保險價額을 초과하는 경우의 竝

의 경우를 제외하고 선박 자체에 대한 손해와 비용을 擔保하는 보험
이며, P&I보험은 선박의 운항과 관련하여 타인에게 입힌 손해에 대한
賠償책임과 비용 그리고 가입선박상의 재물에 입힌 손해배상책임과
비용을 擔保하여 주는 보험이기 때문에 擔保範圍의 중첩문제는 원칙
적으로 발생할 수 없다. 그러나 선박이 雙方過失衝突이 발생하여 상대
선박에 대한 賠償책임과 관련하여 擔保의 중첩이 발생할 수도 있으나,
이러한 경우에 선박보험에서 그러한 책임을 전액 擔保하는가, 3/4을
擔保하는가에 따라서 P&I클럽은 擔保範圍를 조정하기 때문에 이 경
우에도 실질적으로는 중첩이 발생하지 않는다. 그러나 선박보험의 추
가 特約擔保에 해당하는 전쟁위험이나 同盟罷業, 離路 등에 대한 위험
을 선박보험에서 선주에게 擔保로 제공한다면 이는 클럽이 擔保로 제
공하는 부분과 중첩될 수 있다. 이러한 경우에 피보험자인 선주는 선
박보험에서 보상한 후 보상받지 못한 손해가 있다면 P&I보험에 기대
할 수 있다. 그리고 클럽규칙은 가입선박은 표준가입조건으로 선박보
험에 가입할 것을 권고하고, 그렇지 않을 경우 표준가입조건하에서의
선박보험에서 보상받을 수 있는 부분에 대하여는 擔保하지 않는다.

그런데 회원인 선주가 자신의 화물을 운송하다가 화물에 손상을 입
힌 경우에 적하보험과 P&I보험의 중복을 검토해 볼 필요가 있다.
P&I보험은 회원 자신의 화물에 대하여도 당해 화물이 제3자에 귀속
되어 있을 경우와 동일하게 간주하여 보상한다.[97] 그런데 이 역시 타
보험에서 보상받지 못하는 範圍 내에서 擔保를 제공한다.[98] 문제는

存保險을 말하는 것으로, 中伏이라는 용어를 사용하면 重複保險이라는
용어의 重複(double)이라는 말과 혼동될 우려가 있음으로 중첩이라는 말
을 사용하기로 한다.

97) C. Hill et al, Introduction to P&I, LLP, 1996, p.102.
98) Newcastle P&I Club Rule 19(17).

적하보험에서도 타 보험約款이 삽입되어 있어 두 개의 보험約款의 충돌이 발생할 수 있다는 것이다. 적하보험의 경우에는 타 보험에서도 이러한 내용의 타 보험約款을 포함하고 있는 경우에 各 보험자의 인수비율에 의해서 분담하도록 되어 있으나[99] P&I보험은 보험가액이 결정되지 않기 때문에 이러한 기준을 적용할 수 없다. 그런데 실무적으로 운송화물에 손해가 발생한 경우에 그 손해가 적하보험자의 擔保위험에 近因하여 발생한 경우에 限하여 적하보험자는 보상책임을 부담하게 되며, P&I보험은 선주운송인이 운송계약의 위반으로 제3자에 대하여 법률상의 책임을 지는 경우에 선주운송인에게 보상한다. 따라서 실무상으로는 피보험이익의 중첩이 발생하지 않기 때문에 적하보험과 P&I보험의 타 보험約款은 충돌이 발생하지 않는다. 예를 들면, 클럽회원의 자신을 화물을 운송하는 선박의 不堪航으로 인하여 운송화물에 손해가 발생한 경우에 선주운송인이 가입한 적하보험에서는 免責위험으로[100] 보험자는 擔保를 제공하지 않는다. 그러나 P&I보험의 경우 이러한 손해를 擔保한다.

4) 適切한 船荷證券과 償還하지 않은 貨物의 引渡[101]

운송인은 도착항에서 선하증권의 원본을 유효하게 제시한 최초의 자에게 화물을 인도할 의무가 있다. 화물의 착오인도(mis-delivery)나 선하증권의 제시 없이 화물을 인도하는 것은 계약위반이나 不法行爲로서 화주로부터 손해배상청구를 받는다는 것은 오래전부터 확립되어 있는 慣習이다. 이러한 慣習은 최근의 한 判例에서 재확인되었다.

---

99) 吳元奭, 海上保險論, 三英社, 1996, p.173.
100) 新協會積荷約款 제5조.
101) U.K.클럽규칙 2(C). 참조.

1993년 Houda 사건[102]의 1심판결에서 정기용선자의 지시에 따라 선하증권의 제시 없이 화물을 인도한 선주에 대하여 책임이 없다는 판결이 내려졌다. 이것은 선주는 원본 선하증권의 제시 없이는 화물을 인도할 의무를 지지 않는다는 일반적인 慣例를 뒤집는 판결이었으나 抗訴院(court of appeal)에서는 정기용선자가 선주에게 선하증권의 제시 없이 화물을 인도하도록 지시하는 경우에도 선주는 선하증권의 제시 없이는 화물을 인도할 권리를 가지지 않는다고 판결했다. 정기용선자로부터 지시를 받은 선장이나 선주는 그러한 지시에 대하여 합리적으로 대응하여야 한다고 결론 내렸다. 따라서 P&I보험에서는 선하증권의 제시 없이 화물을 인도함으로써 발생하는 책임이나 손실에 대하여는 擔保하지 않는다.[103] 운송인은 선하증권의 제시인이 물품을 인수할 권리가 없다고 의심이 가는 경우에는 선하증권 원본 전통을 제시하도록 요구하여야 한다.

실무상의 이유로 선하증권과 상환하지 않는 조기인도가 요구될 경우에는 신뢰할 수 있는 은행이 발행한 保證狀(letter of guarantee)으로 인도할 수 있으나 선하증권 원본을 소지한 선의의 제3자에게는 대항하지 못한다. 따라서 이것으로 인한 손해는 운송인이 스스로 부담하여야 하는 책임이며, P&I보험에서는 擔保하지 않는다. 뿐만 아니라 이와 같이 선하증권의 교부 없이 화물을 인도하는 것은 전통적으로 근본적인 계약위반(fundamental breach of contract)을 구성하여 운송인은 책임제한이나 免責을 누릴 수 없는 것으로 판결되었다.[104][105]

---

102) (1993) 1 Lloyd's Law Report 33.
103) Sucre Export S. A. v. Northern River Shipping Ltd.(1994) 2 Lloyd's Rep.266.
104) P&I International, 1993, 3, p.17.
105) 그러나 운송인의 부주의(negligently)로 선하증권 제시 없이 화물을 인도

화물이 석유인 경우에는 화물이 운송 중에 유통되는 것이 보통이기 때문에 더욱더 그러하다. 또한 기명식 선하증권의 경우 기명된 자 이외의 자에게 화물을 인도한 경우에도 P&I보험에서는 擔保하지 않으며, 선일자 또는 후일자 선하증권의 발행으로부터 생기는 손해 및 부정확하게 기재한 선하증권을 발행함으로써 생기는 손해에 대하여도 擔保하지 않는다.106) 뿐만 아니라 파손화물보상장(letter of indemnity)을 받고 무사고 선하증권을 발급한 경우에도 이것으로 인한 책임손해에 대하여 클럽은 擔保하지 않는다.107) 그러나 유통성선하증권에 의한 운송계약이 아닌 경우, 즉 해상화물운송장과 같은 비유통성운송서류에 의한 운송인 경우에는 그러한 서류에서 정한 방법대로 적절히 화물을 인도한 경우에는 운송서류와 상환으로 화물을 인도하지 않더라도 그러한 인도와 관련하여 발생하는 회원의 화물에 대한 법적 책임은 擔保된다.

5) 未船積貨物 및 不完全 荷役에 따르는 費用108)

특정화물을 선박에 선적하지 않음으로써 생기는 손해나 책임 및 화물 전부를 荷役하지 않음으로써 생기는 손해에 대해서 擔保하지 않는다.109)

한 경우에는 責任制限과 免責을 누릴 수 있다는 判例가 오스트랄리아법원에서 내려진 바 있다.: Collern & Co. v. China Ocean Shipping Company(1989)

106) S. J. Hazelwood, P&I Clubs Law and Practice, LLP, 1994, p.230.
107) Discount Records Limited v. Barclays Bank Ltd.(1975) 1 Lloyd's Rep.444., The 'Sagona'(1984) 1 Lloyd's Rep.194.
108) U.K클럽규칙 2(c) 참조.
109) 일본 P&I클럽 규칙 제29조.

6) 目的港 이외의 港에서 揚荷한 貨物에 대한 損害費用110)

화물을 운송계약상 지정해 두고 있는 양하항 이외의 제3의 장소에서 揚荷함으로써 발생되는 손해비용은 클럽에서 擔保하지 않는다.111)

7) 클럽이 정한 契約條件을 삽입하지 않음으로써 負擔하는 貨物損害 및 費用112)

클럽은 명시적으로 일정한 계약조건의 사용을 금지시키거나 특정조항을 계약서에 삽입하도록 권고할 수 있다. 클럽이 특별히 선하증권계약에서 삽입하도록 요구하고 있는 조항으로서는 New Jason Clause113)와 雙方過失衝突約款114)이다. 즉 클럽은 이러한 조항으로부터 선주운송인이 가지는 계약상권리를 충분히 확보할 것을 클럽회원에게 요구하고 있다. 따라서 이러한 조항을 삽입하지 않음으로써 추가적으로 발생한 賠償책임에 대해서는 클럽은 擔保하지 않는다.

---

110) U.K.클럽규칙 2(c) 참조.
111) 일본 P&I클럽 규칙 제29조.
112) 노르웨이 Gard 클럽규칙 55.
113) 1897년 Irrawaddy 사건에서 미국대법원은 하터법이 共同海損犧牲이나 費用이 선주의 사용인의 태만에 의하여 생긴 경우에는 共同海損分擔金을 청구할 권한을 주지 않는다고 판시함으로써 미국을 입출항하는 선박은 여기에 대응하는 約款을 船荷證券에 삽입하게 되었다. 즉 선주가 선박의 堪航性을 갖추기 위해서 상당한 주의를 다한 경우에는 선주의 사용인의 태만에 의해서 발생한 共同海損의 分擔請求權을 선주에게 부여한다는 조항이다.
114) 선하증권상의 雙方過失衝突約款은 두 선박이 雙方過失로 충돌한 경우에 자선의 화주에 대해서는 航海過失로 免責되지만 상대선박에 대하여는 구상지급하여야 한다. 이와 같이 상대선박에게 지급한 자신의 分擔金을 자선의 화주에게 청구할 수 있다는 조항이다.

8) 전쟁위험에 의한 화물손해[115]

전쟁위험은 선박보험에서도 特約으로 가입하지 않는 限 보험자가 免責되는 위험[116]이다. 따라서 이러한 위험을 擔保받기 위해서는 特約擔保하여야 한다. 그런데 P&I보험에서도 마찬가지로 전쟁, 내란, 혁명, 모반이나 반란, 포획, 나포, 포탄이나 폭발물과 같은 병기에 의한 손해를 擔保하지 않는다.[117]

(2) 制限擔保貨物損害 및 費用

운송 중 발생한 화물손해에 대하여 클럽규칙에서 명시적으로 부담보를 규정하면서도 特約擔保할 수 있는 단서조항을 두고 있다든지 또는 클럽의 사전동의를 구함으로써 擔保를 확보할 수 있는 화물손해 및 비용이 있다. 이러한 擔保를 제한擔保 또는 상대적 免責위험이라고 한다.[118]

1) 헤이그/헤이그-비스비 규칙의 기준을 넘는 運送人의 契約상의 責任.[119]

기존의 각 P&I클럽의 규칙에서는 회원(운송인, 선주)이 화주와 체결하는 운송계약은 헤이그 규칙이나 헤이그-비스비 규칙보다 더 불리하지 않는 조건이어야 한다고 규정하고 있다. 그러나 다른 규칙과

---

115) U.K.클럽규칙 5(E)참조.
116) 1995년 協會期間約款 제25조.
117) 노르웨이 Gard Club Rule 58.
118) 辛建勳, 전게논문, p.125.
119) U.K클럽규칙 2(17)(a) 참조.

협약 또는 국가의 법이나 국제법의 조항이 강제적으로 적용되는 경우에는 제외한다는 단서조건[120]을 붙이고 있기 때문에 함부르크 규칙과 같은 국제조약이 강행적으로 적용되는 경우의 운송인의 책임에 대하여는 擔保한다. 그러나 운송계약조건이 헤이그 규칙이나 헤이그－비스비 규칙보다 덜 유리한지 어떤지를 잘 판단할 수 없는 경우에는 해당 클럽과 상담을 하는 것이 바람직하며 물론 불리한 조건의 경우에는 추가 特約擔保가 필요하다.

2) 冷凍貨物의 경우[121]

냉동화물의 운송에 있어서는 냉동장치의 유효성과 적정온도의 유지가 매우 중요한 영향을 미치기 때문에 P&I보험에서는 냉동화물의 경우에는 출항 전에 설비의 점검을 요구하기도 하며, 또한 사전에 통지해 줄 것을 요구하기도 한다. 따라서 사전 통지 없이 냉동화물을 운송하다가 발생한 손실에 대하여는 擔保하지 않는다.

3) 離路[122]

P&I보험에서도 전통적인 해상보험에서와 마찬가지로 離路에 대하여는 아주 부정적인 태도를 취한다. 따라서 각 클럽의 규칙에서는 ① 離路가 이루어지기 전에 또는 離路를 조합원이 사전에 알지 못하였던 경우에는 離路에 대한 정보를 입수함과 동시에 클럽에 통지하고, ②클

---

120) _____. except and to the extent that such are overidden by other rules, conventions or provisions of national or international law which may mandatorily apply.
121) S. J. Hazelwood, P&I Clubs Law and Practice, Lloyd's of London Press, 1994, p.233.
122) U.K.클럽규칙 2(17)(b).

럽이 정하는 조건으로 그 離路에 대하여 擔保되는 것에 합의한 경우를 제외하고는 離路에 의한 책임을 擔保하지 않는다.

여기서 離路의 개념으로는 ①계약상의 항로를 벗어나는 것, 즉 擔保上의 항로로부터 물리적 또는 지리적으로 벗어나는 것과 ②운송조건의 심각한 위반에 의한 운송계약으로부터의 離路[123]를 말한다.[124] 운송계약으로부터의 離路에 대한 예로는 甲板積하고 있는 화물에 대하여 언더 데크(under deck)선하증권을 발행하고 있는 경우를 들 수 있다. 甲板積 운송은 송하인이 화물을 甲板積으로 할 것에 명시적으로 합의하고 필요한 경우에 그 취지를 선하증권에 삽입하고 있거나 당해 항해에 당해 화물이 甲板積으로 운송되는 것이 慣習적일 경우에만 가능하다. 따라서 이러한 계약조건으로부터의 離路에 대하여 P&I보험에서 擔保하지 않는다. 정당한 離路의 경우, 즉 ①인명의 구조 또는 인명의 구조를 목적으로 조난中인 선박과 통신하기 위하여, ②자신의 선박과 自船의 화물을 구조하기 위한 離路의 경우에는 운송인은 免責되므로 P&I보험이 개입될 필요가 없으며, 선박보험과 적하보험에서 擔保된다. 물론 離路한 결과로 운송계약에서 정해진 항구나 장소 이외의 다른 항구나 장소에서 화물이 인도됨으로써 발생하는 책임이나 손해 및 비용[125]에 대하여서도 P&I보험에서 擔保하지 않는다.

4) 稀少性 있는 高價의 貨物[126]

정금이나 금은화와 같이 귀중하고 희소한 금속이나 또는 은행수표,

---

123) 화물의 過積으로 인한 손해도 운송계약으로부터의 離路를 구성한다.
124) C. Hill et al, Introduction to P&I, LLP, 1996, p.90.
125) 揚荷港의 변경에 의한 계반비용 등.
126) U.K.클럽규칙 2(17)(e) 참조.

채권증서와 같은 유통증권은 클럽이 승인하지 않으면 擔保하지 않는
다.127)

5) 核燃料 등에 의한 貨物損害128)

클럽은 가입선박으로 운송되는 核物質이나 放射性物質 또는 이들의
폐기물로부터의 방사선이나 유해성, 폭발성, 그 밖의 위험으로 인하여
발생하는 손해에 대하여는 擔保하지 않는다.129) 그러나 산업용이나 상
업용, 농업용 및 의료용으로 사용될 소량의 核物質(radio-isotopes)에
대하여 擔保되며, 클럽이 사전에 인식하고 있는 경우에도 擔保한다.

(3) 損害補償金의 控除金額130)

클럽이 보험금을 지급할 때 일정금액을 공제하고 지급한다. 이러한
공제제도는 P&I보험의 고유한 것이 아니고 선박보험이나 적하보험131)
에서도 찾아볼 수 있다. 그러나 선박보험이나 적하보험에서의 공제제도
는 免責率制度(franchise)로 손해액이 면책률을 초과하지 않으면 보험
자가 보상하지 않는 것은 동일하나 免責率制度는 일정의 면책률을 초
과하는 경우에 손해발생 금액전액을 보상하지만 P&I보험의 공제제도
(deductibles)는 초과하는 경우에도 일정금액을 공제하고 보상한다. 이

---

127) 노르웨이 Gard 클럽규칙 제10조에는 從價船荷證券상에서 1짐짝 또는 1
  단위에 대해서 US$2,500(1989년 인상조정분)을 넘는 책임에 대해서는
  擔保하지 않는다고 규정하고 있으며, 이런 경우에는 별도의 保險을 가
  입하는 것이 바람직하다.
128) U.K.클럽규칙 5(F) 참조.
129) 1996년 Gard Club 규칙 제73조.
130) U.K.클럽규칙 2 Appendix B.
131) 新協會積荷約款에는 공제규정이 없다.

러한 공제제도는 회원인 선주들의 주의를 환기시켜 손해발생억제효과가 있다. 따라서 공제제도는 클럽이나 회원에게 모두 유익한 제도로 받아들여지고 있고, 이러한 제도를 인정함으로써 소액클레임을 제기하는 데 소요되는 서류작성 및 청구비용을 절감할 수 있다.[132] 이러한 공제금액을 정하는 約款으로서 클럽은 Excess Clause나 Deductibles Clauses를 이용한다.

3. 無限擔保에 대한 論爭과 그 問題

(1) 無限擔保에 대한 異意提起

현재 P&I보험에서는 유류오염사고(oil pollution)와 용선자보험(charterers' insurance)[133]을 제외하고는 무한담보를 원칙으로 하고 있다. 유류오염사고의 경우 초기에는 별도의 규정을 두고 있지 않았으나 1967년의 Torry Canyon호의 좌초사고 이후에 擔保의 유한제가 도입되었다.[134] 이 무렵에 비유류오염위험에 있어서도 Overspill클레임에 대한 유한제의 도입문제가 제기되었다.[135] 이어서 1971년에 국제그룹의 관리자회의(manager meeting)에서 비유류오염위험에 대한 유한담보를 정식의제로 하여 논의하였으나 무한담보를 원칙으로 하고

---

132) 100달러의 클레임이나 100만 달러의 클레임이나 소요되는 서류나 청구절차는 동일하다.
133) '97.2월 말 현재 傭船者에 대한 危險擔保는 4억 달러로 제한되고 있다.
134) 당시 1440만 달러로 제한되었다.
135) 齊藤和夫, "責任(P&I) 保險の保險金額, その一形象", 日本保險學會, 保險學雜誌, 1995.12, p.96.

비상위험에 대하여만 준비금을 적립하자는 것으로 합의하였다. 또한 1976년에 다시 오버스필(overspill)분담금의 징수방법과 유한담보에 대해서 다시 논의한 결과 전원합의가 있을 경우에 유한담보로 전환하기로 합의하였으나 전원합의를 득하지 못하고 종전대로 비상손해준비금의 적립을 하기로 하였다. 그러나 1981년 후반에 초과클레임이 증가함에 따라 유한담보의 도입에 대한 문제가 재연되고 1982년 7월의 관리자회의에 각 클럽의 상세한 의견을 제시하도록 하여 10월에 이사회에서 유한담보의 도입을 가결하여 국제그룹과 각 클럽 간의 의견조정을 지시하였다. 1983년 10월 각 클럽의 의견을 수렴해 본 결과 클럽의 수로는 유한담보를 주장하는 클럽이 약간 더 많으며, 가입 총 톤수로는 무한담보를 계속 유지하자는 편이 약간 우세하게 나타났다. 따라서 이 두 주장은 P&I클럽 전체적으로 보아 우열을 가릴 수 없는 실정이다. 1986년 10월에는 종전의 합의를 번복하여 다시 무한담보를 결의하여 두고는 있으나 1987년 이후 양 견해 간에 의견조정이 이루어져 왔다.

그런데 앞에서 살펴본 P&I보험의 재보험체계를 보면, 이러한 재보험체계하에서도 무한담보의 원칙이 지켜지지 못할 경우가 발생할 수 있는 소지는 있다. 즉 국제그룹의 오버스필(overspill)클레임에 대한 각 개별 클럽의 분담금의 부담에 대한 이행불능사태가 발생할 경우이다. 따라서 무한담보로 인한 개별클럽의 파산가능성을 동시에 고려하여 보아야 할 것이다. 이하에서 유한담보를 주장하는 클럽과 무한담보의 유지를 주장하는 클럽의 견해를 살펴보기로 한다.

(2) 有限擔保를 主張하는 클럽의 見解

최근 각국의 해상법 및 국제해상법은 선주운송인에 대한 책임을 강화하는 방향으로 나가고 있다. 따라서 종래 선주운송인의 책임이 상대적으로 적었던 시대의 무한담보는 별 어려움이 없었다고 하더라도 향후 선주운송인의 책임이 점증할 것을 고려한다면 마땅히 선주운송인의 책임을 擔保하고 있는 P&I클럽의 擔保는 유한담보로 전환되어야 한다는 것이다. 그 근거로서 대체적으로 다음과 같이 정리할 수 있다.[136]

첫째, 대형사고에 의한 초과손해재보험금액을 초과하는 오버스필 (overspill)클레임이 발생할 가능성을 부정할 수 없다. 즉 휴스턴항의 대폭발사고와 같이 밀집지대나 공업지대에서의 탱크선에서 유출된 가연가스의 폭발이나 또는 항구, 공업지대의 하천 등의 지역에서 有害物質의 대량유출, 海底의 가스파이프라인과의 충돌, 1947년 미국 텍사스 시의 황폐화를 가져온 항만지역에서의 폭발, 스페인의 식물유오염사고로서 선적 전에는 발견 어려운 선창의 오염에 의한 식료품화물의 손상사고와 같은 대형사고에 의해 오버스필(overspill)클레임의 발생의 가능성이 훨씬 높다는 것이다. 따라서 이러한 비상위험에 대처하기 위하여 클럽이 회원에게 거액의 오버스필(overspill)보험료를 부과하게 될 것이며, 이는 회원들로 하여금 안정적인 경영활동에 커다란 장애요인으로 작용한다. 뿐만 아니라 이러한 거액의 오버스필(overspill)보험료를 파산 등에 의한 지급불능으로 인하여 납부하지 못하는 회원이 발생하면 이를 연대채무를 지고 있는 다른 회원인 선주운송인이 부담해야 하는 결과를 초래하여 불합리한 점이 있다. 이와 같이 대형클레임의 경우에 오버스필(overspill)클레임에 대한 확실한 보장이 없는 상태에서 무한담보를 한다고 하는 것은 근본적으로 잘못된 것(an inherent wrong)이다.

---

136) 齊藤和夫, 前揭論文參照, p.97. 및 C.Hill & et al, *op.cit.*, pp.111-113. 참조.

둘째로, P&I보험에서 오랫동안 아무런 문제없이 무한담보를 제공하여 왔기 때문에 제도를 변경할 필요가 없다고 하는 생각은 매우 위험한 생각이다. 왜냐하면 과거와 선주운송인의 책임의 질이나 규모 등에서 엄청난 차이가 있기 때문이다.

(3) 無限擔保를 主張하는 클럽의 見解

한편 P&I클럽의 전통적인 擔保원칙이라고 할 수 있는 무한담보를 계속 유지해야 한다고 하는 주장은 다음과 같다.[137]

첫째로, 대형의 이상적인 사고는 추상적으로는 부정할 수 없는 문제이지만 구체적인 문제로서 실제 발생할지가 매우 의문스럽다. 오히려 대형사고에 대한 과학적인 분석에 의한 사전대비가 가능할 것이다. 한편 한도를 설정한다고 하였을 경우에 그 방법으로 일반사영보험시장에서 초과손해재보험금액의 한도를 정하든가 아니면 오버스필(overspill)보험료의 한도를 설정하는 방법을 생각할 수 있다. 그런데 초과손해재보험금액의 한도를 설정한다고 하였을 경우에 재보험시장의 상황에 따라야 하는 불안정을 초래할 뿐만 아니라 일반사영보험의 P&I 재보험시장에의 參入이 보다 용이하게 되어 P&I클럽의 지위가 매우 약화되는 위험에 처할 수 있다. 또한 오버스필(overspill)보험료의 한도를 정한다고 하였을 때, 역시 일반 사영보험의 침투가 용이하게 되며, 국제그룹의 P&I클럽은 통제력이 약화되어 회원인 운송인선주들은 현재보다 비싼 보험료로 더욱더 낮은 수준의 擔保밖에 받을 수 없다. 뿐만 아니라 오버스필(overspill)보험료를 회원들로부터 효율적으로 징수할 수 없어 발생하는 문제는, 비록 유한담보인 경우에도

---

137) 齊藤和夫, 前揭論文參照, p.97. 및 C. Hill & et al, *op.cit.*, pp.111 - 113. 참조.

연속하여 대형사고가 발생하게 되면 똑같이 발생할 수 있다.

둘째로, 만약에 한도를 설정한다면 대형클레임을 청구하는 청구자는 이 한도를 청구목표로 삼아 청구금액을 비현실적으로 팽창시키는 결과를 초래할 것이다.

셋째로, 유한담보를 한다고 하면 개개의 일반선주입장에서는 일반 사영보험시장에서 자기에게 적절한 위험의 擔保가 가능하게 될 수 있으며, 이렇게 되면 사영보험자들과의 경쟁에 의하여 P&I클럽은 약화되어 P&I클럽 자체의 체제유지가 어렵게 된다.

(4) 無限擔保의 問題點과 그 對策

유류오염에 의한 선주운송인의 책임은 최근 환경에 관한 인식이 더욱 높아지고 그 손해의 규모가 엄청나서 한도를 설정하지 않고는 P&I클럽에서 擔保를 유지할 수 없었기 때문에 유한담보하고 있다. 마찬가지로 근래 선주운송인의 책임은 그 어느 때보다 강화되어 가는 경향을 보이고 있으며 대형클레임의 발생가능성 또한 높다고 할 수 있다. 또한 상호보험원리에 입각한 擔保의 유지는 회원의 능력이 어느 정도 유사하고 동질성을 가지고 있을 때는 가장 효율적인 방법이 될 수 있겠지만, 회원의 특질이 다양한 오늘날에 와서는 각 회원들의 이해관계도 다를 뿐 아니라 擔保에 대한 요구(needs)도 다를 수가 있기 때문에 회원인 선주운송인들의 다양한 요구를 수용하는 데도 비효율적이라고 볼 수 있다.[138] 향후 더욱 복잡하고 다양한 책임체계하에서 회원인 선주운송인들을 보다 안정적인 그리고 예상 가능한 상태에 놓이게 하기 위해서는 일정 수준의 한도를 정한 유한담보가 불가피하다.

---

138) 실제로 특정의 事案에 대해 特約으로 有限擔保를 하는 경우가 많이 있다.

국제그룹매니저회의에서는 이 문제에 대한 논쟁을 마무리하면서 오버스필(overspill)클레임에 대한 보험료의 한도를 200억 달러로 한다는 데 1차적으로 합의하였다.[139] 이것은 실질적으로 유한담보를 채용한 것으로 평가할 수 있으며, 중요한 변화로 받아들여진다. 무한담보를 계속 유지할 것을 주장하고 있는 클럽의 경우에도 기존의 무한담보의 문제점은 분명히 인식하고 있는 이상 이에 대한 대책은 반드시 제시되어야 한다. P&I클럽의 국제그룹이 가지고 있는 재보험체제의 장점을 최대한 활용하면서 회원들에게 가장 안정적이고 저렴한 원가로 擔保를 제공할 수 있는 방법이 강구되어야 한다. 그 하나의 방법으로 유한담보 또는 무한담보의 획일적인 擔保형식을 벗어나 통계적인 추정이 불가능한 위험에 대하여는 유한담보를 설정하여 나가는 방법도 고려할 수 있다. 즉 기존과 같이 무한담보를 원칙으로 하되 유류오염에 대한 선주운송인의 책임과 같이 예외사항을 추가로 인정하여 특수한 부분에 대하여는 유한담보를 하도록 하는 것이다. 물론 적절한 시기에 유한담보내용도 무한담보내용으로 편입시킬 수 있는 기준을 마련할 수 있다.

그러나 현재는 1995년 10월 23일 국제그룹매니저회의에서 결정된 유한담보 내용을 1996년 2월 25일 이후의 일부 클럽 규칙에서 수용하고 있다.[140] 즉 오버스필(overspill)클레임의 擔保範圍는 총가입선박의 1976년 해사채권책임제한금액의 20%를 한도로 하며,[141] 이를 각 회

---

139) The report of the Club Managers' Working Group on Aspects of Catastrophe Cover(The Octber Report).

140) 1996년 Gard 클럽규칙 Appendix Ⅵ, 1996년 일본 P&I클럽 규칙 제6조 제3항.

141) 현재 총 가입톤수는 약 3억 9천만 톤이며 이에 대한 總責任制限金額을 槪算하면 900억 달러이고 이에 대한 20%는 180억 달러로 약 200억 달러로 추정하고 있다.

원 선주에게는 가입톤수 비율이 아니라 가입선박의 1976년 해사채권 책임제한금액비율로 분담한다.[142] 그러나 이러한 200억 달러의 한도에 대해서 국제그룹 내에서 London P&I클럽을 중심으로 반대 입장을 취하고[143] 있던 클럽들이 중심이 되어 다시 1997년 7월 국제그룹 이사회에서는 오버스필(overspill)보험료의 한도를 42억 5천 달러로 하는 데 합의하였다.[144] 이와 같이 국제그룹이 한도액 설정에 일관성을 유지하고 있지는 못하지만 한도액 자체의 필요성은 공감하고 있으나 그 한도액의 수준을 어느 정도로 유지할 것인가에 대하여 그룹 내 클럽들의 의견이 일치를 보이지 못하고 있다.

4. 옴니버스 規則[145] 運用上의 問題

(1) 옴니버스 규칙의 해석

옴니버스 규칙(omnibus rule)은 P&I보험의 가장 대표적인 특징 중에 하나이다. 이 규칙은 클럽규칙의 담보내용 중 일반적으로 가장 마지막에 열거되어 있는 것으로, 열거되어 있는 위험에 속하지 않을지라도 이사회의 결정에 따라 擔保가 될 수 있다는 내용이다. 이러한 입장

---

142) Simon Poland & Tony Rooyh, op.cit., p.688.
143) London P&I클럽은 1976년 海事債權責任制限 金額의 2-3%를 Overspill 클레임의 限度로 하자는 주장을 해왔다.
144) London P&I Club Circular Letter, 1997.7.
145) Gard 클럽규칙 2(5): The Association may in its absolute discretion exercise powers conferred in the Statutes to pay compensation in respect of a liability, loss, cost, or expense which is not otherwise covered under these Rules.

은 일반사영보험에서는 찾아볼 수 없다. 이 규칙은 상호성의 원칙에 의한 P&I보험의 운영원칙을 잘 나타내고 있는 것으로, 선주운송인의 위험의 성질이 끊임없이 변화하고 있다는 것을 나타내고 있다.146) 즉 변화하고 있는 위험을 수시로 다 열거한다는 것은 불가능한 일이기 때문에 포괄 무한담보를 표창하고 있는 P&I보험에서는 이사회의 결정에 따라 규칙에서 열거하지 아니한 위험에 대하여도 擔保가 제공될 수 있음을 규정하고 있는 규칙이다. 이는 선주운송인의 요구의 변화에 신속하게 대처할 수 있게 하는 유연하고 동적인 특징을 가진 제도이다.

클럽 이사회에 전적으로 그 裁量權이 부여되어 있는 옴니버스규칙의 혜택은 무차별적으로 누구에게나 적용되는 것이 아니라 단지 정말로 받을 자격이 있는 사람에게만 주어진다.147) 이때 이사회는 擔保여부를 결정함에 있어 별도의 이유를 밝힐 필요가 없으며, 이 규칙하에서 클레임이 제기되면 과거에 있었던 유사한 상황을 참조하여 검토되는 것이 아니라 오직 그 자체의 문제만으로 검토한다. 또한 이 규칙하에서 보험금의 청구는 반드시 선박의 관리나 운항 및 선박의 소유와 관련하여 발생한 것이어야 한다.

---

146) C. Hill & et al, *op.cit.*, p.103.
147) C. Hill et al, Introduction to P&I, LLP, 1996, p.98.
: 클럽규칙에서 정하고 있지 않은 배상책임에 대해서 클럽이 담보하는 것은 회원선주들의 대표로 구성되어 있는 이사회의 전적인 재량권이다. 클럽의 이사들은 옴니버스 규칙에 의한 청구가 있는 경우에 전례와 관계없이 오직 그 사실만을 기준으로 판단하게 되며, 이때 청구자의 클럽에 대한 기여도 등을 충분히 반영하여 결정한다. 따라서 제3자의 경우에는 동일한 내용의 경우에도 청구가 기각될 확률이 높다.

(2) 옴니버스 규칙 適用上의 問題

옴니버스 규칙을 적용함에 있어서 가장 문제가 되는 것은 역시 이 사회의 공평하고 공정한 裁量權의 행사 여부이다. 이사회는 보상을 승인하거나 거부하는 데 있어서 이유를 밝힐 필요조차 없는 완전한 裁量權을 부여받는다. 그러나 裁量權을 행사하는 데 있어서 P&I클럽의 근본취지에 어긋나는 결정을 할 수는 없다. 클럽擔保의 내용과 類似同種의 원칙(*eusdem generis*)[148]하에서 擔保 여부를 결정하지만 전례를 따를 필요는 없다. 실제로는 이러한 裁量權을 행사하는 이사회는 결국은 클럽 자체를 위한 의사결정을 하려고 하는 경향을 보이게 될 것이다. 또한 기존의 회원과 클럽 사이에 발생하는 청구금 분쟁에 있어서는 이사회가 기존의 조합원 중 대표로 구성되어 있기 때문에 어느 정도 형평성 있는 의사결정이 가능하겠지만 제3자가 개입되는 경우에는 클럽 중심으로 편향된 의사결정을 할 가능성을 배제할 수 없다. 따라서 아예 제3자에 의한 직접청구권의 경우에도 옴니버스(omnibus)규칙 하의 裁量擔保에서는 청구가 배제된다.

이와 같이 옴니버스(omnibus) 규칙하의 裁量擔保는 회원들의 변화하는 요구(needs)에 신속하게 대처할 수 있게 하며, 클럽擔保에 유연성을 가져다주어 회원들로부터 상당히 각광을 받고 있는 조항이기는 하나 그 실행과정에서의 형평성을 어떻게 확보하느냐가 가장 중요한 문제점이다.

---

148) 유사동종의 원칙이란 同種制限의 원칙이라고도 하는 것으로 비록 재량담보이기는 하나 클럽이 규정하고 있는 담보내용과 유사한 성격의 클레임에 대해서만 담보한다는 것이다.

第4節 P&I보험擔保의 限界에 대한 論者의 提言

1. 擔保擴張의 必要性

해상운송인의 책임증대는 반드시 그러한 책임을 효율적으로 담보할 수 있는 보험체계가 뒷받침되어야 한다. 세계교역량의 증가, 교역물품의 고부가가치화 등으로 인하여 증대된 해상운송인의 화물손해배상책임을 운송인 스스로 부담할 수 있는 단계가 아니다. 그러나 이러한 擔保範圍의 확대는 한편으로 운송계약의 당사자이고 또 한편으로는 보험계약상의 당사자인 화주에게는 결코 단순한 문제가 아니다. 해상운송인의 책임의 증가는 운임원가의 상승으로 이어져 단기적으로 화주의 부담을 증가시킬 우려도 있다. 따라서 擔保範圍의 확대는 화주의 화물손해에 대하여 직접적으로 擔保책임을 부담하고 있는 적하보험자와 간접적으로 擔保책임을 부담하고 있는 P&I보험자 그리고 해상운송인 사이에 유기적인 협조와 조정을 통하여 이루어져야 하며, 결코 일방적으로 이루어질 수 있는 문제가 아니다.

해상운송인의 개별적 책임한도액뿐만 아니라 총체적 책임한도액도 상당히 상향조정되어 양적인 화물손해배상책임이 증가한 것은 물론 함부르크 규칙의 발효와 더불어 해상운송인의 각종 免責 조항이 폐지됨에 따라 질적인 화물손해배상책임도 크게 증가하고 있다. 따라서 해상운송인은 이러한 손해배상책임을 책임보험제도에 전가시킬 필요가 있으며 이러한 책임보험제도로 이용할 수 있는 것이 P&I보험이다. 운송계약상 운송인의 책임이 강화되었다고 할지라도 그러한 책임을 擔保할 수 있는 책임보험체계가 확립되지 않으면 화주는 운송인의 배상능력에 우려를 가질 수밖에 없다. 결국 책임증가에 상응하는 P&I보험의 擔保範圍의 확대가 필요하다. 그러나 화주는 이러한 P&I보험의 擔保範圍 확대가 적하보험자의 擔保範圍 축소로 연결되는 것을 기대하지는 않는다. 즉 화주는 적하보험자로부터 완전하고 신속한 보상을 원하기 때문에 기존의 적하보험의 擔保範圍의 축소로 인한 불편을 감수하려고 하지 않을 것이다. 다만 求償請求權의 확대를 가져올 수 있는 적하보험자가 그에 상응하는 보험료인하를 요구할 것이다.

2. P&I보험 擔保擴張內容

P&I보험은 선박의 소유 및 운항과 관련하여 발생하는 제3자에 대한 법적 책임을 보상하여 주는 것을 기본적인 擔保로 하고 있다. 그러나 P&I보험은 선주 및 운송인들의 다양한 요구를 수용하기 위하여 기본적인 擔保 이외에도 訴訟비용위험(FDD risk)擔保[149] 同盟罷業위험(strike risk)擔保 등 그 擔保範圍의 확대를 진행시켜 왔다.

여기에서는 해상운송인의 화물손해배상책임의 증가에 따른 기존의 P&I클럽의 擔保範圍의 확대 및 개선하여야 할 필요성이 있는 부분을 중심으로 살펴본다.

첫째, 함부르크 규칙상의 해상운송인의 책임을 기본 擔保하여야 한다. 여기에는 인상된 개별적 책임한도액을 비롯하여 강화된 堪航性주

---

149) FDD risk: Freight, Demurrage and Defence의 약자로 운임이나 체선료 자체를 담보하는 것이 아니라 그와 관련된 분쟁 발생 시 법적 비용과 전문가 및 조사인 비용 등을 擔保하는 것을 말한다.

의의무, 확대된 해상운송인의 책임구간, 폐지된 免責事由로 인한 책임의 증가 등이 포함된다. 현행의 P&I클럽규칙은 헤이그 또는 헤이그-비스비 규칙상의 책임을 초과하는 부분에 대하여는 기본 擔保로 하지 않고 있다. 물론 단서조건으로 담보하고 있기는 하지만, 이제 국제규칙으로 발효한 함부르크 규칙상의 해상운송인의 책임이 P&I보험의 기본 擔保가 되어야 할 것이다. 선주국가의 이익을 대변하고 있는 P&I클럽이 쉽게 함부르크 규칙체계로 전환할 것이라고는 볼 수 없다. 그러나 국제적인 통일성이 요구되는 국제해상운송 분야의 통일법으로서 UN에서 운송인과 화주의 이해관계를 조정하여 만든 함부르크 규칙이 제 기능을 발휘하기 위해서는 P&I보험에서 함부르크 규칙을 정식으로 수용하는 자세를 보여야 한다.

둘째, 컨테이너 전용선에 의한 컨테이너 甲板積 화물에 대한 손해배상책임은 기본 擔保로 되어야 한다. P&I보험에서는 甲板積 화물의 화주로부터 사전에 승인받지 않으면 그로부터 발생하는 책임에 대하여 擔保하지 않는다. 그러나 현행 무역실무 慣行상 컨테이너 화물의 경우 화주에 대한 사전 합의나 통지 없이 甲板積이 행하여지고 있으며, 해상운송인도 무사고 선하증권(clean B/L)을 발급한다. 따라서 이러한 경우에 해상운송인이 승인받지 않은 甲板積이라고 하여 P&I보험에서 擔保받을 수 없다면 해상운송인의 책임에 대한 擔保위험의 공백이 발생할 수 있다.

셋째, 손해배상의 1차 주체권자인 운송인이 파산하는 경우 P&I보험에서는 Pay First규칙을 적용하여 피해자인 화주에게 직접청구권을 인정하지 않으려고 하는 경향이 최근의 영국의 한 판례[150)]에서 나타나고 있으나 이는 쉽게 수긍할 수 없는 문제이다. P&I보험이 상호보

---

150) The Fanti & The Padre Island(No.2)(1990) 2 Lloyd's Rep.191.

험이라는 속성 때문에 선주 또는 운송인이라는 회원의 보호에만 관심을 가질 수도 있겠으나, 피해자 보호라는 책임 보험적 성격에 비추어 명확하게 회원이 법적 책임을 유발하고 파산한 경우에 P&I보험은 피해자에게 직접청구권을 인정하는 것이 바람직하다.

第6章

結　論

국제무역의 대종을 차지하고 있는 국제물품매매를 이행하기 위해서는 국제운송이 필수적이다. 이러한 국제운송은 오늘날까지도 대부분 해상운송에 의존하고 있으며, 해상운송은 화주와 운송인 사이의 運送契約에 따라서 수행된다. 運送契約의 주된 내용은 運送契約 당사자들의 권리·의무관계가 되지만 그중에서도 운송인의 책임이 중심이 된다. 해상운송인의 책임체계는 고대 로마시대로부터 오늘날에 이르기까지 시대상황의 변화와 더불어 변화과정을 겪고 있다. 논자는 지금까지 해상운송인의 책임체계 중에서 오늘날 실무적으로 널리 채택되고 있는 헤이그·헤이그－비스비 규칙상의 책임 및 최근에 발효한 함부르크 규칙상의 책임과 그리고 이러한 책임을 擔保하고 있는 P&I보험과의 관계를 비교 고찰하여 보았다.

　P&I보험은 운송 도중에 발생하는 선원의 상해 또는 사망사고에 따른 선주의 책임이나 他船과의 衝突事故로 인한 제3자에 대한 선주의 책임 및 운송화물의 멸실이나 손상 그리고 海洋汚染事故에 따르는 운송인의 책임 등 일반적으로 선박보험에서 擔保하지 않는 위험을 擔保하는 보험이다. 오늘날 P&I클럽의 클레임 중 가장 많은 비중을 차지하는 부분이 화물클레임과 관련된 부분이다. 따라서 본 研究에서는 P&I보험의 이러한 다양한 擔保 내용 중에서 운송화물에 대한 운송인의 運送契約상의 책임이 어떻게 擔保되는가를 알아보고자 시도하였다.

　운송인의 책임이 강화되고 있는 전반적인 추세와 더불어 P&I보험의 경제적 기능이 더욱더 중요해질 것으로 예상됨에 따라 운송인의 책임과 기존의 P&I보험과의 연계한 문제점의 지적과 개선책의 제시는 물론 이러한 흐름을 파악하고 이해하는 것도 매우 중요하다고 생각한다.

이하에서는 앞에서 검토한 내용 중 책임 주체와 관련한 문제, 책임의 주체인 운송인의 파산에 따른 손해배상청구권의 확보문제, 甲板積화물에 대한 문제, 선박의 충돌과 관련한 문제를 중심으로 재정리하고 논자의 의견을 제시한다.

첫째, 책임 주체와 관련한 문제이다.

운송화물에 대한 손해 발생 시 그 손해에 대한 책임의 주체가 누구인지를 밝히는 일이 가장 선행되어야 한다. 그런데 傭船運送의 경우에는 책임의 주체를 밝히는 일이 간단하지만은 않다. 裸傭船契約 아래에서 용선자가 화주인 경우에는 傭船契約書가 당해 화물에 대한 運送契約書가 되고, 운송화물의 손해배상책임의 주체는 용선자가 된다. 용선자가 화주가 아닌 경우에는 용선자가 발행한 선하증권이 運送契約書가 되고, 용선자가 운송인으로서 화주에 대하여 전적인 화물손해배상책임의 주체가 되며, 선주와 용선자 사이의 책임분담은 傭船契約의 조건에 따른다.

定期傭船契約이나 航海傭船契約 아래에서는 용선자가 화주인 경우에 당해 화물에 대한 運送契約書는 傭船契約書와 선하증권 모두가 참조되며, 화물손해배상책임의 주체는 운송인인 선주가 된다. 그러나 이경우에 선하증권은 결코 傭船契約의 내용을 변경시킬 수 없는 단순한 물품의 수령증적인 기능을 하지만[1] 제3자에게 背書讓渡되는 경우에는 운송인인 선주와 제3자인 화주 사이에는 유효한 運送契約의 증거가 된다. 용선자가 화주가 아닌 경우에는 제3자 앞으로 발행된 선하증권이 당해 화물의 運送契約書가 되겠지만[2] 책임의 주체를 누구로 보

---

1) 傭船者의 代理人 앞으로 발행되는 경우에도 마찬가지다.

느냐 하는 문제는 개별 사안에 따라서 결정하여야 할 문제이다.

그런데 정기용선자나 항해용선자의 경우, 미국법 아래에서는 그들의 책임을 제한할 수 없기 때문에 책임제한액을 초과하는 책임에 대하여 별도의 追加擔保를 확보하여야 한다. 그리고 定期傭船契約書式에 일반적으로 삽입되어 있는 利益條項(benefit clause)의 경우 P&I클럽규칙의 양도금지규칙과 충돌이 발생하기 때문에 사전에 클럽의 허가를 받아야 한다.

둘째, 운송인의 파산에 따른 화주의 손해배상청구권의 확보문제이다.

손해배상책임의 주체인 운송인이 파산하게 되면 손해를 입은 화주는 운송인에 대한 손해배상의 청구가 사실상 불가능하게 된다. 그러나 화주는 이러한 운송인이 가입하고 있는 P&I보험에 의존하여 손해를 회복할 수 있다. 그러나 P&I보험은 클럽규칙에서 명시적으로 피해자에 의한 直接請求를 허용하고 있지 않기 때문에 문제가 발생한다. 이러한 直接請求權을 행사하는 데는 P&I보험의 특수한 성격에 그 기초를 두고 있는 클럽규칙에 의하여 실제로 많은 제한이 있다. 이러한 제한에도 불구하고 직접청구권을 행사하기 위해서는 ①제3자에게 배상책임의 주체권자인 운송인과 P&I클럽 사이에 제3자권리법에서 의미하는 유효한 保險契約이 존재하는가를 확인하여야 한다. ②발생된 특정책임이 관련 保險契約에 의하여 擔保되고 있는 내용인가를 확인하고, ③被保險者인 운송인이 파산 또는 청산 중이거나 법원의 명령에 의하여 이와 유사한 상황에 처하고 있는가를 확인하고, ④P&I클럽에 대한 운송인의 권리가 제3자인 화주에게 유효하게 이전될 수 있는가를 확인하여야 한다. 그리고 화주는 P&I클럽규칙 아래에서 클럽이 취

---

2) 제3자 앞으로 발행된 船荷證券이 다시 傭船者에게 背書讓渡되면 이러한 船荷證券은 단순한 物品의 受領證이 된다. 즉 傭船契約이 우선한다.

할 수 있는 방어수단에 대하여 성공적으로 대처할 수 있는가를 확인한 후에 直接請求權의 행사 여부를 결정하여야 한다.

셋째, 갑판적 화물에 대한 문제이다.

일반적으로 화물이 甲板積되는 경우에는 위험이 증가함으로 화물에 대해 이해관계자들은 주의를 기울이지 않을 수 없다. P&I클럽에서는 클럽에 사전에 별도로 통지하여 클럽이 요구하는 조건을 충족시키지 않으면 승낙되지 않은 甲板積이 되고, 이것으로 인한 배상책임에 대하여 擔保하지 않는다. 그러나 실무에서 컨테이너 화물의 경우 화주와 별도의 약정 없이 갑판적 운송이 일반적으로 행하여지고 있기 때문에 컨테이너 화물의 경우 갑판적에 따른 운송인의 손해배상책임을 P&I클럽에서 기본적으로 담보할 수 있도록 담보범위의 확장이 요구된다.

넷째, 헤이그·헤이그-비스비 규칙상의 기준을 초과하는 해상운송인의 책임문제이다.

최근 발효된 함부르크 규칙상의 운송인의 책임에 대하여 기존의 P&I클럽에서 擔保하는가 하는 것이 중요한 사항이다. P&I클럽은 원칙적으로 헤이그·헤이그-비스비 규칙상의 책임한도를 넘어서는 책임에 대해서는 기본적으로 擔保를 하지 않는다.

운송화물에 대한 해상운송인의 책임강화와 관련한 P&I보험의 擔保에 있어서의 실무적인 문제점으로는 ①기존의 P&I클럽의 규칙에서 運送契約의 내용은 헤이그 규칙이나 헤이그-비스비 규칙보다 더 불리하지 않은 조건이어야 한다고 규정하고 있으나, 실무적으로 어떠한 구체적인 運送契約의 내용이 헤이그 규칙이나 헤이그-비스비 규칙보다 더 불리하지 않은 조건인지 運送契約 當事者가 잘 판단할 수 있겠는가 하는 문제이다. ②함부르크 규칙 아래에서 강화된 운송인의 책임에 대한 P&I보험료 증가분을 최종적으로 누가 부담하든지 간에 이는

貿易去來費用의 증가를 초래하여 세계무역증진에 불리한 영향을 미칠 수 있다는 것이다. 따라서 이러한 운송인의 책임을 강화시키는 것 자체로서는 반드시 화주에게 유리한 영향을 미치지 않는다는 것이다.

　다섯째, 선박의 衝突과 관련한 문제이다.

　선주운송인이 운송 도중에 선박의 衝突을 발생시키면 이것은 상대방 선박에 대한 不法行爲를 구성하게 되고 이러한 不法行爲에 대하여 피해자에게 손해를 배상하여야 한다. 그런데 衝突의 원인이 不可抗力이나 原因不明에 의한 경우에는 선주운송인은 배상책임으로부터 면책되며 피해자는 각자가 손해를 부담할 수밖에 없다. 이러한 경우에 피해 당사자들은 각각 자신들이 附保하고 있는 保險에 의존하는 수밖에 없을 것이다.

　一方過失에 의한 衝突의 경우에는 衝突 선박은 상대방 선박에 대하여 不法行爲책임을 지게 되어 손해를 배상하여야 한다. 이 경우에도, 衝突 선박의 선주 또는 운송인은 自船 자체의 손해에 대하여는 선박보험에서 보상받을 수 있으며 自船의 화주에 대하여는 航海過失에 의한 衝突인 경우, 헤이그－비스비 규칙 아래에서는 배상책임이 면책된다. 그러나 함부르크 규칙 아래에서는 사고의 방지를 위하여 합리적인 주의를 다하였다는 것을 증명하지 않는 限 면책될 수 없기 때문에 自船의 화주에 대하여도 손해배상책임을 질 수 있다.[3] 이러한 自船의 화주에 대한 배상책임은 선박보험에서도 擔保되지 않기 때문에 선주운송인이 가입하고 있는 P&I클럽에서 擔保받아야 할 것이다. 그러나 현재의 P&I클럽의 규칙상으로는 원칙적으로 擔保되지 않기 때문에 함부르크 규칙이 적용되는 경우에는 사전에 클럽과 상담을 거쳐 擔保

---

3) 이 경우 自船의 화주는 積荷保險者로부터 보상받고, 積荷保險者가 선주 또는 운송인에게 代位權을 행사하여 求償請求한다.

될 수 있도록 하여야 한다.

雙方過失에 의한 衝突인 경우에 영국 및 우리나라를 비롯하여 브뤼셀충돌조약을 수용하고 있는 모든 국가에서는 양 선박의 과실비율에 따라 책임을 분담하도록 되어 있다. 적재선(carrying vessel)의 선주운송인은 自船 자체의 손실에 대하여 선박보험자로부터 보상받고 自船의 화주에 대하여는 一方過失의 경우와 마찬가지로 헤이그 - 비스비 규칙 아래에서는 航海過失로 인한 衝突인 경우에 면책된다. 그러나 함부르크 규칙하에서는 自船의 화주에 대하여 배상책임을 지며 이러한 自船의 화주에 대한 배상책임은 P&I클럽에서 擔保받을 수 있다는 것은 一方過失의 경우와 동일하다.

한편, 미국의 경우 보통법(판례)이 브뤼셀충돌협약의 내용과 相異하기 때문에 문제가 발생한다. 미국은 1910년의 브뤼셀충돌협약을 채택하고 있지 않다.[4] 즉 미국법하에서는 雙方過失로 衝突한 경우에 화주는 비적재선박에 대하여 화물손실금액의 100%를 회수할 수 있으며 화주에게 배상한 비적재선박은 적재선박에게 적재선박의 過失比率[5]에 해당하는 금액을 求償請求한다. 결국 적재선박은 자기가 선적하고

---

4) 美國이 브뤼셀충돌조약을 채택하고 있지 않은 이유는 過失比率의 原則을 반대하는 데 있지 않고 貨物損害에 대해서 衝突船舶의 연대적이고 개별적인 책임(the joint and several liability)이 배제됨으로써 비적재 선박으로부터 貨物損害額 전부를 구상받지 못하게 되는 貨物利害關係者들의 반대 때문이었다.: J. K. Goodacre, *Marine insurance Claims*, 2nd ed., Witherby & Co., Ltd., 1981, p.165. 연대적이고 개별적인 責任이란 선의의 제3자(innocent third party)가 2인 이상의 寄與過失(contributory negligence)에 의해 피해를 입은 경우에 선의의 제3자는 過失 있는 사람 중에서 임의의 1인으로부터 損害賠償金額을 회수할 수도 있고 그들 모두로부터 連帶하여 損害賠償金을 회수할 수 있다는 미국법률의 원칙이다.

5) 1975년 United States v. Reliable Transfer Co., 사건 이전에는 過失比率을 균분하여 50:50으로 책임을 지우고 있었다.

있는 화물에 대하여 自己過失比率에 해당하는 금액을 배상하게 된다. 이것은 航海過失의 면책을 규정하고 있는 하터법(Harter Act)이나 미국의 해상화물운송법(COGSA. 1936)에 반대되는 결과를 가져온다. 즉 一方過失의 경우에는 自船의 화주에 대하여 배상책임이 면제되는 반면에 雙方過失의 경우에는 自船의 화주에 대하여 배상하여야 한다는 불합리한 결과가 초래된다. 이러한 불합리점을 해결하기 위한 한 수단으로 미국의 운송회사들에 의하여 선하증권에 雙方過失衝突約款(both to blame collision clause)이 삽입되게 되었다. 이러한 선하증권상의 雙方過失衝突約款은 비적재선으로부터 求償請求를 당한 적재선박은 自己의 화주에 대하여 해당금액을 再求償請求한다는 내용이다. 따라서 화주는 衝突로 인한 손실 중 自船의 과실비율에 해당하는 금액은 회수할 수 없게 된다. 이 부분을 적하보험에서 擔保하기 위한 約款이 協會積荷約款上의 雙方過失衝突約款이다. 그런데 선하증권상의 雙方過失衝突約款은 1952년 Esso Belgium 사건에서 미국 대법원은 정기선운송과 같은 공공운송에서는 무효라는 판결이 내려짐에 따라 自船의 화주에 대하여 再求償請求를 할 수 없게 되었다. 결국 적재선의 선주운송인의 부담으로 귀착된다. 한편 비적재선의 선박 및 화물에 대한 배상책임금액은 선박보험의 3/4衝突損害賠償責任 約款에 의하여 3/4이 보상되며[6] 1/4은 P&I클럽에서 擔保된다. 따라서 미국법하에서는 雙方過失의 衝突의 경우 화주는 自船의 航海過失에 해당하는 손해도 비적재선으로부터 회수할 수 있기 때문에 代位權을 행사하는 적하보험자는 유리한 입장에 서며, 반대로 선주운송인은 불리한 입장에 선다. 그

---

6) 日本의 경우에는 船舶保險에서 衝突損害賠償責任을 전부(4/4) 擔保하고 있기 때문에 P&I클럽에서는 擔保하지 않아도 된다. 日本의 船主나 運送人은 日本 P&I클럽만을 이용할 수 있도록 국내법으로 강제하고 있다.

래서 이러한 선주운송인의 배상책임을 擔保하는 영국의 P&I클럽에서는 미국을 입출항하는 선박에 대하여 선하증권에 雙方過失衝突約款을 삽입할 것을 권고하고 있지만 미국의 보통법에 의하여 無用之物이 된 約款이므로 결국 선주운송인이 가입하고 있는 P&I클럽에서 擔保되어야 한다. 1910년 衝突條約에 가입한 협약국의 경우와 미국과 같이 가입하지 아니한 비협약국의 경우에 배상책임에 대한 분담내용이 차이가 발생하기 때문에 衝突事故 발생 시 어느 국가의 법원이 法廷地가 되는가에 따라 다를 수 있다는 문제점을 이해하고 적절히 대처할 수 있는 방안을 강구하여야 할 것이다.

參考文獻

1. 國內文獻

(1) 單行本

郭潤直, 民法總則, 經文社, 1984.
───, 物權法, 博英社, 1993.
───, 債權總論, 博英社, 1994.
───, 債權各論, 博英社, 1994.
金政秀, 海上保險論, 博英社, 1992.
吳元奭, 海上保險論, 三英社, 1994.
───, 國際運送論, 博英社, 1994.
尹玟鉉, P&I保險과 實務, 여울, 1988.
徐憲濟, 콘테이너複合運送人의 責任法理, 三知院, 1986.
孫珠瓚, 商法(下), 博英社, 1994.
梁承圭, 保險法·海商法, 博英社, 1984.
梁暎煥·徐正斗, 國際貿易法規, 三英社, 1994.
梁暎煥·吳元奭, 貿易商務論, 三英社, 1994.
梁暎煥·崔銘國, 貿易賣買論, 博英社, 1994.
李均成, 國際海上運送法研究, 三英社, 1984.
李在卜, 積荷保險約款論, 保險監督院, 1991.
林泓根, 李泰熙, 國際物品賣買契約에 관한 UN協約上의 諸 問題, 三知院,
    1991.
林東喆, 海商法·國際運送法研究, 眞成社, 1990.
崔基元, 保險法, 博英社, 1993.
───, 海商法, 博英社, 1993.

韓國貿易商務研究會, 貿易商務의 諸問題(屯南 梁暎煥博士回甲紀念), 三英社, 1994.

海運産業研究院, 함부르크 規則과 國際複合運送協約의 發效가 世界經濟 및 貿易에 미치는 影響, 1993.

_____, P&I保險, 1994.

_____, Hamburg Rules의 發效에 따른 海上保險影響分析, 1993.

_____, 海商法判例研究, 1989.

(2) 研究論文 및 資料

郭俸換, "海上運送人의 責任强化에 따른 海上保險 影響分析", 『保險學會誌』, 第46輯, 1995.10.

金文煥, "國際物品運送의 甲板積 등에 關聯한 問題點", 『海法會誌』, Vol.6, 1984.

金星泰, "告知義務制度의 善意性", 『損害保險』, 1995.1.

朴容燮, "英國海上保險法上被保險者의 告知義務에 관하여", 『海法會誌』, 1983.

———, "船主責任相互保險의 基本的인 法的構成에 관한 研究", 『海運經營研究』, (李俊秀博士 古稀 記念論文), 1995.12.

朴元洙, "積荷保險에서의 危險變動과 海上運送人 및 保險者의 責任에 관한 研究", 成均館大學校 博士學位論文, 1990.

裵炳泰, "船主責任 相互保險에 관하여", 『海法會誌』, 1981.8.

宋琛憲, "海上運送人의 責任擴大와 海上保險의 擔保範圍", 『保險學會誌』, 第46輯, 1995.10.

梁承圭, "被害者의 保險金 直接請求權의 法的性質", 『損害保險』, 1995.11.

吳元奭, "海上貨物運送狀의 問題點에 관한 小考", 『韓國貿易學會誌』, 1994.

———, "複合運送人의 責任에 관한 研究", 『經營論叢』, 東亞大學校, 1984.

李均成, "國內P&I CLUB의 結成問題", 『保險學會誌』, 第36輯, 1990.

———, "海上運送法", 「韓美商事法比較研究」, 韓國商事法學會, 1982.

———, "海商法改正의 問題點", 谷泉 朴元錫 博士 華甲 紀念, 「現代商法의 諸 問題」, 1992.

————, "改正海上運送法의 槪要 및 問題點", 屯南 梁暎煥 博士 華甲紀念,「貿易商務의 諸 問題」, 韓國貿易商務硏究會, 1994.

————, "海商法의 改正과 海上運送人의 損害賠償責任", 海仁 裵炳泰 博士 華甲紀念,「韓國海法會誌」, 第14券, 1992.

————, "現行船主責任制限制度의 몇 가지 問題",『海法會誌』, Vol.4, 1982.

————, "1978年 함부르크 規則下의 運送人의 責任과 海上保險",『海法會誌』, 제1권, 1979.

李時煥, "新保險約款(ITC-Hulls1/11/95)에 관한 小考"『保險調査月報』, 1995.11.

李在卜, "海上積荷保險契約의 擔保範圍에 관한 硏究",『損害保險』, 1993.

————, "積荷保險에 있어서의 損害補償範圍의 擴張에 관한 小考",『保險學會誌』, 第37集, 91.3.

————, "貨物海上保險에서 同業者約款의 構造와 特性에 관한 硏究",『損害保險』, 1994.9.

————, "貨物運送과 貨物保險約款上 運送條項의 適用에 관한 硏究",『保險學會誌』.

李鍾桓, "被害者의 直接請求權에 대한 새로운 이해와 해석방향",『損害保險』, 1995.4.

張斗彩, "해상운송인의 책임증대가 운송관계 당사자에게 미치는 영향", 한국해운학회지 제9권, 1989.11.

鄭暎錫, "甲板積貨物의 損傷에 대한 責任制度에 관한 比較法的 考察",『法學硏究』, 第3號, 1991.10.

鄭洪周 外, "危險管理側面에서 본 海運契約과 海上保險契約", 韓國海運學會誌, 第18號, 1994.8.

趙宗柱, "海上運送人 責任의 問題點에 관한 硏究", 成均館大學校 博士學位論文, 1995.

韓東湖, "海上保險에 있어서 因果關係에 관한 主要學說의 問題點",『海運學會誌』, 1987.6.

————, "航海過失과 積荷海上保險에 관한 若干의 考察",『海運學會誌』, 1987.11.

————, "航海의 遲延에 의한 損害와 海上保險者의 責任",『海運學會誌』, 1984.7.

韓昌熙, "英國海上保險法上의 推定全損에 관한 硏究", 서울大學校 博士學位論文, 1993.

2. 外國文獻

(1) 單行本

加藤修, 貿易保險の實務, 同文館, 1985.

───, 國際貨物海上保險實務, 成山堂, 1990.

───, 最新國際貨物海上保險實務, 成山堂, 1984.

加藤安宏, 貨物保險の査定實務, 保險毎日新聞社, 1986.

加藤由作, 被保險利益の構造, 嚴松堂書店, 1939.

───, 海上保險新論, 春秋社, 1961.

葛城照三, 海上保險契約論, 早稻田大學出版部, 1973.

葛城照三, 外3人 監譯, 海上保險クレムネ, 損害保險事業研究所, 1978.

龜井利明, 海上保險槪論, 成山堂書店, 1992.

宮本三夫, 鄉原資亮 共譯, 國際運送と新しい企業責任, 成山堂, 1994.

今泉敬忠, 英國P&I保險の研究, 成文堂, 1992.

─── 譯, P&I保險の解說, 成山堂, 1989.

─── 外 譯, 船舶の衝突と海上保險, 成山堂, 1951.

今村有, 海上保險契約法論, 損害保險事業研究所, 1978.

大岐正瑠, 船荷證券の研究, 白桃書房, 1989.

藤代和雄, 貿易運送の實務, 同門館, 1985.

藤田榮一, 貿易實務, 創元社, 1973.

藤澤順, 海上保險のABC, 成山堂書店, 1990.

木村治郎, 海上保險實務の基本問題, 東京保險研究所, 1978.

山田泰彥, 船主責任制限の法理, 成文堂, 1992.

小町谷操三, 海商法研究, 第3卷, 有斐閣, 1931.

松島惠, 貨物海上保險槪說, 成文堂, 1991.

───, 船舶保險約款研究, 成文堂, 1993.

松島惠・大谷孝一, 海上保險論, 1990.

松竹秀雄, 運送責任と運賃, 成山堂, 1987.

勝呂弘, 損害保險論選集, 千倉書房, 1985.

柳生正宥譯, P&I保險概論, 日本海運集會所, 1991.

林田桂, 海上保險論, 海文堂, 1967.

津田滋 外 2人 譯, 傭船契約の法理, 成文堂, 1975.

姉崎義史, イギリス積荷保險の展開, 神戸商科大學學術研究會, 1982.

齊藤和夫, 船舶職員のための保險實務−船舶保險とP&I保險, 日本船主責任
　　　　相互保險組合, 1991.

清河雅孝, 海上物品運送法の基礎理論, 中央經濟社, 1990.

下山田聰明, 船主責任保險の歷史とその概要, 日本海運集會所, 1980.

Alex L. Parks, *The Law and Pracrice of Marine Insrance and Average*,
　　　Vol.1, Cornell Maritime Press, 1987.

Alex L. Parks, *The Law and Pracrice of Marine Insurance and Average*,
　　　Vol.2, Cornell Maritime Press, 1987.

Badger, Dennis & Geoffrey Whitehead, *Elements of Cargo Insurance*,
　　　Cambridge, 1983.

Bennet H. N., *The Law of Marine Insurance*, Clarendon Press, 1996.

Boyd, S. C. & A. S. Burrows & D. Foxton, *Scrutton on Charterparties*,
　　　Sweet & Maxwell, 1996.

Buglass, L. J., *Marine Insurance and General Average in the United
　　　States*, 2nd ed., Cornell Maritime Press, 1981.

Brice, Geoffrey, *Maritime Law of Salvage*, London: Stevens & Son,
　　　1983.

Brown, R. H., *Marine Insurance*, *Vol.1*, 5th ed., London: Witherby & Co.
　　　Ltd., 1986.

──────, *Marine Insurance*, *Vol.2*, 5th ed., London: Wither by & Co. Ltd.,
　　　1986.

──────, *Marine Insurance*, *Vol.3*, 5th ed., London: Wither by & Co. Ltd.,
　　　1986.

──────, *Dictionary of Marine Insurance Terms and Clauses*, London:

Wither by & co. Ltd., 1989.

————, *Analysis of Marine Insurance Clauses(Book 1)*, The Institute
Cargo Clauses, London: Wither by Co. Ltd., 1982.

Colinvaux, Raul, *Carver's Carriage by sea*, Vol.1, 13th ed., British Ship
pings Laws, London: Stevens & Sons, 1982.

————, *Carver's Carriage by sea*, Vol.2, 13th ed., British
Ship pings Laws, London: Stevens & Sons, 1982.

Christof Luddeke & Andrew Johnsob, *The Hamburg Rules from Hague
to Hamburg via Visby*, 2nd ed., LLP, 1995.

Gilman, J. C. B., *Arnould's Law of Marine Insurance and Average*,
Vol.3, London, Sweet & Maxwel, 1997.

Gilmore, Grant & C. L. Black, *The Law of Admiralty*, 2nd ed., New
York, The Foundation Press, 1975(1995 reprinted).

Good acre, J. Kenneth, *Marine Insurance Claims*, 3rd. ed., London,
Wither by & Co. Ltd., 1996.

Hazelwood, S. J., *P & I Clubs Law and Practice*, London: Lloyd's of
London Press Ltd., 1989.

Hazelwood, S. J., *P & I Clubs Law and Practice*, London: Lloyd's of
London Press Ltd., 1994.

Hill, C.·Robertson, B.·Hazelwood, S. J., *An Introduction to P&I*,
London: Lloyd's of London Press Ltd., 1988.

Hill, C.·Robert son, B.·Hazelwood, S. J., *An Introduction to P&I*,
London: Lloyd's of London Press Ltd., 1996.

Hodges, S, *Law of Marine Insurance*, Cavendish Publishing Ltd., 1996.

Ivamy, E. R. Hardy, *Marine Insurance*, 4th ed., London: Butterworths,
1985.

————, *Payne and Ivamy's Carriage of Goods by Sea*, 13th ed., London:
Butterworths, 1989.

————, *General Principles of Insurance Law*, 5th ed., London: Butterworths,
1986.

———, *Casebook on Insurance Law*, 4th ed., London: Butterworths, 1984.

———, *Chalmer's Marine Insurance Act 1906*, 9th ed., London: Butterworths, 1983.

———, *Casebook on Carriage by Sea*, 4th ed., London: Lloyd's of London Press Ltd., 1979.

Jeremy Kingsley, *Handbook on P&I Insurance*, 3rd ed., Assuranceforeningen Gard, 1988.

Jess, D. C., *The Insurance of Commercial Risks: Law and Practice*, London: Butterworths, 1986.

John Birds, *Modern Insurance Law*, London: Sweet & Maxwell, 1993.

Lamberth, R. J., *Templeman on marine Insurance*, 16th ed., Pitman, 1986.

Lepez, Norman J., *Bes' Chartering and Shipping Terms*, London: Barker & Howard Ltd., 1992.

Martin Dockray, *Cases and Materials on the Carriage of Goods by Sea*, Abingdon: Professional Books, 1987.

Milwee, William I, *Modern marine Salvage*, Cornell Maritime Press, 1996.

Mocatta, Alan A., Mustil, M. J., and S. C. Boyd, *Scrutton on Charterparties & Bills of Lading*, 19th ed., London: Sweet & Maxwel, 1984.

Mustill, M. J. & J. C. B., Gilman, *Arnould's Law Of Marine Insurance and Average*(Vol.1), 16th ed., London: Stevens & Sons, 1981.

———, *Arnould's Law Of Marine Insurance and Average*(Vol.2), 16th ed., London: Stevens & Sons, 1981.

Nevil Phillips, *Merchant Shipping act*, LLP, 1995.

Peter Young, *MUTUALITY – The Story of the UK P&I Club*, Granta Editions, 1995.

Poland, S. & Tony Rooth, *Gard Handbook on P&I Insurance*, Assuranceforeningen GARD, 1996.

Saul Sorkin, *Goods in Transit(Vol.1)*, Matthew Bender, 1991.

———, *Goods in Transit(Vol.2)*, Matthew Bender, 1991.

———, *Goods in Transit(Vol.3)*, Matthew Bender, 1991.

Schmitthoff, C. M., *Export Trade*, 9th ed., London, Stevens & Sons, 1990.

Thomas, M. & D. Steel, *The Merchant Shipping Acts*, 7th ed., 1976.

Simon Poland & Tony Rooth, *Gard Handbook on P&I Insurance*, Gard Assuranceforeningen, 1996.

Tomas, M, *The Merchant Shipping Acts*, Stevens & Sons, 1976.

Tetley, W., *Marine Cargo Claims*, 3rd ed., Canada : BLAIS, 1989.

Todd, Paul, *Bills of Lading and Banker's Documentary Credits*, Lloyd's of London Press, 1990.

Victor Dover, *A Handbook to Marine Insurance*, 8th ed., London : Witherby & Co. Ltd., 1982.

Wilford, M. & T. Coghlin & J. D. Kimball, *Time Charters*, LLP, 1989.

The London Steamship owners' Mutual Insurance Association Limited, Rules Class 5−P&I.

Newcastle Protection & Indemnity Association, Rules and Circulars, 1995.

Newcastle Protection & Indemnity Association, Rules and Circulars, 1996.

U.K. P&I Club, Rules, 1995.

P&I Review, 1996.

Trane Law Review, Vol.43, 1969.

U. N. UNCTAD, *The Economic and Commercial Implications of the entry into Force of the Hamburg Rules and the Multimodal Transport Convention*, 1991.

(2) 研究論文 및 資料

加藤達夫, "代位權と回收金の分配", 『海事法研究會誌』, No.92, 1989.10.

───, 海上保險における戰爭 リスクについて, 保險學雜誌 第536號, 日本保險學會, 1992.3.

葛城照三, "船員の惡行と近因主義", 『損害保險研究』, 第42卷 第3號, 1980.12.

─────, "Warehouse to warehouse clauseにおける保險責任の始終時點",
『損害保險研究』, 第40卷 第4號, 1978.

─────, 公害防止のための坐礁タンンカーの爆破と海上保險者の責任
(Torrey Canyon號事件), 早稻田商學, 第197號, 1967.10.

江頭憲治郎, "海上運送人の損害賠償の額", 『海法會誌』, 復刊 第36號, 1992.

岡田豊基, イギリス法におけるP&I保險契約, 六甲台論集, 第30卷 第2號, 1983.7.

─────, イギリスにおけるP&I保險の發展, 六甲台論集, 第27卷 第4號, 1981.1.

─────, P&IクラブによるP&I保險の引き受け, 六甲台論集, 第29卷 第2號,
1982.7.

關島和夫, 英國の海上保險市場におけるP&Iクラブの地位, 損害保險研究, 第
29卷 第4號, 1967.11.

龜井利明, 公害の補償と保險, 關西大學商學論集, 第16卷, 1971.

菊池洋一, "改正國際海上物品運送法の成立", 『海事法研究會誌』, No.109, 1992.10.

宮武和雄, "英國協會コンテナ新舊兩約款", 『損害保險研究』, 第51卷 第2號, 1989.9.

今泉敬忠, "英國における船主責任法制の變遷とP&I Club の變化(Ⅰ)(Ⅱ)
(Ⅲ)(Ⅳ)(Ⅴ)", 損害保險研究, 1981-1990.

─────, Protection and Indemnity Clauseの研究, 今村有博士古稀紀念論集.

─────, 日本船主責任保險組合の新定款および保險契約規定の解說(Ⅰ), 損
害保險研究 第57卷 第3號, 1995.11.

─────, 日本船主責任保險組合の新定款および保險契約規定の解說(Ⅱ), 損
害保險研究 第57卷 第4號, 1996.2.

─────, 日本船主責任保險組合の新定款および保險契約規定の解說(Ⅲ), 損
害保險研究 第58卷 第1號, 1996.5.

─────, 日本船主責任保險組合の新定款および保險契約規定の解說(Ⅳ), 損
害保險研究 第58卷 第2號, 1996.8.

─────, 日本船主責任保險組合の新定款および保險契約規定の解說(Ⅴ), 損
害保險研究 第58卷 第3號, 1996.11.

吉川吉衛, "小損害不擔保について", 『損害保險研究』, 제54권 제1호, 1992.5.

大濱信泉, 英國船主責任制度論, 早稻田法學, 第4卷, 1925.

大石正明, "貨物海上保險・運送保險 普通保險約款の改訂について", 『海事法研究會誌』, No.91, 1989.8.

落合誠一, "運送人等の不法行爲責任", 『海法會誌』, 제65호, 1992.

山口修司, "改正國際海上物品運送法の解說", 『損害保險研究』, 第54卷 第3號, 1992.11.

山口修司 譯, "協會貨物約款(A)(B)(C)とMAR フオホムの利點について", 『損害保險研究』, 第57卷 第1號, 1995.5.

山下友信, "船荷證券の記載の效力", 『海法會誌』, 第65號, 1992.

相原隆, "船荷證券上の運送人の確定とデマイズ・クローズの 有效性", 『海事法研究會誌』, No.119, 1994.4.

石田滿, "保險契約における損害發生の通知義務", 『損害保險論集』, 1969.

石田淸彦, "イキリス法にぉける全損制度について", 『海法會誌』, 제65호, 1992.

小原三佑嘉, "航空運送狀による決濟上の諸問題(上)(中)", 『海事法研究會誌』, No.113, 1993.4.

―――, "早出料について", 『海事法研究會誌』, No.113, 1993.4.

―――, "90年代のB/L非流通化の動きを讀む", 『海法會誌』, No.100, 1991.2.

―――, "Combined Transport B/Lのon board natationについて", 『海事法研究會誌』, No.94, 1990.2.

松島 惠, "貨物保險における固有の瑕疵の具體的事例再論", 『損害保險研究』, 第51卷 第14號, 1990.3.

―――, "運送の遲延による貨物の性質損害, 『損害保險研究』, 第52卷 第4號, 1991.

原田一宏, "1989年 海難救助條約の制定", 『損害保險研究』, 第51券 第4號, 1990.3.

―――, "萬國海法會 「1987年リスボン規則」の解說", 『海事法研究會誌』, No.90, 1989.10.

姉崎義史, "實損塡補原則과 保險條件", 『保險學會誌』, 1994.5.

赤堀勝彥, 福島洋一, "貨物保險者からみた ヘーグ・ヴィスビールル ハンブルグ・ルルについて", 『海事法研究會誌』, No.87, 1988.12.

――――, "外航貨物クレームの 'HEAT'と'FIRE'の解釋についての一考察, 『海事法研究會誌』, No.91, 1989.8.

田代健二, "損傷の原因が目的の固有の瑕疵又は性質に該當し, 保險者が免責された事例", 『海事法研究會誌』, No.101, 1991.4.

田中宏治, "甲板積み木材の損害賠償責任についての南洋材及び米材航海傭船契約上の默示の補償及び補償狀上の保證の效力", 『海事法研究會誌』, No.124, 1995.2.

────, "運送契約の當事者てはないコンテナの所有者によるコンテナの損傷についての損害賠償請求に米國海上物品運送法の責任制限が適用されるか", 『海事法研究會誌』, No.112, 1993.2.

田川士郎, "保險契約の契約解除權の諸問題について", 『損害保險研究』, 第54卷第3號, 1992.11.

井內大, "輸入生牛の損害防止", 『海事法研究會誌』, No.76, 1987.2.

井口俊明, "イギりす海上保險法における保險事故と免責事由との關係", 『損害保險研究』, 第53卷 第2號, 1991.8.

齊藤和夫, "責任(P&I)保險の保險金額 その一形相", 保險學雜誌, 第536號, 日本保險學會, 1995.12.

────, "OPA '90−Cofrs とP&I クラブ", 保險學雜誌, 第552號, 1996.3.

────, "1990年合中國油濁法と賠償資力責任の保證證明問題", 國領英雄教授還曆紀念論文集, 山縣紀念財團, 1994.3.

────, "P&I保險の創設に關する諸說と若干のコメイント", 海外海事研究, 第163號, 1993.5.

和島雄三, "受取式運送書類を船積式に轉換する方式について", 『海事法研究會誌』, No.96, 1990.6.

韓洛鉉, "海上保險における積替えの效果について", 『海事法研究會誌』, 1995.4

────, "海上保險における貨物甲板積みの效果について", 『保險學雜誌』 第551號, 日本保險學會, 1995.12.

鄕原資亮, "ヘーグ・ヴィスビールル か ハンブルグ・ルルか", 『海事法研究會誌』, No.115, 1993.8.

────, "P&I保險の一側面", 『海事法研究會誌』, 1992.8.

鴻常夫, "國際海上物品運送法の改正について", 1992.7.

鴻常夫 外, "海上保險契約法の改正", 『海法會誌』, 第64號, 1991.

後藤茂之, "國際複合運送の發展と運送責任の考察", 『損害保險研究』, 第53卷,第3號, 1992.2.

―――, "複合運送における 陸上區間に適用される强行法と責任原則に關す
る考察", 『損害保險硏究』, 第54卷 第4號, 1993.2.

K. Saito, イギリス法「1930年 第3者當事者法」にもとづく, P&Iクラブに對す
る.

―――, 海事交通硏究, 1989, 第33集.

保險契約規定, 日本船主責任相互保險組合, 1996.

Bauer, J. C., "Conflicting Liability Regimes: Hague−Visby v. Hamburg
Rules", Journal of Maritime Law and Commerce, Vol.24, 1993.1.

Chandler, G. F., "After Reaching a Century of the Harter Act: Where
should We Go From Here?", Journal of Maritime Law
andCommerce, Vol.24, 1993.1.

Coghlin, T., "Shipowners' Liabilties Fifty Years on", Journal of Maritime
Law and Commerce, Vol.22, 1991.10.

Diana Faber, "Conflicts between Bills of Lading and Charterparties", ICMA's
Meeting Report, 1991.9.

Goldie, C. W. H., "Effect of the Hamburg Rules on Shipowners Liability
Insurance", Journal of Maritime Law and Commerce, Vol.24, 1993.1.

Healy, N. J., "Commentary on 1981 Revision of the New York Produce
Exchange Form Time Charter", Journal of Maritime Law and
Commerce, Vol.13, 1982.10.

Honnold, J. O., "Ocean Carriers and Cargo: Clarity and Fairness", Journal of
Maritime Law and Commerce, Vol.24, 1993.1.

McMAHON, J. P., "The Hague Rules and Incorporation of Charter Party
arbitration Clauses into Bills of Lading, Journal of Maritime Law
and Commerce, Vol.2, 1970.10.

Michel, Keith, *Direct Recovery From P&I Associations*, Lloyd's Maritime
and Commercial Law Quarterly, Lloyd's of London Press. Ltd.,
1987.2.

―――――, *Third Party rights against Insurers*, Lloyd's Maritimeand

Commercial Law Quarterly, Lloyd's of London Press. Ltd., 1989.11.

Reynardson, W. B., "The Reaction of Protection and Indemnity Associations to Through Transit Risks", Journal of Maritime Law and Commerce, Vol.2, 1971.7.

Springall, R. C., "Protection and Indemnity Insurance", Journal of Maritime Law and Commerce, Vol.20, 1989.2.

Sweeney, J. C., "Happy Birthday, Harter", Journal of Maritime Law and Commerce, Vol.24, 1993.1.

Tetly, W., "Shipowner's Limitation of Liability and Conflicts of Law", Journal of Maritime Law and Commerce, Vol.23, 1992.10.

Tilley Mark, "The Origin and Development of the Mutual Shipowners' Protection & Indemnity Associations, Journal of Maritime Law and Commerce, Vol.17, 1986.04.

―――――, "The Protection and Indemnity Clubs and Bankruptcy", Journal of Maritime Law and Commerce, Vol.17, 1986.10.

―――――, "Protection and Indemnity Club Rules and Direct Actions by Third Parties", Journal of Maritime Law and Commerce, Vol.17, 1986.07.

William R. A. Birch Reynardson, "The history and development of P&I Insurance", 橫浜國立大學 經營學部研究資料室, 1986.3.

The London Steamship Owner's Mutual Insurance Association Limited, Rules Class―5―P&I.

Newcastle Protection & Indemnity Association, Rules and Circulars, 1995.

Newcastle Protection & Indemnity Association, Rules and Circulars, 1996.

U.K. P&I Club, Rules, 1995.

Hague Rules Law Digest, Fairplay Pub., 1981.

A Guide to The Hague and Hague―Visby Rules, Lloyd's f London Press LTD. 1985.

A Guide to The Hague and Hague―Visby Rules, Lloyd's f London

Press LTD. 1989.

A Guide to The Hamburg Rules, Lloyd's of London Press LTD., 1991.

Report of Advanced Study Group No.109 of the Insurance Institute of London, *The History and Development of Protecting and Indemnity Clubs*, 1957.1.

International Cargo Carriers' Liabilities, Fairplay Pub., 1983.

Http∶//www.isso.com/ 1997.9.4. Maintenance Data.

Http∶//www.npandi/about htm/

부 록

P&I 保險의 基礎

1. P&I보험의 의의

P&I보험은 선박보험과 더불어 중요한 해상보험의 일종으로 선박보험에서 담보되지 않는 비용손해 및 배상책임을 담보하기 위하여 선주들이 상호보험조합을 구성하여 운영하는 비영리상호보험이다. 보호 (Protection)라고 하는 것은 선주 또는 용선자가 선박의 운항에 따른 제3자에 대한 책임 및 선원에 대한 고용주로서의 책임을 말하며, 보상 (Indemnity)은 운송계약에 따라 운송인으로서 화주에 대한 계약상의 책임을 말한다.

2. P&I클럽의 生成

P&I보험은 선주책임법제의 변천과 더불어 발전해 온 제도로서, 영국이 공식적인 발상지로 알려져 있다. 그러나 P&I클럽의 생성동기에 대하여는 여러가지 주장이 제기되고 있으나, 영국이 그 발상지라는 데 대하여는 이론의 여지가 없다. 그렇다면 생성 당시의 영국의 사회상과 그리고 선주책임법제의 변천과 더불어 발전하였다고 볼 수 있다. 따라

서 영국의 선주책임법제의 변천을 중심으로 P&I클럽의 발전과정을 살펴보는 것이 타당하다.

1719년 영국에서는 포말회사금지법(Bubble Act,1719)이 제정된 후 2개의 보험회사(The Royal Exchange Assurance Corporation과 The London Assurance Corporation)와 로이즈보험업자만이 해상보험을 인수할 수 있도록 독점권이 부여되었다. 그런데 이러한 보험자는 런던에 집중되어 있었기 때문에 런던이외의 지방에 근거를 둔 선주는 보험가입에 불편을 느꼈을 뿐만 아니라, 독점권을 가진 보험자가 고률의 보험료를 부과하는 등 횡포를 함에 따라 선주들은 당시의 법률상으로 위법이라는 것을 알면서도 비영리주의로 선체상호보험조합(Mutual Hull Club)을 설립하여 선박보험을 인수하였다. 이러한 선체상호보험조합은 초기에는 적법성에 관한 문제가 있었으나, 18세기 말에 와서는 공식적인 인정을 받게되고, 19세기 초에는 영국전체에 20여개 이상의 조합이 설립되는 등 발전을 거듭하여 왔다.[1] 그러나 1824년 해상보험법(Marine Insurance Act,1824)의 시행으로 해상보험인수에 관한 독점권이 폐지되고 많은 보험자가 해상보험시장에 등장하였다. 따라서 보험자간에 경쟁이 격화되었으며, 우량선주들은 선체상호보험조합보다 훨씬 유리한 조건으로 일반해상보험시장에서의 附保가 가능하였다. 결국 우량선주들이 서서히 선체상호보험조합을 탈퇴하기 시작하자 선체상호보험조합은 더 이상 설 자리를 잃었다.

한편, 19세기 중엽에 접어들면서 선주의 책임을 강화하는 각종 법률이 제정되기에 이르렀다. 즉, 1846년 영국의회에서 Campbell's Act (Fatal Accident Act)가 제정되어 타인의 불법행위로 인하여 사망한

---

1) 今泉敬忠, 英國における船主責任法制の變遷とP&I Clubの變化(Ⅰ), 損害保險研究, 第43卷2號, 1981, P.4.

유족들에게 손해배상청구권을 인정하였으며, 1847년에는 Habours, Docks, Piers Clause Act가 제정되어 항만시설에 끼친 손해에 대하여 과실유무를 묻지 않고 선주의 배상책임을 인정하게 되었다. 또한 1854년에 통과된 상선법(Merchant Shipping Act)은 선주의 책임제한액을 선가와 운임에 의해 산출되도록 함으로써 중대한 사고가 발생했을 때 언제라도 선주는 선박을 포기함으로써 클레임을 처리할 수 있었으나,[2] 사망이나 상해의 클레임에 대하여는 선박가액을 톤당 15파운드 미만으로 할 수 없도록 규정했다.[3] 따라서 대부분의 선주들은 실제선박가액을 초과하는 잠재적 책임에 직면하게 되었으며, 더 이상 선박 자체만으로 위험에 대처할 수 없게 되었다.[4]

또한 1836년의 De Vaux v. Salvador사건[5]에서 법원은 선박충돌의 경우 타선에 끼친 손해에 대한 배상책임은 선박보험자가 보상하지 않는다고 판시함으로써, 선주는 충돌시에 발생하는 손해배상책임에 대해서 보험자로부터 회수할 길이 없게 되었다.[6]

이와 같이 선주의 책임범위는 경제사회의 발전에 따라 확대되어 갔으나 해상보험(선박보험)에서는 이러한 제3자에 대한 배상책임이 담보되지 않았다. 당시의 이러한 일련의 변화는 선주들에게 중대한 관심사로 등장하였다. 선체상호보험의 경영자들은 일반보험시장에서 인수하

---

2) 1854년 英國商船法은 船價主義에 의하여 船主責任을 제한했으나 1862년 商船法 개정으로 金額主義로 전환되었다.
3) 당시의 英國船舶의 平均船價는 톤당 8파운드 였던 것에 비하면 상당히 높은 책임을 부과하고 있음을 알 수 있다.
4) J.Kingsley, *Handbook on P&I* Insurance, 3rd ed., 1988, P.31.
5) E.R.Hardy Ivamy, *Marine Insurance*, 4th ed., 1985, p.144.
6) 이러한 손해배상책임에 대해서 1888년이 되어서 비로소 선박보험의 3/4衝突損害賠償責任約款에 의해 擔保가 제공되었으나 1/4은 여전히 무보험상태가 되어 오늘날 P&I보험에서 擔保하고 있다.

지 않는 선주책임을 새로운 하나의 사업분야로 인식하고 그러한 책임을 인수하기로 경영방침을 정함으로써 1855년 오늘날 P&I보험의 기원이라고 할 수 있는 보호조합(Protection Club)[7]을 설립하게 되었다.

초기의 보호조합은 1854년 상선법에 의한 사망과 부상에 따른 클레임과 초과충돌손해책임 즉 선박보험증권으로 擔保되는 금액을 초과하는 충돌책임을 주로 擔保하였다. 그러나 운송화물에 대한 손해배상책임을 클럽에서 擔保하게 된 것은 보호조합이 설립된 이후 훨씬 지나서 1870년 Westernhope호 사건[8] 이후의 일이며, 화물의 손실에 대한 책임을 擔保하는 補償클럽(Indemnity Club)이 처음으로 생기게 되었다.[9] 이러한 보상위험과 보호위험을 동시에 擔保로 제공하는 최초의

---

7) 정식명칭은 The Shipowners' Mutual Protection Society로 현재의 The Britannia Steamship Insurance Association LTD.의 전신이다.

8) 사건의 개요:Westernhope호가 런던에서 화물을 싣고 Capetown으로 향하였다. 그런데 선장은 직선항로를 이용하지 않고 Elizabeth항에 들려 추가로 화물을 싣고 Capetown으로 가는 중 실종되었다. 화주들은 잃어버린 화물가액을 보상받기 위해서 선주를 상대로 訴訟을 제기하였다. 동사건에서 선주는 離路를 함으로써 면책되지 못하고 화물의 멸실에 대해 賠償責任을 져야 한다고 판결되었다. 따라서 선주는 保護組合에 구상청구하였으나 당시의 保護組合은 화물책임을 담보하지 않고 있었기 때문에 거절되었다.

9) Westernhope호 事件이 계기가 되어 Indemnity Club이 설립되었다고 런던 보험자협회의 전문연구회지 (No 109)에서 발표된 이후 많은 저서에서 이것을 인용하고 있으나 동 事件은 어느 判例集에서도 찾아 볼 수 없으며 (葛城照三, 今泉敬忠 譯, アーノルド海上保險,제1권,1965, p.191.) 동 사건이 발생하기 전인 1866년에 이미 Protection Club인 The Shipowners' Mutual Society에서 自船의 積荷의 損害에 대한 賠償金을 擔保한다고 규정하고 있었다.(The damages so protected against are (2) where any damage or loss is caused to any goods, merchandize, or other things whatsoever, on board any such ship.) 따라서 엄격하게 말하면 동 사건이 Indemnity Risks를 擔保하는 계기가 되었다는 것은 맞지 않다.(今泉敬忠, 前揭論文, p.33.) 다만 동 事件 이후에 Indemnity Risks에 대한 Protection Club의 관심이 고조되어 지금까지 Indemnity Risks를 擔保하지 않던 클럽들이 이

P&I Club 이 1874년에 Newcastle 지방에 설립되었는데, 그것이 바로 The Steamship Owners' Mutual Protection and Indemnity Association 이다. 그 이후 운송인의 免責約款을 제한하는 움직임이 일기 시작하여 미국의 1893년 하터법(Harter Act) 및 1924년 헤이그 규칙 등이 채택됨에 따라 보상위험을 擔保로 제공하는 P&I 보험의 필요성이 증대되었다. 이리하여 오늘날에는 세계상선의 90퍼센트 이상이 P&I보험을 이용하고 있다. 10)

3. P&I보험의 特性

세계 선박의 등록톤수의 약 90퍼센트 이상이 P&I보험을 이용하고 있다는 사실은, 역설적으로 말하면 旣存의 전통적 보험시장이 P&I보험의 擔保에 소극적이기 때문이라고 볼 수 있다. 旣存의 전통적 보험시장이 왜 이러한 P&I위험의 擔保에 소극적인가 하는 것은 P&I보험제도의 속성과도 밀접한 관련이 있는 것으로, 다음 몇 가지로 요약하여 볼 수 있다.11)

첫째, 전통적인 해상보험시장은 정액보험제도로 운영되어 왔으며, 이러한 제도는 P&I보험의 특수성에 비추어 적합하지 않다. 정액보험료에 의해 위험을 인수하는 경우, 신중을 기하기 위하여 높은 보험료를 책정하는 경향이 있을 수 있으며, 반대로 너무 낮게 보험료를 설정

것을 擔保하기 위하여 별도로 Indemnity Club을 설립하는 등 촉진제가 되었다고 본다.

10) J.Kingsley, *op. cit.*, p.32.
11) C.Hill & et al, *op. cit.*, pp.32-33.

하게 되면 단 한 건의 대형클레임에 의하여 보험자는 심각한 위험에 직면하게 될 것이다. 전혀 예측할 수 없는 제3자에 대한 배상책임을 擔保하기 위하여서는 필요에 따라 추가보험료를 징수할 수 있는 특수한 요구를 전통적인 해상보험시장에서 수용하지 못하고 있다.

둘째, P&I사건의 경우 소송으로 발전되는 경우가 많으며, 해결에 장기간이 소요된다는 점이다. 종래의 해상보험자는 이러한 번거로운 사건에 개입하기를 꺼리기 때문에 P&I보험에 매력을 느끼지 못하고 있다.

셋째, 전통적인 해상보험의 보험자는 손해가 났는지 이익이 났는지를 알기 위하여 가능한 限, 빨리 클레임의 정도를 파악할 수 있기를 바라는 반면에, P&I보험은 일단 클레임이 발생하면 협상에서 해결에 이르기까지 장기간이 소요된다는 점이 또한 旣存의 해상보험자들에게 매력적이지 못한 이유 중의 하나이다.

또 P&I보험의 특성을 선박보험과 비교하여 요약하면 다음과 같다.[12]

첫째, 선박보험은 선박 자체를 보험의 대상으로 하는 物件보험으로 보험금액 사전에 결정되는 반면에, P&I보험은 선박의 운항에 따른 책임보험으로 선박의 대소 및 가격에 관계없이 발생하는 것이기 때문에 보험가액이라는 개념은 없으며, 擔保限度額을 설정하는 것이라든지 보험금액을 결정하지 않고 제한없이 발생하는 손해 및 비용을 擔保한다.[13]

---

12) 藤澤順,前揭書, p.124.
13) 1995년 2월 P&I클럽의 國際그룹 委員會의 再保險體系에 대한 검토회의에서 오버스필클레임(overspill claim)의 한도를 설정함으로써 실제적으로 無限擔保의 개념이 희석되게 되었다. 결정된 내용에 따르면 오버스필클레임은 1976년 海事債權責任制限金額의 20%를 한도로 한다고 되어있다. 이러한 결정내용은 1996년 2월부터 국제그룹내의 각 P&I클럽의 규칙에 반영되었다.(Gard Club의 1996/7년의 Rule의 Appendix Ⅵ, 일본 P&I클럽의 규칙 제6조 참조) 그러나 이러한 결정사항은 다시 1997년 7

둘째, P&I클럽은 영리를 목적으로 하지 않는 相互組織으로 되어 있어서 선박의 소유자 등은 조합원으로서 出資金과 보험료를 부담하고 피보험자의 처지에 서게됨과 동시에 조합의 멤버로서 보험자가 된다.

셋째, P&I보험의 보험료는 분담금(contribution or call)으로 불리는 것으로 보험년도 초기에 선급분담금(advanced call)을 징수하고, 결산 후 부족한 경우 추가분담금(additional call)을 징수한다.

넷째, 선박보험의 개시일은 임의의 날짜이지만, P&I보험의 개시일은 일률적으로 2월 20일 정오부터 개시한다. 이는 P&I클럽이 창립될 당시의 대부분의 가입선박이 발트해를 중심으로 활동하고 있었기 때문에 발트해가 동결되어 있다가 녹기 시작하는 때가 2월 20일경으로, 이때부터 선박의 새로운 활동이 개시된 데서 유래한다.[14]

또한 P&I보험은 책임보험의 성격도 가지고 있다. 책임보험계약이란 피보험자가 제3자에 대하여 보험기간 중에 생긴 사고로 인하여 손해배상책임을 부담하게 되는 경우에 그 손해를 보험자가 補償할 것을 목적으로 하는 손해보험계약을 말한다.[15] 책임보험은 직접 피보험자에게 생긴 손해를 補償하는 것이 아니라, 우연한 사고의 발생으로 인하여 제3자에게 손해배상책임을 부담하게 되는 경우 이 배상책임을 보험자가 담보하는 것이다. 책임보험은 원래 산업재해로 인한 과중한 民事責任을 부담하는 기업가를 보호함으로써 안정된 기업활동을 보장하기 위하여 고안된 제도이다. 그러나 보험금의 지급이 결국 피해자에게 돌아가기 때문에 피해자를 보호하는 기능을 아울러 가지고 있다. 오늘날 이와 같은 책임보험은 사회보장적인 구제기능이 중요시되고

월 국제그룹회의에서 42억5천만 미달러로 하향조정하고, 1998년 2월부터 적용할 예정이다.

14) 藤澤順, 前揭書, p.125.

15) 우리나라 상법 제719조.

있으며, 피해자의 구제를 신속·확실하게 하는 기능이 더욱 강조되기도 한다. 그러나 이러한 책임보험은 不法行爲者인 加害者를 보호함으로써 제기되는 사회적 부작용 내지 역기능도 많이 있을 수 있다는 데 유의할 필요가 있다.

한편, P&I보험은 이러한 책임보험이면서도 몇 가지 구별되는 성격을 가지고 있다.

첫째, 오늘날 책임보험이 피해자의 구제에 중점을 두고 있는 것과는 달리, P&I보험은 피보험자인 가입선주를 보호하는 기능이 더욱 강하다.

둘째, P&I보험은 상호보험의 형태를 가지고 있다. 따라서 회원은 보험자의 구성원인[16] 자격과 피보험자로서의 자격을 동시에 가지게 된다. 뿐만 아니라 P&I보험은 영리를 목적으로 하지 않는 非營利團體로서 운영된다.

셋째, 일반책임보험은 보험자가 직접 피해자에게 補償하여 줄 수 있지만 P&I보험은 회원이 먼저 피해자에게 손해배상을 하고, P&I클럽에서는 그 다음에 회원에게 補償하는 방법을 취한다.

넷째, 보험료의 성격에서 많은 차이가 있다. 책임보험료는 보험자의 擔保 책임에 대한 約因으로 제공되는 것이지만, P&I클럽의 보험료(Call)는 다른 회원의 손해를 분담하는 데 대한 約因으로 제공되는 것이다.

---

16) 회원 중에서 P&I클럽의 이사를 선임하여 클럽의 업무를 관장한다.

4. P&I 保險의 擔保內容

1) 선원에 관한 책임 및 비용

선원의 사망, 상해에 따른 이로비용, 송환비용, 선원의 조난, 탈선 또는 파업에 관한 책임 및 비용을 담보한다.

2) 여객에 관한 책임 및 비용

여객의 사망, 행방불명, 상해 등에 따른 치료비, 입원비, 장례비 등을 담보한다.

3) 선원, 여객 이외의 자에 관한 책임

본선원 이외의 방문해온 선원이나 관리인, 검역관, 청소부, 하역 노동자 등의 사상에 대한 책임 및 이것으로 인한 이로비용, 그리고, 선원, 여객 이외의 자를 인명구조하기 위한 이로비용을 포함한다.

4) 적하에 관한 책임 및 비용

선주 또는 용선자가 적하의 멸실, 손상 등에 대하여 운송계약위반으로 배상책임을 부담하는 경우에 이러한 책임을 담보한다.

5) 기 타

밀항자, 난민을 하선시키기 위한 비용, 유탁(Oil pollution)과 관련된 비용, 타선에 충돌하여 입힌 손해배상책임 등을 담보한다.

5. P&I保險과 積荷保險과의 關係

P&I보험은 선주 또는 선박운항자로서 회원으로 가입한 운송인들의 화물손해배상책임을 擔保한다. 그런데 함부르크 규칙에서와 같이 운송인들의 화물손해배상책임이 증가하게 되면 결국 이러한 책임을 擔保하고 있는 P&I클럽은 보험료의 인상을 요구할 수 밖에 없다. 이러한 보험료의 인상은 운임과 연결되어 운송인은 운임을 인상하려고 할 것이다.

한편, 적하보험자의 처지에서 보면, 화주와 적하보험자 사이의 보험계약상의 擔保範圍의 차이가 발생하지 않는다고 하더라도, 화주의 운송인에 대한 청구권의 확대에 따라 적하보험자의 운송인에 대한 求償請求權 곧 대위권이 확대된다. 원칙적으로 求償請求權의 확대를 통하여 수익을 취하는 적하보험자는 화주에 대해서 상응하는 보험료인하를 해주어야 하겠지만, 현실적으로 기대하기 어렵다.[17] 이렇게 된다면, 결과적으로 화주의 권익을 신장시키기 위하여 운송인의 책임을 증가시켰지만 화주는 이러한 이익을 실질적으로 가지지 못하며, 적하보험자만 혜택을 보게 될 것이다.

그런데 화물손해에 대한 擔保의 주체가 적하보험자에게서 P&I클럽으로 이전된다고 볼 때, 적하보험료의 인하와 P&I보험료의 증가로 인한 운임의 변화와의 관계는 화주에게 유리하게 작용할 수 있는 요인이 있다. 동일한 위험에 대해서 一般私營保險의 적하보험보다는 P&I클럽이 비용효율적으로 擔保할 수 있기 때문이다. 즉, P&I클럽이 추가적으로 화물손해배상책임을 擔保함으로써, 추가적으로 요구하게 되

---

17) B.K.Willams, The Consequences of the Hamburg Rules on Insurance, The Hamburg rules on the Carriage of Goods by Sea, 1978, p.259.

는 순보험료가 적하보험자가 補償책임을 지지 않음으로써 인하할 수 있는 순보험료보다 적게 산출된다고 볼 수 있기 때문이다. 그러나 새로운 책임에 대한 소송의 증가와 이에 따른 비용의 증가 등이 초래됨으로써 P&I클럽의 擔保비용이 증대되고 이를 운임의 형태로 화주에게 전가시키게 될 것이기 때문에 운송인의 책임의 증가가 반드시 화주에게 비용상으로 유리하게만 작용할 것이라는 보장은 반드시 기대하기 어렵다. 그래서 운송화물에 대한 운송인의 책임은 화물에 대한 주의를 기울일 수 있는 정도의 유인을 제공할 수 있으면 충분하다고도 할 수 있다.[18)

6. 한국 P&I 클럽

6-1. 한국 P&I 클럽의 설립

한국선주상호보험조합(KP&I)은 1999년 2월에 한국선주상호조합법이 공포됨에 따라 2000년 1월 26일 설립되게 되었다. 한국 P&I클럽의 설립은 그 동안 외국의 P&I클럽을 이용하는데 따르는 외화의 과도한 국외유출을 방지할 수 있다는 경제적인 효과 이외에도 해운선진국으로 진입하기 위한 발판으로 작용할 수 있을 것으로 평가하고 있다. 중국과 일본은 자국의 P&I클럽이 설립되어 있었으나 우리나라는 그 동안 여러 가지 사정으로 인하여 설립되지 못하고 있었으나 2000년 2월에 출범하게 됨에 따라 국내 굴지의 선사들이 이용할 수 있도록 정책

---

18) B.K.Williams, *The consequences of the Hamburg Rules on Insurance*, The Hamburg Rules on the Carriage of Goods by Sea, 1978, p.255.

적인 지원과 한국 P&I클럽의 경쟁력확보를 통한 성장을 유도해야 할 것이다.

6-2. 한국 P&I클럽의 담보내용

한국 P&I 클럽에서는 다음과 같은 담보항목에 대해서 보험계약시 선별적으로 약정하여 담보를 제공하고 있다.

1) 선원에 관한 책임 및 비용
2) 여객에 관한 책임 및 비용
3) 선원 및 여객 이외의 사람에 관한 책임 및 비용
4) 밀항자 또는 난민 등에 대한 비용
5) 타선과의 충돌에 의한 책임 및 비용
6) 재산 등에 관한 책임 및 비용
7) 오염에 관한 책임 및 비용
8) 예인계약상의 책임
9) 제3자와의 계약에 관한 책임
10) 검역에 관한 비용

· 저자 ·

박 성 철 · 약 력 ·

한국방송통신대학교 경영학과 졸업
경남대학교 경영대학원(무역경영전공) 졸업(경제학석사)
동아대학교 대학원 무역학과 박사과정 수료
성균관대학교 대학원 무역학과 박사과정 수료(경제학박사)
Michigan State University EC과정 수료
한국무역협회 무역아카데미 외래강사
국제무역사 시험문제 출제위원
관세청 관세사 시험문제 선정위원
대한상의 전자상거래운용사 시험문제 선정위원
대한상의 무역영어검정자격 시험문제(1, 2급) 선정 · 감수위원
현재 배화여자대학 국제무역과 학과장

· 주요논저 ·

『국제운송 · 보험론』(공저)
『Core 사이버무역』(공저)
『최신무역실무』(공저)
『인터넷무역론』(공저)
『무역실무Ⅱ』(공저)
『무역실무연습』(공저)
『무역상무의 이해』(공저)
『무역실무 강의』(공저)
『국제운송물류론』
외 다수

해상운송인의 화물손해배상책임과 P&I보험담보

- 초판 인쇄 | 2007년 7월 31일
- 초판 발행 | 2007년 7월 31일

- 지 은 이 | 박성철
- 펴 낸 이 | 채종준
- 펴 낸 곳 | 한국학술정보㈜
  경기도 파주시 교하읍 문발리 526-2
  파주출판문화정보산업단지
  전화 031) 908-3181(대표) · 팩스 031) 908-3189
  홈페이지 http://www.kstudy.com
  e-mail(출판사업부) publish@kstudy.com
- 등 록 | 제일산-115호(2000. 6. 19)
- 가 격 | 29,000원

ISBN   978-89-534-7097-2 93320 (Paper Book)
       978-89-534-7098-9 98320 (e-Book)